THÈSE

POUR LE DOCTORAT

FACULTÉ DE DROIT DE PARIS

DROIT ROMAIN

DE LA
RESTITUTIO IN INTEGRUM

ACCORDÉE AUX MINEURS DE VINGT-CINQ ANS

DROIT FRANÇAIS

LA PROPRIÉTÉ LITTÉRAIRE
ET ARTISTIQUE
AU POINT DE VUE INTERNATIONAL

THÈSE POUR LE DOCTORAT

L'ACTE PUBLIC SUR LES MATIÈRES CI-APRÈS
Sera soutenu le lundi 6 mai 1895, à 9 heures du matin.

PAR

Alexandre D. NICOLAU

Président : M. L. RENAULT, *professeur.*

Suffragants :
{ MM. LYON-CAEN,
CHAVEGRIN, } *professeurs.*
PLANIOL, *professeur-adjoint.*

PARIS

LIBRAIRIE NOUVELLE DE DROIT ET DE JURISPRUDENCE

ARTHUR ROUSSEAU

ÉDITEUR

14, RUE SOUFFLOT ET RUE TOULLIER, 13

1895

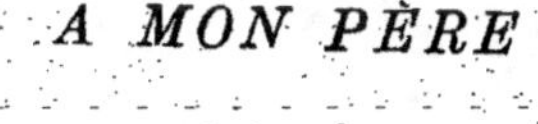

A MON PÈRE

DROIT ROMAIN

DE LA RESTITUTIO IN INTEGRUM

ACCORDÉE AUX MINEURS DE VINGT-CINQ ANS

> « Minor non tanquam minor
> sed tanquam læsus restituitur ».

AVANT-PROPOS

Nous nous proposons de traiter de la *restitutio in integrum* tout particulièrement au point de vue des mineurs de vingt-cinq ans, laissant de côté ses applications générales aux cas de violence, de dol, d'erreur ou d'absence.

En effet, les mineurs, étant donné leur situation exceptionnelle, — vu qu'ils se trouvent exposés par suite de leur inexpérience ou leur légèreté à commettre des actes contraires à leurs intérêts ou tout au moins à omettre des actes qui pourraient leur être utiles, — ont toujours été entourés des plus grandes sollicitudes (1) et

---

(1) Aulu-Gelle, *Nuits attiques*, V, 13, nous dit que les Romains avaient mis les devoirs envers les mineurs en tête des devoirs privés et à côté de ceux que nous avons envers nos ascendants. Voir Berriat Saint-Prix, *Histoire du droit romain*.

ont toujours fait l'objet des constantes préoccupations de la part du législateur ; et, s'il nous était permis de paraphraser le mot d'un éminent jurisconsulte (1), nous dirions que si on juge la moralité d'un peuple d'après le respect qu'il professe pour la femme, on peut dire que la sagesse d'une législation se mesure au degré de protection qu'elle accorde aux faibles.

Ajouterons-nous maintenant que la *restitutio in integrum* peut être considérée comme l'origine de la théorie moderne des actions en rescision (art. 1304 et suivants du C. civ.) ; et puis aussi qu'elle nous fait assister à l'évolution du droit romain vers son perfectionnement, car au fond elle n'est que la réaction de l'équité sur le pur et rigide droit civil. Voilà plus qu'il n'en faut pour faire ressortir l'intérêt de la question ; aussi notre attention a-t-elle été portée de préférence sur ce point, et c'est ce que nous avons essayé de bien pénétrer dans cette première partie de notre thèse inaugurale.

Avant d'aborder les difficultés de notre matière et avant d'entrer dans tous ses détails et voir par quel détour on parvint à protéger les mineurs contre la lésion, en dépit des dispositions rigoureuses du droit strict, il nous a paru intéressant et utile à la fois, afin de mieux en saisir l'esprit et apprécier l'importance de cette voie de protection, de voir quelle était à Rome la situation des mineurs avant l'introduction, par le préteur, du

(1) Boissonade, *Histoire des droits de l'époux survivant*, p. 534.

secours de la restitution. En effet, on sait que la théorie
de la minorité ne formait pas à Rome une œuvre sys-
tématique et uniforme issue d'un seul coup de la main
d'un législateur unique, mais qu'elle était au contraire
composée de différentes pièces, de divers morceaux
réunis ; aussi pour qu'elle soit bien comprise, il faut
rechercher attentivement la progression historique suivie par le droit romain sur ce point.

Nous traiterons donc successivement :

Chapitre Ier. — *Exposé sommaire sur la situation des
mineurs de vingt-cinq ans avant et aussi en dehors de la*
restitutio in integrum.

Chapitre IIe. — *Des conditions de la* restitutio in integrum.

Chapitre IIIe. — *De la procédure.*

Chapitre IVe. — *Effets de la* restitutio.

CHAPITRE PREMIER

EXPOSÉ RAPIDE SUR LA SITUATION DES MINEURS
ANTÉRIEUREMENT A L'IN INTEGRUM RESTITUTIO.

Le droit romain dans sa rigueur primitive, considérant le développement intellectuel comme parallèle au développement du corps, ne fit aucune distinction entre l'homme mûr et l'enfant inexpérimenté qui venait d'atteindre l'âge précoce de la puberté, c'est-à-dire l'âge de quatorze ans.

En effet, dans le système de la loi des XII Tables, l'enfant qui venait d'atteindre la puberté légale, l'âge de quatorze ans, acquérait par là même une capacité pleine et entière (L. 43, D. *De oblig. et act.*, liv. 44, t. 7) qui le mettait sur pied d'égalité avec un majeur, ce qui lui permettait d'accomplir tous les actes juridiques alors même que ces actes lui auraient été nuisibles. En un mot dès qu'il avait revêtu la toge virile, le jeune homme pouvait non seulement se marier, mais il pouvait tester, s'obliger indéfiniment, administrer librement sa fortune et la dissiper à sa fantaisie. Outre la capacité civile ou juridique il acquérait aussi la capacité politique (1);

(1) Voir l'article de M. Gaston May dans la *Grande Encyclopédie*, t. XX, p. 646.

d'un état d'incapacité absolue le pubère passait, sans
transition, à une capacité sans limites. Donc à cette
époque pas de distinction entre les majeurs et les personnes pubères (1). Mais comme l'arrivée de la puberté
ne coïncidait nullement avec la maturité de l'intelligence et la connaissance de la vie réelle et pratique, ce
pubère inexpérimenté se trouvait ainsi dans une situation des plus fâcheuses qui souvent entraînait pour lui
la ruine complète.

A cet égard les femmes se trouvaient dans une situation plus favorable, vu qu'elles étaient placées, au moins
dans les premiers temps, sous la tutelle perpétuelle,
(Ulpien, *Règ.*, t. XI, p. 1) qui finit par tomber en désuétude et disparaître à l'époque classique (2); de même
les fous et les prodigues que la loi des XII Tables
(Ulpien, *Règl.*, XII, p. 1) plaçait sous la curatelle de
leurs agnats, c'est-à-dire de leurs héritiers présomptifs ;
de même aussi les mineurs pupilles car on avait organisé
la tutelle qui les mettait dans l'impossibilité d'agir, les
protégeant ainsi malgré eux.

D'ailleurs le principe en vertu duquel le pubère était
mis sur pied d'égalité avec l'homme mûr, fut jusqu'à
un certain point atténué, comme dit notre regretté maî-

(1) Si l'on croit Montesquieu, l'ancien état de choses s'explique
assez raisonnablement. « Dans les temps où l'on fit la loi des XII Tables, dit le célèbre auteur, les mœurs de Rome étaient admirables.
Mais lorsque les mœurs changèrent on vit les législateurs changer
aussi de façon de penser ». *Esprit des Lois*, liv. XIX, chap. 24.

(2) Accarias, t. I, p. 423.

tre M. Labbé (1), « par la faculté laissée à la famille de fixer à partir de quatorze ans, l'âge où chaque individu sortira de l'impuberté par la prise solennelle de la robe virile » (Instit., I, 22. *Quibus modus tut. fin. pr.*).

On sait que le fait de savoir à quelle époque on fixerait l'âge de la puberté avait donné naissance à une grande discussion entre les Proculiens et les Cassiens (Gaius, I, p. 196) et Justinien, pour couper court à toutes ces discussions et pour mettre une uniformité dans toutes les familles en leur enlevant le droit qu'elles avaient de proclamer cette puberté, fixa d'une façon définitive l'âge de quatorze ans pour les garçons et de douze ans pour les filles (Instit. I, 22. *Quibus mod. tut. fin. pr.*).

Ainsi donc les mineurs de quatorze ans, étant assimilés malgré leur extrême jeunesse à des hommes mûrs ayant atteint le plein développement de leurs facultés intellectuelles, se trouvèrent par là même dans un état d'infériorité notoire qui les rendait dignes d'intérêt. On reconnut qu'il y avait danger à confier à l'inexpérience d'un jeune homme de 14 ans l'administration absolue de sa fortune, et les dangers étaient d'autant plus grands que les mœurs vinrent à s'altérer et les rapports sociaux à s'étendre. On commença donc à s'inquiéter de cet état de choses et on chercha à améliorer leur situation. On estima alors qu'il était utile de les

(1) Labbé, *De la curatelle,* Appendice Ortolan II, 710.

protéger jusqu'à un certain âge, plus avancé, les soustrayant de la sorte aux périls auxquels leur inexpérience les exposait continuellement. Rien n'eût été plus facile pour cela que de reculer l'âge de la majorité, de la puberté, jusqu'à 20, 25 ans ; cependant la chose était impossible pour peu qu'on soit au courant des idées et des habitudes romaines. En effet, il eût fallu modifier non seulement les règles du mariage et de la puissance paternelle qui se rattachaient à la puberté, mais aussi celles du droit public, puisque comme nous l'avons déjà dit, à la puberté, le citoyen exerçait des droits publics en revanche des charges auxquelles il était dès lors soumis. Que si on ne les eût pas modifiées, il eût fallu prolonger la tutelle sur un homme qui pouvait avoir l'autorité de mari (*manus*) ou la puissance paternelle, ainsi que l'entrée dans les comices, ce qui eut été vraiment impossible (1).

On arriva alors à distinguer parmi les personnes pubères deux catégories : les personnes pubères qui n'avaient pas encore atteint l'âge de vingt-cinq ans, c'est-à-dire les *adulti, adolescenti, minores viginti quinque annis*, et les personnes pubères qui avaient dépassé cet âge, lequel, dorénavant, est appelé par les textes *ætas legitima* L. 32, p. 2. *De test. tut.*, 26, 2. — L. 10, C. *De app.*, VII, 62) ou *ætas perfecta* (Inst. pr., I, 19 ; L. 32, pr. *De min.*, IV, 4), c'est-à-dire l'âge où l'homme, ayant atteint

____

(1) *Revue critique de droit français et étranger*, article de M. Fr. Duranton, 1843, p. 345.

le plein développement intellectuel, acquiert la capacité
juridique pleine et entière et peut en conséquence accomplir valablement tous les actes. Les premières furent l'objet d'une protection spéciale, on prit à leur
égard plusieurs mesures pour les préserver contre les
fraudes dont elles pouvaient être victimes.

Toutefois ces mesures salutaires ne furent cependant
pas introduites d'un seul coup et se suivirent dans l'ordre chronologique suivant, se complétant les unes les
autres, pour arriver à sauvegarder pleinement les intérêts des mineurs de vingt-cinq ans.

La première de ces mesures de protection, qui nous
soit connue, fut la loi *Plætoria*. Disons tout de suite et
avant de connaître ses dispositions, que sa date et son
nom ont donné naissance à de vives discussions de la
part des auteurs. Quoique on ne puisse pas préciser sa
date d'une façon certaine, nous serions porté à croire,
avec plusieurs jurisconsultes, qu'elle existait certainement vers le milieu du VI⁰ siècle, attendu que nous
trouvons une allusion directe à cette loi dans la comédie
de Plaute « *Pseodolus* » (acte I⁰ʳ, vers 68) ; or Plaute
est mort en 570, « ce qui autorise à placer la date de
cette loi dans la seconde guerre punique de 536 à
558 (1) ». Quant à son véritable nom, il n'est pas *Lec-*
toria ou *Lætoria* comme portent les manuscrits, mais

____

(1) Accarias, I, 436. Ortolan, II, 193. M. Garsonnet à son cours. De
Savigny, *Traité de droit romain*, traduit de l'allemand par Gué-
noux, 84.

au contraire *Plætoria*, tel qu'il figure sur les tables d'Héraclée (1), qui approche davantage de la vérité, et cela parce que, comme dit M. Accarias, « les manuscrits des auteurs ne méritent évidemment pas le même degré de confiance qu'un monument d'origine romaine ».

Cette loi Plætoria, considérant, comme dit Justinien, (Inst. pr., l. I, t. 23), que l'enfant est trop jeune pour défendre sagement ses intérêts, l'absolu gouvernement de ses affaires et la direction de sa conduite, fixait d'abord, ainsi que nous l'avons dit plus haut, l'âge compétent à vingt-cinq ans et puis elle contenait, en outre, les trois dispositions suivantes :

a) Elle avait organisé *une peine* contre tous ceux qui avaient voulu abuser *frauduleusement* de l'inexpérience d'un mineur de vingt-cinq ans pour le faire consentir un acte dommageable, en un mot, comme dit Cicéron, pour le circonvenir : *Et circumscriptio adolescentium ex lege Plætoria (De off.,* III, 15). Comme conséquence de ce premier chef, elle avait autorisé contre ces tiers qu'avaient ainsi voulu tromper les mineurs de vingt-cinq ans, une *accusation populaire* c'est-à-dire ouverte à tout le monde, comme dans les causes criminelles ou comme dans l'action de tutelle, ce qui empêchait que ces tiers, par suite de la faiblesse ou de la connivence du mineur,

---

(1) Table de bronze brisée remontant au VIIe siècle de Rome dont on a découvert deux fragments l'un près d'Héraclée (golfe de Tarente) en 1792 et l'autre dans les environs.

échappassent à la condamnation. L'action n'est pas purement civile, comme le vol, l'injure, mais elle est publique et Cicéron, pour mieux faire voir que cette accusation, cette action publique a sa base dans un intérêt privé, qu'il s'agit là d'une simple affaire particulière et non pas d'un intérêt public lésé, la désigne par l'expression antithétique de *Judicium publicum rei privatæ* (*De nat. deorum*, III, 30) (1). Cette action publique lorsqu'elle aboutissait à une condamnation entraînait l'*infamie*, d'où l'impossibilité de faire partie, d'après la loi *Julia municipalis*, de l'*ordre* ou corps des décurions, ainsi que nous le voyons dans les tables d'Héraclée (fragm. II) qui donne l'énumération de tous ceux qui sont incapables d'être décurions dans les municipes et dans les colonies. Quant à la peine, quoique Cicéron ne nous en parle pas, on peut conjecturer d'après les usages romains ou situations analogues qu'elle devait être pécuniaire et probablement du double (L. 92, D., *De furti*, 47, II ; L. 3, *De priv. delict.*, 47, I) (2).

Nous disons donc que le mineur fût trompé frauduleusement (*circumscriptus*), en un mot il fallait qu'il y ait eu *dol* pour pouvoir invoquer cette loi. Au premier abord on pourrait être surpris de voir la loi Plætoria traiter, dans une disposition spéciale, ce sujet et permettre au mineur d'invoquer le vice de dol contre un acte qu'il prétend entaché, attendu que ce mineur se

(1) Mommsen (traduction Alexandre), t. VIII, p. 326.
(2) Ortolan, *Instituts de Justinien*, t. II, 193.

trouvait armé à cet effet de l'exception et de l'action de dol. Cela s'explique cependant d'une façon très simple à savoir que cette exception et cette action de dol n'existaient pas encore à ce moment, le mineur se trouvait par là même dépourvu de tout secours contre les fraudes des parties contractantes.

b) Cette première mesure de la loi que nous étudions en ce moment était néanmoins insuffisante. En effet, le *judicium publicum* qu'elle avait organisé était plutôt un moyen préventif destiné à intimider ceux qui auraient été portés à abuser de l'inexpérience du jeune homme, car une fois l'acte accompli le mineur devait en subir les conséquences ; aussi pour permettre à ce mineur de se soustraire aux conséquences de l'acte malencontreusement passé, elle lui accorda une *exception spéciale* à l'aide de laquelle il pouvait opposer la nullité de son engagement. Nous trouvons la trace de cette exception spéciale *pro minori viginti annis circumscripto* dans un fragment de Paul au Digeste (44, I, *De except.*, 7, p. 1). On peut supposer qu'elle lui accorda aussi une action (1) pour obtenir des dommages-intérêts au cas où l'acte aurait déjà été exécuté.

D'ailleurs lorsqu'il s'agissait d'un contrat de bonne foi le mineur, comme le majeur, était suffisamment protégé par le droit commun. L'importance de la loi Plætoria n'apparaissait que lorsqu'il s'agissait d'un

---

(1) M. Accarias, I, 436.

contrat de droit strict où il devait en subir toutes les conséquences à moins qu'il n'ait eu soin d'insérer la *clausula doli*, ce qui avait pour effet de l'assimiler à un contrat de bonne foi. Plus tard, lorsque le préteur Aquilius Gallus introduisit l'action et l'exception de dol, la loi Plætoria, vu son inutilité, sauf peut-être en ce qui concerne le moyen d'intimidation du *judicium publicum*, tomba en désuétude. Cependant, en nous référant au texte de Paul, cité plus haut, (44,1, *De except.*, 7,1.) nous serions tenté de croire que l'exception *legis Plætoriæ* continua à subsister à la suite de la réforme opérée par Aquilius Gallus. Paul dans ce texte, après avoir parmi les exceptions *rei coherentes* indiqué l'exception de dol, nous parle d'une exception invoquée par le fidéjusseur qui s'est obligé *pro minore viginti quinque annis circumscripto*. Même en admettant cette hypothèse, il est évident qu'en pratique cette exception fut confondue avec l'exception générale de dol (1).

Avant de finir avec cette exception disons qu'elle est une exception *juris civilis* tandis qu'en général les exceptions dérivent du droit prétorien. Nous avons d'autres exemples d'exceptions nées du droit civil : exceptions *legis Cinciæ* et celles du sénatus-consulte Macédonien et Velléen.

c) Les mineurs étant trop protégés par ces premières

---

(1) M. Accarias paraît admettre que le mineur poursuivi pouvait opposer, en vertu de la loi Plætoria, même le dol pratiqué par un tiers, ce qui explique, d'après le savant auteur, la mention que les textes de l'époque classique font de l'exception *legis Plætoriæ*.

dispositions de la loi que nous étudions, leur crédit fut ébranlé. En effet, des personnes de bonne foi pouvaient craindre de se voir accusées de fraude à la suite de la passation d'un acte avec ce mineur et de ne pas recouvrer leur créance ; aussi la prudence les conseillait de se tenir à l'écart de ces sortes de conventions et de leur refuser tout crédit. C'est ce que nous voyons dans « *Pseodolus* » de Plaute (acte 1er, scène 3, vers 68) : Le jeune homme amoureux s'écrie, devant le marchand d'esclaves, que la loi de vingt-cinq ans le tue : *Lex me perdidit quina vicenaria* ; tout le monde lui refuse le crédit : *Metuunt credere omnes*, et son interlocuteur de répondre : *Eadem est mihi lex : metuo credere*. La loi Plætoria voulant éviter les inconvénients qui résultaient pour les mineurs de l'annulation du contrat et des effets de la condamnation, conséquences d'une trop grande protection, leur permit de se faire nommer un *curateur spécial* (*ad hoc*) toutes les fois qu'ils justifiaient de causes graves (*redditis causis*) dans la conclusion d'un acte juridique. La nomination du curateur faisait disparaître ces inconvénients car son consentement écartait tout soupçon de fraude et assurait la validité de l'acte, donnant ainsi une pleine sécurité aux tiers en les mettant à l'abri de tout danger.

La seconde mesure de protection en faveur des mineurs introduite par le préteur fut la *restitutio in integrum* institution en vertu de laquelle le mineur lésé était replacé dans l'état antérieur à l'accomplissement de l'acte. Grâce à ce secours extraordinaire ie mineur se faisait restituer contre toutes les conséquences préjudiciables de l'acte qu'il avait conclu.

Mais quelque énergique qu'elle fût, la *restitutio in integrum* n'était qu'un moyen de réparation et souvent les circonstances, telles que la perte des objets aliénés ou l'insolvabilité des personnes contre lesquelles la restitution était accordée, rendait cette protection inefficace. La restitution annulait bien l'acte d'aliénation préjudiciable qu'avait fait le mineur, mais si la chose avait disparu ou avait été détériorée, le mineur n'était nullement dédommagé. Il fallait donc enlever au mineur l'administration de ses biens, dont l'aliénation n'était que la conséquence, et le mettre en curatelle. C'est ce que fit l'empereur Marc-Aurèle qui permit aux mineurs de demander un *curateur* sans alléguer des causes déterminées (*redditis causis*) et pour toutes les affaires en général; en un mot un curateur *permanent et général*, simplement facultatif mais non pas obligatoire, ce qui était conforme aux idées romaines très réservées aux innovations juridiques.

Voici la constitution de Marc-Aurèle que le jurisconsulte Julius Capitolius nous fait connaître dans l'exposition de la vie de ce prince (1) « *De curatoribus vero, quum ante non nisi ex lege Plætoria vel propter lasciviam vel propter dementiam darentur, ita statuit ut omnes adulti curatores acciperent non redditis causis* ». Nous avons aussi d'autres témoignages: « *Et ideo hodie in hanc usque ætatem adolescentes curatorum auxilio reguntur* ». (Ulpien, I, p. 3, *De minor.*, IV, 4) ; de même Ulpien, *fragm.*, t. 12, p. 4, et d'autres passages qui disent qu'il ne faut pas laisser aux mineurs l'administration de leurs biens (LL. 2 et 3, *De minor.*, IV, 4).

Qu'est-ce donc à dire en présence de ces textes, sinon qu'à partir de Marc-Aurèle la minorité fut considérée par elle-même comme une cause suffisante pour donner naissance à une curatelle permanente et générale (1). Mais nous ne voyons pas qu'on puisse tirer des textes précités la conclusion que les mineurs devaient la subir malgré eux comme cela avait lieu pour les prodigues et pour les fous. D'abord nous possédons des textes du droit classique qui nous fournissent des arguments contraires « *Minoribus viginti quinque annis desiderantibus curatores dare solent* » (L. 13, p. 2. *De tut. et curat.*, 26, 5). L. 6, C. *Qui pet. tut.*, V, 31), et puis Justinien qui nous dit lui-même que les pubères de vingt-cinq ans (les adultes) ne reçoivent pas de curateur contre leur gré « *Inviti adolescentes curatores non accipiunt* » (Instit., *De curat.*, p. 2). Cette mesure se justifie d'ailleurs facilement et du côté du mineur et du côté des tiers, car le but de cette institution n'est pas tant de protéger les mineurs, ils le sont suffisamment, que de rassurer les tiers. En effet, les tiers qui ne veulent pas traiter avec ce mineur, n'ont qu'à exiger de lui la nomination

----

(1) M. Accarias, p. 437.

d'un curateur ; d'un autre côté le mineur veut-il consolider son crédit et augmenter ainsi le nombre des tiers qui voudraient traiter, il lui sera facile de s'en faire nommer un. D'ailleurs notre solution s'explique aussi, comme nous l'avons dit, par le respect qu'avaient les Romains pour les principes anciens d'après lesquels les mineurs n'étaient pas incapables puisqu'ils étaient pubères et *sui juris*.

Ainsi l'avantage d'avoir un homme de son choix, de n'être plus arrêté à chaque instant dans l'administration de ses affaires par la défiance et le refus des tiers, et surtout l'empressement bien naturel de recevoir le compte de tutelle, devaient amener les mineurs à présenter eux-mêmes aux magistrats un curateur général. On peut dire que tout mineur sorti de tutelle se trouvait pourvu d'un curateur et que le principe posé par Justinien *inviti adolescentes curatores non accipiunt*, doit être limité aux mineurs qui n'avaient jamais été en tutelle; et puis c'est aussi dans ce sens que nous pourrions donner une explication raisonnable au texte d'Ulpien (*Fragm.*, t. 12, p. 4) lorsqu'il dit que le préteur *dat curatorem ei qui nuper pubes factus ideonee sua negotia tueri non potest* », c'est-à-dire à celui qui sort de la tutelle (1).

Ainsi donc à partir de la constitution de Marc-Aurèle nous nous trouvons en présence de deux catégories de

(1) Accarias, 1, 438.

mineurs, ceux qui étaient pourvus d'un curateur général et permanent et ceux qui n'en avaient pas. Leur capacité était différente, c'est ce qui nous permet d'expliquer deux textes contradictoires en apparence. En effet,
le jurisconsulte Modestin (L. 101, *De verb. oblig.*, 45, 1)
admet, très nettement d'ailleurs, la validité d'une promesse faite par le mineur seul sans le concours de son
curateur, tandis que Dioclétien et Maximien, dans leur
rescrit, déclarent nulle la vente consentie par le mineur
sans ce concours (L. 3, C., *De in int. rest.*, II, 22). Le
premier texte fait allusion à une époque antérieure à
Marc-Aurèle où la curatelle n'avait pas un caractère général et permanent et laissait intacte la capacité du
mineur, tandis que le rescrit se réfère à une époque
plus récente et est conforme à l'innovation de Marc-
Aurèle. Du reste ce mineur ayant réclamé un curateur
avait lui-même proclamé sa propre incapacité et s'était
ainsi volontairement placé dans la catégorie d'un prodigue interdit, d'où l'impossibilité d'agir tout seul. Il était
donc tout naturel de faire une différence entre les mineurs qui avaient usé de la faculté d'avoir un curateur
et ceux qui n'avaient pas recouru à ce moyen, et puis
la loi en déclarant incapables les premiers ne trompait
personne, attendu que les tiers étaient bien informés
par la notoriété qui accompagnait la nomination du curateur.

Donc ces deux textes prouvent le changement de solution qui s'était opéré, changement conforme d'ailleurs

à la tendance du droit romain d'assimiler ce mineur de vingt-cinq ans à l'impubère pourvu d'un tuteur (1).

En résumé, quoique la capacité légale restât fixée à quatorze ans pour les hommes et douze ans pour les femmes et quoique les mineurs de vingt-cinq ans ne fussent pas forcés d'accepter un curateur, cependant la curatelle générale présentait tant d'avantages que presque tous les mineurs se soumirent et elle finit même par devenir obligatoire dans les hypothèses suivantes : d'un *compte de tutelle à recevoir* (L. 5, p. 5. *De adm. et peric.*, 26, J. 7.) où le débiteur peut refuser de payer et le tuteur de rendre ses comptes tant que le curateur n'est pas nommé ; *d'un procès à soutenir* (Instit., p. 2, liv. I, t. 23) ; *d'une aliénation mentale du mineur*, lequel est soumis, en ce cas, à la curatelle non comme fou mais comme mineur (L. 3, p. 1, *De tut.*, 26, 1), ce qui avait pour résultat de faire nommer ce curateur par le magistrat, d'écarter la curatelle légitime des agnats. Ce sont là des affaires très importantes qui mettent inévitablement les tiers en rapport avec les mineurs, aussi ces tiers ont-ils le droit d'exiger la nomination d'un curateur.

Une dernière mesure de protection prise en faveur

(1) Machelard, *Oblig. nat.*, p. 241 et suiv. ; Gaston May, I, 217 et suiv. ; Labbé, *Curatelle*. Appendice Ortolan, t. II, p. 715 et 716. Accarias, I, p. 450. D'autres interprètes ont expliqué ces textes par une distinction entre les obligations et les aliénations. Le mineur serait capable de s'obliger mais non d'aliéner sans le consentement du curateur. Maintz, t. III, § 440.

des mineurs de vingt-cinq ans et aussi des impubères, fut la prohibition par le sénatus-consulte de Septime Sévère *d'aliéner ou d'hypothéquer* sans un décret leurs immeubles ruraux ou suburbains. Ulpien nous en donne le texte « *De rebus... sine decreto non alienandis* », 27, 9. Constantin est allé plus loin et décida dans une constitution (22, *De adm. tut.*, V, 37) que l'aliénation des *prædia urbana vel rustica* et même des meubles précieux sera entourée de mêmes formalités ; en un mot cet empereur généralisa la mesure, en exceptant seulement les choses dont la conservation eut été évidemment onéreuse ou nuisible.

Rappelons en finissant avec l'étude de la loi Plætoria qu'elle était une mesure de protection insuffisante. En effet, nous avons dit que cette loi ne protégeait le mineur de vingt-cinq ans qu'autant qu'il pouvait prouver l'intention frauduleuse du tiers avec lequel il avait traité, preuve très difficile à faire, ceux qui pratiquent le dol cherchant à dissimuler autant que possible leurs manœuvres coupables, et puis le mineur lésé ne pouvait pas invoquer son aide, s'il n'y avait pas eu de fraude, s'il avait traité avec une personne de bonne foi ; d'un autre côté cette loi ne prononçait pas de nullité absolue de l'acte frauduleux, cette nullité, suivant l'opinion générale admise, n'était opposée que par voie d'exception. C'est pour obvier à ces inconvénients que le préteur introduisit l'*in integrum restitutio*, mesure de protection plus efficace et d'une application beaucoup plus large, car, comme nous auronsl'occasion de le voir, dans l'*in integrum restitutio*, on n'a pas besoin d'attendre la poursuite, on peut prendre les devants alors qu'on a tous les éléments pour faire facilement la preuve de la lésion ; et puis la loi Plaitoria ne s'appliquait qu'à un mineur débiteur tandis que la *restitutio in integrum* peut servir à un mineur devenu créancier en vertu de l'acte qui le lésait, par exemple un mineur créancier faisait novation par changement de débiteur et à la place de son débiteur solvable, il acceptait un autre débiteur insolvable.

Nature juridique et caractères de l'in integrum restitutio.

L'in integrum restitutio est le rétablissement par le préteur dans leur situation primitive des personnes qui se trouvent lésées dans leurs intérêts par l'application des principes rigoureux du vieux droit civil. Il s'agit ici d'un rétablissement, d'une restitution purement juridique produisant des effets juridiques et non pas d'une restitution matérielle ; en d'autres termes, il n'y a pas de rétablissement véritable, ayant lieu *ipso jure*, mais seulement la fiction d'un semblable rétablissement. M. Savigny la définit de la façon suivante : « Le rétablissement d'un état antérieur de droit motivé par une opposition entre l'équité et le droit rigoureux, et opéré par la puissance du préteur qui change en connaissance de cause

un droit réellement acquis (1) ». Il résulte de la définition que nous avons donnée que la *restitutio in integrum*
réunit les caractères suivants :

1° Elle a pour but la conciliation de l'équité avec les
principes rigoureux du droit ;

2° Elle s'opère par la seule intervention du préteur ;

3° Elle suppose le rétablissement par fiction d'un état
de choses qui est censé avoir toujours existé.

Nous disons premièrement que l'*in integrum restitutio*
a pour but la conciliation de ce qu'exige l'équité avec les
principes rigoureux du vieux droit formaliste. Ce premier caractère distingue l'*in integrum restitutio* d'autres
hypothèses où un état de choses antérieur est également
rétabli, mais dans un but différent ; par exemple en cas
de rescision de vente pour cause de lésion de plus de
moitié ; de même aussi lorsqu'une personne s'est dé-
pouillée sans cause légitime en vue d'un but qu'elle n'a
pas atteint, elle peut invoquer la *condictio* pour se faire
rétablir dans sa situation primitive ; ou enfin le cas où
un testament est supprimé et les héritiers *ab intestat*
rétablis dans la situation où ils seraient s'il n'y avait
pas de testament. Dans toutes ces hypothèses et d'autres dans le détail desquelles il est inutile d'entrer, le
but, la raison d'être de la restitution, c'est de prononcer
l'annulation de ces actes, de ces contrats comme contraires soit à la loi, soit aux bonnes mœurs, soit tout

(1) De Savigny, VII, p. 101.

simplement pour donner satisfaction à la volonté des parties.

Deuxièmement l'*in integrum restitutio* s'opère par la seule intervention du préteur. Sans doute comme nous le verrons, le préteur peut user de deux procédés. Le premier procédé consiste à tout terminer lui-même. Le second consiste à rendre une action à celui qui l'a perdue pour l'exercer devant le juge ; mais dans ce cas comme dans le premier c'est toujours le préteur qui tranche seul la question de savoir s'il y a lieu à accorder la *restitutio*.

Ces deux caractères nous permettront maintenant d'expliquer l'*in integrum restitutio* et de voir quelle était sa nature juridique.

En effet, pour savoir quelle est l'origine et la nature juridique de cette institution prétorienne, il faut nous rappeler le rôle qu'avait à Rome ce magistrat. Or comme nous dit Cicéron (*De legibus*, III, 3), les fonctions du préteur consistaient au début de la législation romaine à veiller à la stricte observation de la justice et des règles du vieux droit quiritaire, il était en un mot le gardien du droit civil ; mais ce droit civil dans beaucoup de cas blessait les principes les plus élémentaires de l'équité, dans d'autres cas était muet, et il se présentait ainsi plus d'une fois des cas dans lesquels l'application littérale et rigoureuse de la loi se trouvait en opposition trop manifeste avec l'équité et violait les principes éternels de la justice. Une pareille situation réclamait un remède. Aussi le préteur gardien en outre de l'ordre et de la tranquillité publique entreprit-il de bonne heure à corriger ces iniquités et combler ces lacunes devenues encore plus grandes à mesure que l'État grandissait et les relations sociales se développaient, en introduisant (1) peu à peu à côté du vieux formalisme des règles plus justes et plus humaines adaptées au besoin du temps et au progrès de la science. C'est d'ailleurs à ce rôle que fait allusion Papinien dans son texte (L. 7, p. 1, D. *De just. et jure*, t. II). « *Jus prætorium est quod prætores introduxerunt adjuvandi, vel suppleendi, vel corrigendi juris civilis gratia propter utilitatem publicam* ». Le droit prétorien eut sa législation et ses principes à part et ses préceptes furent-ils appelés la voix vivante et pratique du droit civil « *viva vox juris civilis* » (L. 8, D. I, I). Et c'est ainsi que nous voyons se former à côté du vieux droit quiritaire un droit nouveau, le droit prétorien, droit plus complet et plus équitable. L'*in integrum restitutio* fait partie de ce droit prétorien et c'est ce qui explique maintenant cette institution.

(1) On sait que le préteur était obligé de rendre un édit avant d'entrer en fonction, c'est-à-dire une ordonnance dans laquelle il indiquait des principes qu'il s'engageait de suivre durant son administration et quoique ces édits (*edictum novum*) ne durassent qu'une année utile, on advint à conserver les principales dispositions des édits des prédécesseurs (*tralatitia*). Plus tard tous ces édits furent réunis et fondus ensemble par le jurisconsulte Salvius Julien sur l'ordre de l'empereur Adrien et sous le nom d'*edictum perpetuum* fut rendu obligatoire pour tous, sans cependant que les préteurs cessassent de publier, très rarement c'est vrai, en leur nom personnel, des édits. V. pour plus de détails Kalindéro, *Droit Prétorien*, p. 90 et suiv. Maynz, I, 135.

On voit que le préteur pour faire triompher la justice et l'équité usa des moyens très ingénieux avant d'arriver à la *restitutio in integrum*. Il employa d'abord le moyen des *fictions*. Ainsi il créa les actions réelles utiles, exemple les actions publicienne et quasi-publicienne ou rescisoire fondées sur des règles du droit civil où l'usucapion était, par fiction, réputée accomplie ou non. Il employa ensuite le moyen des actions *in factum conceptæ* basées sur des considérations d'équité résultant des faits particuliers de l'espèce, par exemple la matière d'exclusion de succession *bonorum possessiones*. *Les exceptions*, c'était un autre expédient dont le préteur s'est servi pour introduire des innovations, une obligation contractée valablement d'après le droit civil était considérée comme non avenue. Ce fut en dernier lieu qu'il institua la *restitutio in integrum* par laquelle il anéantissait les actes qui avaient été cause du dommage quoique ces actes fussent valides d'après le droit civil.

Le magistrat à Rome avait aussi en dehors de son pouvoir judiciaire, un pouvoir quasi-législatif ou tout au moins administratif ou exécutif (*imperium*) dans lequel il puisait le droit de réformer, ce qui lui permettait ainsi de remédier aux inconvénients qui découlaient de la stricte application du droit civil étroit et imprévoyant et assurer par là le triomphe de l'équité.

C'est de ce pouvoir, de cet *imperium* qu'est née la restitution *in integrum*. Le préteur ordonne en vertu de son *imperium* que les choses seront remises dans l'état où elles étaient avant que l'acte qu'on attaque n'eût lieu. De là résulte aussi le nom caractéristique de *restitutio in integrum* donné à la décision du magistrat. Et cette restitution peut consister soit dans la restitution du patrimoine plus ou moins injustement dépouillé, soit dans la résurrection d'un acte éteint au point de vue civil (*Sentences* de Paul, 7, p. 1 : *Redintegrandæ rei vel causæ actio*). Il s'agit ici de l'*imperium mixtum*, droit de prendre certaines mesures de protection ou de coercition pour ou contre une personne. Dès lors le droit d'accorder l'*in integrum restitutio* pouvait bien être délégué par le préteur à des magistrats inférieurs, mais il ne pouvait être exercé par des magistrats municipaux (26, pr., p. 1, *Ad. municip.*, 50.1), car ceux-ci n'ont pas l'*imperium mixtum*. Lorsqu'il s'agit d'accorder l'*in integrum restitutio* le préteur examine chaque affaire en particulier, examine bien les motifs et décide suivant les circonstances s'il y a lieu de l'accorder dans tel et tel cas et non pas d'une façon générale (L. 3, 5 pr. D. *De oblig. et act.*, XLIV, 7. D. 41.1.3, Modestin). D'ailleurs dans chaque cas qui lui est soumis le magistrat a un entier pouvoir d'appréciation, il juge suivant sa conscience et suivant les circonstances, il n'est donc pas forcé de l'accorder ; son intervention constitue donc une sorte de *faveur*. Les textes le prouvent surabondamment. Quand les textes parlent du rôle du magistrat dans la restitution ils n'emploient jamais les expressions ordinaires de *sententiam ferre* ou *judicare*. En effet, nous

voyons figurer dans les textes les mots : *auxilium beneficium implorare desiderare minoribus subvenitur magistratus succurit* « *Totum enim hoc pendet ex prætoris cognitione* » (24, p. 5. D. IV, 4) et le texte de l'édit est
encore plus formel : *Quod cum minore quam viginti quinque annis natu gestum esse dicetur, uti quaque res erit,
animadvertam* (L. 1, p. 1, D. IV, 4). Ainsi donc le pouvoir d'appréciation du magistrat est souverain, il annulera ou n'annulera pas l'acte litigieux suivant les circonstances de la cause en faisant, sans aucun doute,
prévaloir l'équité, et comme c'est un acte qui émane non
pas de sa juridiction, c'est-à-dire de l'application pure
et simple de la loi qu'il ne pourrait pas violer, mais de
son pouvoir propre, de son *imperium*, le mineur ne peut
faire aucune réclamation, la décision du magistrat ayant
l'autorité d'un jugement susceptible, comme tel, d'appel.

Le préteur pour éviter autant que possible l'arbitraire
qui allait régner en ce qui concerne l'admission ou le
rejet de ce recours, se réserva à lui-même le droit de
l'octroyer et c'est ce qui explique la procédure extraordinaire (*cognitia extraordinaria*) dont cette voie de recours était entourée (1).

(1) MM. Gérardin et Garsonnet à leurs cours.
Cependant de Savigny, t. VII, p. 101 et suiv. paraît rattacher la
restitution *in integrum* à l'autorité judiciaire plutôt qu'à l'autorité
administrative du préteur. D'autres auteurs de même avis ont invoqué à l'appui de leur opinion des textes, soit du Digeste, soit du Code
qui présentent la restitution *in integrum* comme une application de

Ce pouvoir discrétionnaire du magistrat pouvait inquiéter, toutefois il y avait quelques mesures de garanties qui pouvaient paralyser les abus qui auraient pu en résulter. Ainsi les pouvoirs du magistrat ne duraient qu'*un an* ; ce préteur était responsable et à la sortie de ses fonctions *pouvait être mis en jugement* ; que le préteur en l'accordant trop facilement courait le risque de se voir *juger de même* s'il avait plus tard une affaire semblable ; *droit de veto* de la part des magistrats supérieurs qui examinaient la justesse des motifs ou qui intervenaient en cas d'excès de pouvoir (1). D'ailleurs on recommandait à user avec circonspection pour ne pas la rendre préjudiciable à ceux qui la sollicitent (D. IV, 4, 24, p. 1, Paul). La restitution avait en outre comme nous verrons un caractère *subsidiaire* et ne pouvait être accordée qu'une seule fois (D. IV, 4, 16, pr. Ulpien).

Le but primitif de notre institution était de protéger contre ses propres actes ou ses propres omissions le pubère mineur de vingt-cinq ans. C'est ce que nous prouve le texte même de l'Edit (L. I, p. 1, *De min.*, IV, 4). Plus tard on la fit sortir de ce cadre, on l'étendit

la *juridictio* ; mais nous ferons remarquer que les textes du Digeste prennent l'expression *juridictio* dans un sens très large qui n'est pas son sens technique, à savoir l'ensemble des pouvoirs relatifs à l'administration de la justice. Et quant aux textes du code soit qu'ils soient antérieurs à l'établissement de la procédure extraordinaire, et alors ils emploient cette expression dans le même sens vague, soit qu'ils soient postérieurs et dans ce cas ils sont d'une époque où on ne distingue plus l'*in integrum restitutio* d'une action proprement dite, et dès lors cette expression peut s'employer.

(1) De Savigny, VII, p. 113.

aux actes faits par les impubères avec l'assentiment de
leurs tuteurs et même aux actes de gestion des tuteurs
eux-mêmes (29, pr., 47, pr., IV, 4), et finalement on
l'appliquera aux actes que les pubères avaient passés
avec le *consensus* des curateurs et aux actes des curateurs aussi (Q. 2. 25, l. 2, Caracalla et Q. 3, Dioclétien).
Dès lors la restitution, à part quelques cas très limités,
fut donnée contre tous les actes des mineurs, aussi les
tiers exigeaient-ils une *caution* qui les garantit contre
les conséquences de cette restitution, soit de la part des
tuteurs, soit même des mineurs.

En dehors de la minorité, il y a encore d'autres cas
d'*in integrum restitutio* (L. 1 et 2, *De in int. rest.*, IV, 4).
Leur nombre était en droit classique limitativement déterminé. Paul dans ses Sentences (l. 7, p. 2) nous énu-
mère les suivantes : le *dol*, la *violence*, l'*erreur*, l'*absence*,
la *capitis deminutio*. A ces cas il faut ajouter encore :
1° l'in integrum restitutio *propter alienationem judicii
mutandi causa factam*, qui est relative à l'aliénation de
la chose litigieuse ; 2° l'in integrum restitutio *heredum*
qui fut d'abord accordée aux héritiers des mineurs de
vingt-cinq ans, puis fut étendue aux héritiers de quiconque avait droit de son vivant à l'*in integrum restitutio*. Le préteur s'était en outre réservé par une clause
spéciale de l'édit le pouvoir de prendre en considération
d'autres circonstances encore : *Si qua alia mihi justa
causa videbitur in integrum restituam* (Paul, S. L. 1, 7,
2. L. 1, p. 1. *Ex quibus causis maj.*, IV, 6).

De toutes les institutions *in integrum*, celle des mineurs de vingt-cinq ans, *restitutio propter ætatem*, était regardée comme le type de l'institution, comme le droit commun en cette matière, aussi c'est dans celle-ci que le préteur avait un plus grand pouvoir d'appréciation comme les textes nous le démontrent d'ailleurs ; ainsi s'agit-il de minorité, nous voyons figurer les mots : *uti quæque res erit, animadvertam*, s'agit-il au contraire d'autres cas, les termes ne sont plus les mêmes. *Quod metus causa gestum est ratum non habeo* (L. 1, *Quod metus causa*, IV, 2) *quae dolo malo facta esse discentur si de his rebus alia actio non erit et justam causam esse videbitur judicium dabo* (L. 1, p. 2. *De dolo malo*, IV, 3); comme on voit dans ces derniers cas le préteur ne se réserve plus la même latitude. Nous pouvons ajouter aussi que la restitution des mineurs a dû apparaître la première comme répondant à un besoin réel et pressant, l'institution de la curatelle générale et permanente n'existant pas encore ; et puis cela résulte aussi du texte de l'édit lui-même. *Prætor edicit : quod cum minore...* (L. 1, p. 1, *De min.*, IV, 4). Ce qui est certain c'est que cette restitution existait sous Labéon et par conséquent sous Auguste (L. 16, p. 1 et 45, D., IV, 4).

Disons pour finir qu'à l'époque formulaire il fut créé à côté de l'*in integrum restitutio*, des actions et des exceptions qui en limitèrent beaucoup l'application. C'est ainsi qu'au Digeste on trouve réunies dans le même titre (L. IV, 2 et 3) l'*in integrum restitutio ob metum, ob*

dolum et les actions *quod metus causa, de dolo malo*.
Au Bas-Empire, lorsque les fonctions du magistrat et
du juge se confondent, l'*in integrum restitutio* tendit tout
naturellement à devenir une action ordinaire. Ce fut la
même personne qui, suivant les cas, rétablit les choses
dans le *statu quo*, ou prononça la condamnation ; dès
lors il ne fit plus de différence entre la restitution *in integrum* et l'action dans le dernier état du droit. D'ailleurs la prohibition du sénatus-consulte de Septime
Sévère et la généralisation de la curatelle, qui entraînait
pour le mineur l'incapacité de faire sa condition plus
mauvaise (C. II, 2, 2, liv. 3. Dioclétien) d'une part, la
suspension par Justinien des prescriptions en faveur des
mineurs d'autre part (C. S, 41, l. 5 ; Just., 2, 252, C.
civ.), eurent pour effet de rétrécir beaucoup le domaine
de l'*in integrum restitutio*.

La restitution *in integrum* ne rencontre pas d'équivalent en droit français ; l'institution la plus rapprochée
c'est celle des actions en rescision des articles 1304 et
suivants du Code civil.

Conditions de l'in integrum restitutio.

La restitution *in integrum* n'étant, comme dit M. Accarias, « qu'une réaction de l'équité prétorienne contre
le droit civil et qui tend à détruire les effets d'un acte
régulier » constituait un bénéfice exorbitant qui laissé
à l'appréciation absolue du magistrat et accordé aveu-

glément, aurait entraîné des conséquences nuisibles ; aussi pour éviter ce danger et ne pas rompre en même temps l'harmonie du droit civil, soumit-on son obtention à des conditions rigoureuses.

Il faut tout d'abord que le demandeur ait subi *un dommage sérieux*.

Il faut en second ordre qu'il se trouve *dépourvu de tout secours*.

Et finalement qu'il puisse invoquer *une juste cause* de restitution.

Ces conditions nous les trouvons mentionnées dans le texte suivant : *Si res pupillaris vel adolescentis distracta fuerit, quam lex distrahi non prohibet, venditio quidem valet ; verutamen, si grande damnum pupilli vel adolescentis versatur etiamsi collusio non intercessit distractio per in integrum restitutionem revocatur.* (49, IV, 4, D. Ulpien). Il faut qu'il ait *lésion* ; notre texte dit *grande damnum*. Elle consiste dans un dommage résultant d'un acte juridique ou de l'omission d'un acte juridique. Nous verrons plus loin si vraiment le dommage doit être *grande*.

Il faut aussi que l'acte soit valable *jure civili*. Le texte suppose que le mineur avait vendu une chose que la loi ne lui défendait pas de vendre. Autrement l'acte serait nul *ipso jure* et on pourrait soit refuser d'exécuter la prestation promise, soit se la faire restituer si on l'avait déjà exécutée.

Par conséquent toutes les fois qu'il y a un autre se

cours que la *restitutio in integrum* celle-ci est refusée comme inutile. La loi 49 citée plus haut est complétée par la loi II, C. V, 71 qui est une constitution de Dioclétien.

Il faut aussi que le demandeur soit de *bonne foi*. Quoi que notre texte ne mentionne pas cette condition il faut cependant l'ajouter comme découlant de la nature même de l'*in integrum restitutio* qui est une institution fondée sur l'équité. Elle irait contre son but si on pouvait la demander pour obtenir un résultat inique, pour faire triompher la mauvaise foi.

Enfin comme dit le texte, il n'est pas besoin de *collusion*, autrement dit de fraude. Le mineur n'a pas besoin de prouver qu'une fraude a été commise contre lui soit par le tuteur, soit par le curateur, soit par la personne avec laquelle l'acte a été passé. La lésion suffit, elle constitue un *dolus in re* qui rend inutile le dol personnel, autrement dit la collusion ou la fraude. Cette opinion est d'ailleurs consacrée par un rescrit des empereurs Dioclétien et Maximien, la loi 5 au Code *De in int. rest.*, II, 22 et dont voici le *principium* : *Minoribus in integrum restitutio in quibus se captos probare possunt, etsi dolus adversarii, non probetur, competitur.*

Du dommage. — Il faut d'abord, avons-nous dit, que le demandeur ait subi un dommage, ait éprouvé une lésion (LL. 3, p. 6 ; 7, p. 3 ; 9, p. 1 ; 11, p. 3, 4, liv. IV, t. 4), sans cela on applique le droit civil dans toute sa rigueur. De là l'adage *Minor restituitur non tamquam*

minor sed tamquam læsus. En outre comme la restitution n'avait d'autre but que de protéger les mineurs
contre les dangers qui dérivaient de leur inexpérience (1),
la lésion ne donnait naissance contre le secours de la
restitution que si elle avait sa cause dans l'inexpérience
du mineur, *fragilitas infirmitatis consilii* ou *levitas juve-
nilis* (L. II, p. 5 ; L. 24, p. 1 et 2, IV, 4) par exemple
il avait acheté à des conditions trop onéreuses ou il avait
vendu à des conditions trop désavantageuses, il avait
dissipé l'argent qu'on lui avait remis à titre de prix. Il
ne faut pas non plus que la lésion provînt d'un *cas fortuit* (L. II, p. 3 et 5, *De minor.*) ou *de l'application d'une
règle de droit que nul n'aurait pu éviter.* Le mineur a di-
visé ses poursuites contre les fidéjusseurs solvables de
son débiteur postérieurement à la *litis contestatio,* l'un
d'eux devient insolvable, peu importe le dommage qui
résulte pour le mineur, son inexpérience, sa légèreté
ne peuvent être invoquées (L. 51, p. 4 ; L. 52, p. 1, *De
fig.*, 46, I. ; Zénon, *Constit. expresse*, C. II, 22, 1. 9).
C'est cette idée que les textes expriment en disant que
le mineur ne peut obtenir la restitution lorsque *jure
communi usus est.* Par exemple un *negotiorum gestor*
qui a fait à son insu un acte pour le mineur (46, IV, 4)
etc. La restitution ne sera non plus accordée au mineur

(1) Quant à l'argument que la restitution était donnée aux mineurs
même contre les actes de leurs tuteurs ou curateurs, nous répondrons, avec M. Accarias, que c'était encore une conséquence de leur
inexpérience, car sans leur âge, ils n'eussent pas été exposés à se
voir victimes des fautes d'autrui.

lésé, à la suite des manœuvres frauduleuses dont il aura usé. Il faut donc que la lésion soit l'effet *direct et immédiat* de l'acte que l'on incrimine ; par exemple la répudiation inconsidérée d'une succession (7, p. 7, IV, 4, Ulpien), il faut en un mot que cette lésion ne provienne pas d'un fait postérieur mais d'un fait contre lequel la restitution est demandée.

La lésion doit être, comme dit M. de Savigny, préjudiciable à celui qui la réclame, en d'autres termes elle doit être *personnelle* au mineur, ce qui d'ailleurs est très facile à comprendre attendu que cette mesure est prise dans son intérêt et ne pourrait être donnée en faveur d'un autre. Par exemple un mineur qui accomplissant un mandat à lui confié par un tiers, commettrait des actes préjudiciables dans l'exercice de ses fonctions ; le mandant étant insolvable, ce sera lui-même qui subira les conséquences. Il y aura donc lieu à restitution vu qu'il y a lésion personnelle du mineur (L. 23, IV, 4).

Mais que faut-il *entendre exactement par le mot lésion* et dans quel cas donnera-t-elle naissance à la restitution ?

On entend par lésion « un préjudice qui entraîne diminution du patrimoine ou privation du gain espéré ». Mais il faut entendre par le mot diminution non seulement la diminution réelle et effective du patrimoine, mais aussi le simple changement désavantageux (1) telle que la transformation d'une créance pure et simple en

(1) M. Accarias, II, 444.

conditionnelle ou d'un droit certain en droit douteux et contesté (L. 6, IV, 4, D.). Ulpien (L. 40, IV, 4) nous parle d'un mineur qui a obtenu un jugement contre son débiteur et qui lui a laissé le montant de la condamnation à titre de prêt ; en d'autres termes, à la place d'une poursuite en vertu d'un jugement, le mineur aura une action basée sur un nouveau contrat (action du *mutuum*), donc transformation d'un droit certain en droit litigieux.

D'ailleurs ce changement désavantageux dans lequel consiste la lésion doit être, comme dit M. de Savigny (1), un changement véritable de l'état du droit, c'est-à-dire changement régulier et légitime, car s'il y avait violation du droit qui entraînerait la nullité, le droit commun seul suffirait.

La lésion peut consister dans la méconnaissance d'un simple *intérêt moral* ou d'affection et non seulement dans la violation d'un intérêt exclusivement pécuniaire.

Cela résulte de plusieurs textes. Ainsi L. 3 (IV, 4) suppose un mineur de vingt-cinq ans qui obtient la restitution, après avoir été l'objet d'une adrogation, parce que ce mineur adrogé regrette d'avoir perdu un nom illustre ou le droit aux *sacra* de sa famille naturelle. En outre le texte cité plus haut : « *Minoribus viginti quinque annis subvenitur per in integrum restitutionem non solum cum de bonis eorum aliquid minuitur ; sed etiam cum intersit ipsorum litibus et sumptibus non vexari* » (L. 6, D. IV, 4). Le mineur en plaidant se met dans une

____

(1) M. De Savigny, *op. cit.*, VII, 124.

situation très aléatoire, il risque en voyant sa demande repoussée, de perdre du temps, d'encourir une certaine déconsidération, en un mot de subir un préjudice moral. Nous pouvons aussi, et surtout, citer le texte d'Hermogenianus (L. 35, D. IV, 4). Le jurisconsulte suppose un mineur qui a acheté sous la condition résolutoire (*in diem addictio*) que la vente sera nulle si le vendeur trouvait un prix supérieur, il laisse s'accomplir cette condition faute d'offrir lui-même un prix équivalent. Bien que refusant d'accomplir cette condition, le mineur s'évite peut-être une perte pécuniaire, on l'admet cependant à se faire restituer parce que la chose avait pour lui un intérêt d'affection, par exemple parce que la chose avait appartenu à ses ancêtres. C'est là une application de la très ancienne idée de la conservation du patrimoine familial, laquelle se traduit par une sorte de droit de préemption exercé par un membre de la famille à l'encontre des étrangers. C'est ce qu'on a appelé dans l'ancien droit *Retrait lignager*. Ajoutons enfin que le mineur, pour obtenir l'*in integrum restitutio* doit parfaire la différence du prix, car il ne faut pas que le vendeur souffre un préjudice, puisqu'il s'est réservé expressément le droit de résoudre la vente.

En résumé nous voyons donc qu'un simple intérêt moral blessé suffit pour constituer une lésion. D'ailleurs, comme dit Saetdler (1), ce genre de lésion peut

(1) Staedler et les auteurs cités par lui, p. 10. Wangerow. Puchta. M. Garsonnet à son cours.

quelque fois être plus pénible qu'un dommage purement pécuniaire.

La lésion peut consister aussi dans un *simple gain manqué (lucrum cessans)*.

Cela nous est confirmé par les textes suivants :

a) Le premier (L. 9, p. 7, IV, 4) suppose un mineur qui a répudié une succession avantageuse ; quoique le mineur ait dans ce cas négligé seulement une occasion d'acquérir, on lui accorde cependant la restitution.

b) Lorsqu'il a vendu une chose pour un prix suffisant, mais on lui a offert un prix supérieur qu'il a repoussé ; dans ce cas il a manqué plutôt un bénéfice que subi une perte (L. 7, pp. 6 et 8, D. IV, 4) (1).

c) « *Hodie certo jure utimur ut et in lucro minoribus succurratur* » (2). Il résulte de ce texte de la façon la plus claire que le « *lucrum cessans* » constituait une lésion suffisante, mais il résulte aussi que cela n'avait pas toujours été certain. Paul (L. 7, p. 3, D. XXII, I) consulté sur la question de savoir si un débiteur qui n'a pu payer sa dette par suite des circonstances involontaires, devait les intérêts moratoires, nous dit incidemment que le mineur peut être restitué pour simple *lucrum cessans*. Mais malgré cette extension de la restitution on ne saurait l'accorder pour défaut de gain si l'autre partie doit éprouver une perte positive.

---

(1) Des auteurs ont soutenu que la *restitutio* pour défaut de gain était une exception introduite en faveur des mineurs seulement et que les majeurs ne pouvaient être restitués que contre leur perte. Cette opinion s'appuie sur la loi 18. *Ex quibus causis maj.*, IV, 41.

(2) Puchta cité par Savigny, *op. cit.*, 125.

Quant à la question de savoir si les majeurs étaient admis à se faire restituer pour cause de privation de gain, il y a des opinions diverses dans le détail desquelles nous ne pouvons entrer, étant donné l'objet de notre étude.

De ces différentes hypothèses nous pouvons tirer cette conclusion qu'en principe et sauf les quelques cas particuliers que nous verrons bientôt, la lésion n'a pas besoin d'être considérable ou entachée de gravité pour donner naissance à la restitution, mais qu'au contraire, elle peut être très minime et consister soit dans un gain manqué, soit même dans un intérêt d'affection ou moral blessé, en un mot dans une simple condition désavantageuse, pourvu seulement que cette condition désavantageuse soit pour ainsi dire adéquate à la perte d'un droit né et actuel, qu'il se trouve ou non dans le patrimoine.

Malgré ces arguments, il y a une autre opinion qui soutient qu'il faut que la lésion soit d'une *certaine importance*. On invoque à cet effet des raisons qui nous paraissent inacceptables.

a) D'abord la maxime romaine *de miniunis non curat prætor*.

b) Puis cette maxime était admise en *matière de dol* où l'action *de dolo* n'était accordée qu'à raison d'une lésion d'une certaine importance (L. 9, p. 5, 10, II, pr. IV, 3) (1).

(1) M. Garsonnet à son cours.

c) Vices redhibitoires en matière de vente (L. 54, XVIII, I ; L. 48, XX, I) (1).

Ces raisons nous paraissent d'une grande fragilité. En effet, l'adage *de minimis non curat praetor* est très vague et ne peut fournir une solution précise à notre question, et quant à l'action *de dolo*, on ne peut pas établir une analogie, car il y avait une raison spéciale à ne pas prodiguer cette action, c'était son caractère infamant. De même nous ne voyons pas bien non plus l'analogie avec ce qui se passe en matière de vices redhibitoires, car on ne peut pas dire ici que l'acheteur n'eut certainement pas acheté s'il avait connu les vices, attendu que ces vices sont très peu graves. Le seul droit qu'aurait l'acheteur c'est d'intenter l'action *quanti minoris*.

d) Nos adversaires invoquent aussi un quatrième argument. C'est le texte suivant (L. 4, D. IV, 1) du jurisconsulte Callistrate : « *Scio illud a quibusdam observatum, ne propter satis minimam rem, vel summam si majori rei vel summa præjudicetur ; audiatur is, qui in integrum restitui postulat* ». Nous repoussons également l'argument tiré de la loi 4 de notre texte et voilà pourquoi : le jurisconsulte ne pose pas de règle absolue ; il dit que la règle de certains préteurs est de faire telle chose ; mais il ne dit pas qu'ils sont obligés de le faire. D'ailleurs Callistrate ne dit pas du tout qu'il faut refuser l'*in*

_____

(1) M. Accarias, II, 445.

integrum restitutio à ceux qui ne peuvent alléguer qu'une lésion minime. Il dit tout simplement qu'il faut refuser la restitution si le dommage qui doit en résulter est plus grand que l'avantage que le mineur en retire, ce qui est tout différent.

Maintenant il y a quelques cas exceptionnels où l'*in integrum restitutio* n'était accordée par le préteur, que si la lésion présentait une *certaine importance*, un certain caractère de gravité.

Ainsi un mineur ne peut obtenir l'*in integrum restitutio* contre le défaut d'exercice de la *querella inofficiosi testamenti* que lorsqu'il a subi une lésion importante (L. 8, p. 17, D. V, 2).

De même un mineur ne peut être restituable qu'en cas de lésion considérable : *a*) s'il s'agit de la vente d'une chose hypothéquée (9, p. D. IV, 4) ; *b*) lorsqu'il s'agit de la constitution de dot (9, p. 1, D. IV, 4) ; *c*) lorsqu'il s'agit d'une aliénation valablement faite par son tuteur ou son curateur (L. 49, D. IV, 4) ; *d*) contre la vente de ses biens faite à la poursuite du fisc (L. 1, C. II, 35). Nous voyons que dans tous ces cas pour que le demandeur puisse invoquer la restitution, il faut qu'il ait subi une lésion d'une certaine gravité, sans cela on appliquerait le droit civil dans toute sa rigueur. C'est dans ce sens qu'on a pu dire : *De minimis non curat prætor* (LL. 9, pr. et p. 49, *De crim.* ; L. 1, C. *Si adv. vend.*, II, 31). La nature particulière de ces actes peut nous expliquer le caractère exceptionnel de la lésion, on voulait autant que possible éviter la restitution pour ne pas causer des dommages à des tiers de bonne foi qui n'eussent pas traité avec le mineur.

En effet il est clair que si on en avait abusé, tout le monde aurait refusé de traiter avec le mineur et cette mesure aurait tourné à leur détriment. Donc il fallait dans leur intérêt ne pas l'accorder à tort et à travers et comme dit la loi 24, p. 1, il fallait « que le préjudice en vaille la peine ».

En dehors de ces hypothèses où il fallait un dommage considérable, on donnait au préteur le simple conseil de ne pas accorder l'*in integrum restitutio* à un mineur, s'il apparaissait que cette restitution devait lui être en définitive plus désavantageuse que favorable (L. 24, p. 1, D. IV, 4).

Maintenant si on se tenait à la stricte interprétation du texte de l'édit (L. 1, p. 1, D. IV, 4) on serait porté à croire que la restitution *in integrum* ne pouvait intervenir que lorsqu'il s'agissait d'un acte juridique positif ou comme dit Ulpien (L. 1, p. 1), *aliquid gestum*; mais les jurisconsultes n'hésitèrent pas à l'admettre pour toute espèce d'acte juridique, c'est-à-dire même les *simples omissions* quand elles entraînaient diminution de patrimoine, quand elles enlevaient un droit. Ainsi le mineur a négligé d'invoquer en justice un droit qui lui appartenait, un moyen de défense ou interjeter appel d'une condamnation ou enfin il a laissé usucaper sa chose par un tiers ; périr un droit d'usufruit, d'usage ou s'éteindre une action temporaire, de même s'il a laissé défaillir la condition sous laquelle il était institué héritier, où s'il a laissé passer le laps de temps pour demander la *bonorum possessio* (L. 3, p. 8 ; L. 7, p. 11, LL. 26 et 44, IV, 4).

Le mineur qui invoque la lésion doit la prouver pour pouvoir obtenir l'*in integrum restitutio*. Cette solution peut invoquer un grand nombre de textes (L. 7, p. 3 ; 35 et 44, IV, 4). Cependant des auteurs ont prétendu qu'il suffisait au mineur d'alléguer le préjudice éprouvé par lui. Nous reverrons d'ailleurs avec détails cette partie quand nous nous occuperons de la procédure en matière de restitution.

Condition de la restitution in integrum.

Pour que la restitution *in integrum* fut accordée il fallait, en dehors de la lésion, qu'aucune action ou voie de droit équivalente ne soit ouverte pour faire tomber l'acte ou pour indemniser le mineur. La restitution n'était admise qu'à titre de *ultimum subsidium*. *Si communi auxilio munitus sit non debet ei tribui extraordinarium auxilium* (L. 16, IV, 4).

Cette condition est facile à justifier étant donné que l'*in integrum restitutio* est un secours extraordinaire que le préteur n'accorde que dans des cas très graves et que celui qui pourrait échapper par le droit commun au danger qui le menace, ne peut pas recourir à l'*in inte-*

grum restitutio, de même aussi celui qui a subi un préjudice irrémédiable alors qu'il aurait pu l'éviter par le droit commun, autrement les tiers de bonne foi pourraient être atteints.

Donc pas de restitution d'abord lorsque l'acte nuisible est *nul de plein droit* attendu qu'on ne peut pas restituer ce qui n'existe pas, car, comme on l'a dit avant nous, on ne saurait gracier un accusé acquitté ; pas de restitution non plus si une action ordinaire quelconque vous permet d'échapper au danger qui vous menace en paralysant cet acte nuisible, de même aussi si vous avez omis d'employer le remède que le droit commun vous offrait pour conjurer le danger.

Le caractère extrême et subsidiaire de notre institution résulte des textes suivants : « *In causæ cognitione etiam hoc versabitur num forta alia actio possit competere citra in integrum restitutionem ; nam si communi auxilio et mero jure munitus sit non debet ei tribus extraordinarium ; ut cupa cum pupillo contractum est sine tutoris autoritate nec locupletior factum est* ». L. 16, IV, 4.

Et plus loin, dans le paragraphe 2 de notre loi, nous lisons : « *Item relatum est apud Labeorum si minor circumscriptus societalem coerit vel etiam donationis causa, nullam esse societatem nec inter majores quidem ; et ideo cessare partes prætoris. Idem et filius respondit ; satis enim ipso jure munitus est* ».

Dans le premier texte nous voyons un pupille qui a contracté sans l'autorisation de son tuteur et qui ne s'est pas enrichi (*nec locupletior factus est*), car dans le cas où il se serait enrichi, l'acte serait valable et ne donnerait pas lieu, faute de lésion, à l'*in integrum restitutio*.

Dans le second nous voyons un mineur qui a fait une société sous l'empire d'un dol ou pour faire fraude à une loi prohibitive ou restrictive de donations, donation irrévocable entre époux ou donation dépassant le taux de la loi Cincia ; il a fait un contrat nul et qui n'a pas besoin d'être attaqué par l'*in integrum restitutio*. Ce n'est pas là une règle spéciale à la société seulement, mais au contraire elle s'applique à tous les contrats. Le paragraphe 3 de notre loi est formel « il faut dire de même que toutes les fois qu'un contrat n'est pas valable, le préteur n'a pas à intervenir ».

Il résulte donc de ces deux textes la règle suivante : c'est que si le mineur est protégé par le droit commun contre le préjudice résultant de ses actions, de ses négligences (ou de celles de son tuteur ou curateur), il ne pourra pas obtenir l'*in integrum restitutio*.

Du fait que la *restitutio in integrum* ne peut être accordée qu'à défaut de toute autre voie de recours, il s'en suit qu'elle est inapplicable, comme étant inutile, dans les hypothèses suivantes :

Toutes les fois qu'un acte est nul d'après le droit civil soit que cette nullité soit fondée sur l'incapacité du mineur, soit sur toute autre cause (L. 16, p. 3, IV, 45).

« *Et generaliter probandum est ubi contractus non valet,*

pro certo prætorem se non debere interponere ». Aiusi la restitution est inapplicable aux aliénations prohibées par le sénatus-consulte de Septime Sévère soit qu'elles aient été consenties par le tuteur ou le curateur seul, soit qu'elles aient été faites par le pupille autorisé ou par un mineur de vingt-cinq ans agissant seul ou avec le consentement de son curateur (L. 49, *De min.*, L. 2, C. *De præd. et al. reb. min.*, V, 71). Et quant aux deux textes (L. 39, p. 1 ; L. 47, p. 1, *De min.*, IV, 4), de Scævola qui contredisent cette solution il suffit de remarquer qu'ils étaient antérieurs à la disposition de Septime Sévère attendu que leur auteur vivait avant cet empereur. Elle est inapplicable aussi à la prescription, attendu que depuis Justinien les prescriptions temporaires ne courent plus pendant la minorité (L. 5, C. II, 4). D'ailleurs même avant Justinien la prescription était nulle s'il s'agissait des biens qui tombaient sous le coup du sénatus-consulte de Septime Sévère.

Voyons maintenant les *exceptions* que comporte le principe subsidiaire de l'*in integrum restitutio*.

Lorsque l'action du droit commun est *infamante* il ne faut y recourir qu'à toute extrémité ; il vaut mieux employer la *restitutio* qui n'a pas cet effet infamant. « *Etiam si quis in integrum restitutio possit, non debere ei hanc actionem (doli) competere* (L. 7, p. 1, IV, I ; L. 1, p. 6, *De dolo malo*, IV, 3).

De même quand la *restitutio in integrum* offre des avantages que les moyens de droit commun n'offrent pas, dans ce cas il y a plutôt une exception apparente vu que la restitution est beaucoup plus complète, plus efficace que le moyen dont on dispose. Par exemple, l'action *directa tutelæ* pour réussir exige la preuve de la faute commise par le tuteur tandis que la restitution se contente de la preuve de la lésion, preuve plus facile à administrer (L. 7, p. 1, IV, 4 ; L. 25, L. 39, p. 13, XXVI, 7); en outre l'action *tutelæ* est revêtue du caractère infamant qui répugnait aux Romains ; d'ailleurs il peut préférer le recouvrement de son bien auquel il attache peut-être une grande importance, à l'indemnité qu'il a droit d'exiger de son tuteur (L. 3, C. II, 25).

De même l'action *venditi* en rescision d'une vente pour lésion exige que cette lésion dépasse la moitié de la valeur réelle et laisse à l'acheteur le choix de rendre la chose ou de payer un supplément pour parfaire le juste prix.

Examinons maintenant une troisième exception au caractère subsidiaire de l'*in integrum restitutio*.

C'est le texte suivant : *Pomponius quoque refert libro vicesimo octavo, quum quidam heres rogatus esset fratris filiæ complures res dare ea conditione, ut, « si sint liberis decessisset, restitueret eas heredi », et hoc defuncto herede heredi ejus cavisset, se restitutuorum. Aristonem potasse in integrum restituendam. Sed et illud Pomponius adficit, quod potiu incerti condici hæc cautio, etiam a majore. Non enim ipso jure, sed per condictionem munitus est.*

Ce texte n'est pas facile à expliquer. Il a donné naissance à deux explications.

Expliquons l'hypothèse qu'il prévoit. Primus a été institué héritier et a été grevé d'un fidéicommis particulier au profit de sa nièce et avec cette condition que si celle-ci venait à mourir sans enfants, les objets qui lui ont été donnés en exécution du fidéicommis, reviendront à l'héritier fiduciaire. Cette sorte de droit de retour ne doit s'exercer qu'au profit de l'héritier fiduciaire lui-même et bien entendu la restitution sera faite par les héritiers de la femme. Donc il faut qu'au moment où la condition arrivera, c'est-à-dire où la femme fidéicommissaire mourra sans enfants l'héritier soit encore vivant. Par conséquent, s'il meurt avant l'arrivée de la condition, le retour n'aura pas lieu et on ne pourra rendre ces choses à son héritier, car telle a été l'intention du testateur et puis ce testateur ne pourra pas faire un legs à l'héritier de son héritier qui est une personne incertaine.

Ceci posé, le texte suppose que la femme s'est trompée sur les termes du testament et elle a cru que le testament l'obligeait ou qu'elle était tout au moins moralement tenue, à faire la promesse même à l'héritier du fiduciaire. Ayant fait cette promesse elle demande la *restitutio in integrum*. Il faut supposer d'ailleurs pour expliquer la possibilité de l'*in integrum restitutio* que la femme est mineure de vingt-cinq ans. Cela résulte de la place qu'occupe notre texte au titre *de minoribus viginti-quinque annis* et puis il faut supposer aussi qu'elle a été lésée et il ne faut pas dire qu'il n'y a que ses héritiers qui subiront le préjudice car on n'a qu'à considérer le cas où la femme a fourni des fidéjusseurs ou bien le cas où elle a constitué des hypothèques. Elle a intérêt à libérer ses fidéjusseurs et à faire disparaître ces hypothèques.

Cette femme qui a fait la promesse peut-elle obtenir l'*in integrum restitutio* ?

Pour répondre à cette question remarquons d'abord que le paragraphe 2 fait partie de la loi 16 qui est un extrait du livre 11 d'un ouvrage sur l'Édit, livre dans lequel le jurisconsulte Ulpien étudie le caractère subsidiaire de l'*in integrum restitutio* ; de sorte que la loi 16 n'est que le développement de cette idée ; donc il s'agit de savoir si le mineur n'a pas un autre secours. Or dans notre texte si nous voyons le jurisconsulte Ariston accorder la restitution, c'est qu'il reconnaissait que le mineur n'était pas suffisamment protégé. D'un autre côté les jurisconsultes Pomponius et Ulpien disent que cette promesse pouvait être rejetée par un majeur (à plus forte raison par un mineur) au moyen d'une *condictio incerti*, c'est-à-dire que le fidéicommissaire pouvait intenter pour se libérer une *condictio incerti*. Remarquons qu'en droit civil l'engagement qu'a pris le fidéicommissaire est parfaitement valable, quoique sans cause, à raison du caractère formaliste de la stipulation, mais elle est protégée par le droit civil en ce sens qu'elle a, pour se libérer, une *condictio non enim ipso jure sed per condictionem munitus*. Si l'engagement était nul *ipso jure*, il serait non avenu et la femme ne serait pas tenue de payer, elle aurait un moyen de défense au fond. L'engagement étant donc valable la femme doit payer, sauf le droit d'intenter la *condictio sine causa* pour obtenir acceptilation, et agissant ainsi en qualité de créancière; elle court le risque de l'insolvabilité du défendeur, n'obtenant qu'une condamnation illusoire.

Mais est-ce à dire que Pomponius et Ulpien approuvent Ariston ! Nous le croyons. Du moment que la femme fidéicommissaire n'est protégée par le droit civil que par une *condictionem*, ce n'est pas assez pour exclure l'*in integrum restitutio*. Cette *condictio* est une protection insuffisante attendu qu'elle ne fait pas obtenir la réparation du dommage par suite de l'insolvabilité possible du défendeur. L'*in integrum restitutio* étant une mesure plus efficace vaut mieux. Dès lors on comprend que les jurisconsultes l'aient accordée.

Il y a des auteurs (1) qui prétendent au contraire que les deux jurisconsultes critiquent la décision d'Ariston. Dans ce système on ne veut pas faire de distinction entre un moyen de défense proprement dit, un moyen de défense *ipso jure* et un moyen de défense *per condictionem*. Dans l'un comme dans l'autre cas, il faut refuser l'*in integrum restitutio*. Mais c'est aller un peu trop loin et ne pas tenir compte des textes formels qui font la distinction entre les différents moyens de protection qui

—

(1) M. Garsonnet à son cours.

sont mis à la disposition des mineurs et qui accordent catégoriquement la restitution toutes les fois qu'elle présente des avantages, c'est-à-dire toutes les fois qu'on ne trouve pas une protection pleine et efficace dans les moyens dont ils disposent d'après le droit commun (L. 13, p. II, C., *De jud.*, III, 1).

En résumé, la restitution *in integrum* est préférable à l'action, par le fait qu'elle procure au mineur un secours plus complet. L'action ne fait obtenir en général que le *quod interest*; tandis que la restitution *in integrum* rend au mineur son ancienne action qui, peut-être, est une de celles qui croissent au double *per infitiationem*; de même aussi si on suppose que le débiteur est devenu insolvable, auquel cas l'action n'aura aucune utilité, tandis que par la restitution on pourra rendre au mineur l'ancienne action qui lui sera peut-être fort utile si elle est garantie par des fidéjusseurs ou par des hypothèques qui se trouvent actuellement entre les mains des tiers détenteurs étrangers au procès.

CHAPITRE II

LA JUSTE CAUSE DE RESTITUTION.

Comme nous avons déjà dit, pour que la restitution puisse être obtenue, il faut qu'elle soit fondée sur la minorité, que la lésion subie ait pour cause l'inexpérience et la légèreté inhérentes à cet âge; aussi verrons-nous dans un chapitre suivant que là où il n'y a pas d'inexpérience, il n'y a pas de restitution.

Nous allons examiner dans ce chapitre quels sont les faits juridiques qui donnent naissance à la *restitutio in integrum* et en examiner quelques cas des plus intéressants.

Actes. — Ulpien en parlant des actes soumis à la restitution dit : *Gestum sic accipimus qualiter sive contractus sit sive quod aliud contegit* (L. 7, pr. IV, 4). Donc nous pouvons dire que l'*in integrum* s'applique à tous les cas où un mineur se trouvant dans les termes de l'édit a subi un préjudice, soit en faisant, soit en ne faisant pas un acte quelconque. Ainsi tous les actes judiciaires ou extrajudiciaires (*sed et in judiciis subvenitur sed in interventionibus*, 7, p. 4, IV, 4) sont soumis à la restitution *in integrum*. Parmi les actes judiciaires nous trouvons les contrats et les quasi-contrats. Par exemple

la vente, l'achat, la société, le prêt d'argent, la gestion
d'affaires, etc. Le mineur est restitué non seulement
pour les contrats faits dans son propre intérêt, mais
aussi pour les cautionnements ou gages qu'il a donnés
pour d'autres.

Nous voyons une application de l'*in integrum restitutio* dans la réception d'un paiement. Le mineur de
vingt-cinq ans créancier a dissipé l'argent qui lui a été
payé par son débiteur. Pour que le paiement fût valable,
il fallait que ce débiteur, s'il avait voulu être prudent,
exigea la nomination d'un curateur avec le consentement duquel il aurait payé le mineur avec plus de sûreté ; il aurait dû, en d'autres termes, s'entourer des
moyens de sûreté que le droit lui fournissait et que notre
texte (L. 7, p. 2, IV, 4) indique, à savoir : faire des
offres réelles, et si elles ne sont pas acceptées, *consigner*
la somme dans un temple ou dans un lieu désigné par le
magistrat ; provoquer une décision du magistrat, c'est-
à-dire *se faire autoriser* par le magistrat à payer (*si
praetor decernat solvendam pecuniam*), et enfin payer
après condamnation et avant qu'on intente contre lui
l'action *judicati* (*si compulsus sit ad solutionem*). Une
fois ces précautions prises le débiteur est à l'abri de la
restitution suivant l'opinion d'Ulpien, mais non d'après
la constitution (1, C. L. 2, t. 33) de Dioclétien et Maximien. Cette contradiction nous prouve que la législation
a varié. Justinien par une constitution célèbre (25, C.
V. 37) déclara absolument valable et libératoire (*plenissi-*

ma securitas) le paiement effectué dans ces conditions (1).

Nous rencontrons d'autres applications de la restitution dans les actes suivants :

Novation désavantageuse (damnosa). Par exemple un mineur de vingt-cinq ans consentant une novation, obtient à la place d'un débiteur solvable, un nouveau débiteur (*expromissor*) qui ne l'est au moment même de la novation. Le mineur se trouve lésé *in ipso acto* et non pas par suite des circonstances postérieures et accidentelles.

De même pour l'*adrogation.* « *Si quis minor viginti quinque omnis adrogandum se dedit et in ipsa adrogatione se circumventum dicat (finge enim se prædone eum hominem locupletem adrogatum) : dico debere eum audiri in integrum se restituentur* » (L. 3, p. 6, D. IV. 4). Un mineur de vingt-cinq ans demande la restitution *in integrum* entre l'adrogation faite dans sa personne parce qu'elle lui cause un préjudice moral (si l'adrogeant est par exemple un homme mal famé) ou un préjudice pécuniaire si l'adrogé était riche et qu'il ait été adrogé par un homme sans fortune ; d'où il résulte que l'adrogé ne trouvera pas dans les chances de succession qui lui restent l'équivalent du patrimoine qu'il a apporté à l'adrogeant.

Il y a des auteurs qui ont invoqué la loi 9, p. 4 (D., IV, 4) *res non capit restitutionem cum statum mutat* pour

---

(1) M. de Savigny (*op. cit.* 323) pense que les précautions prises et l'intervention de la justice rendront l'emploi de la *restitutio in integrum,* bien plus rare mais non pas impossible.

soutenir que la restitution n'était pas possible vu que le *status* était changé. Il faut cependant remarquer que le texte qu'on invoque n'a trait qu'à la *maxima* et à la *media capitis diminutio*. La preuve c'est l'exemple que le texte nous fournit ; il vise le cas d'un mineur de vingt-cinq ans qui s'est laissé vendre comme esclave par un compère en se réservant ensuite de revendiquer sa liberté qui est inaliénable (Inst. I, 3, 44) et de partager ensuite avec celui-ci le prix de la vente. Or l'adrogation n'entraîne que la *capitis diminutio minima* (1). Donc l'argument tombe de lui-même.

La restitution peut atteindre même des actes auxquels *le magistrat a participé*. Par exemple : La vente des fonds ruraux faite avec l'autorisation du magistrat (2) si le mineur a éprouvé un grand préjudice *si grande damnum pupilli vel adolescentes versatur* (L. 49, IV, 4). Elle est admise aussi contre *le jugement* rendu par le magistrat chargé de connaître de la demande en restitution. *Nunc videndum qui in integri restitui possunt? Et tam præfectus urbi, quam alii magistratus pro juridictione sua restituere in integrum possunt, tam in aliis causis quam contra sententiam suam* (L. 16, p. 5, IV, 4).

Autre exemple. La *condamnation insuffisante* qui a été prononcée contre l'ancien tuteur ou curateur du mineur de vingt-cinq ans (L. 25, D. 26, 7).

La restitution *in integrum* est accordée au mineur

(1) M. Accarias, t. 470, note 3. M. Garsonnet à son cours.
(2) Conf. 457, 458 du Code civil.

lorsqu'il s'agit d'intenter une *action pénale* qui a été perdue par suite de l'expiration d'un délai. Remarquons que la restitution n'est donnée que pour recouvrer une action pénale ordinaire *penæ persecutoriæ* c'est-à-dire actions qui sont données à la personne lésée pour obtenir le paiement de la *pœna*, c'est-à-dire une condamnation pécuniaire. Mais la restitution n'est nullement accordée lorsqu'il s'agit d'une action *vindictam sperans* c'est-à-dire de ces actions où on poursuit plutôt la vengeance de l'acte commis que la condamnation pécuniaire. Exemple l'action d'injures, *injurarium judicium semel omissum repeti non potest* (L. 37 pr., D. IV, 4).

Nous avons des textes formels qui accordent la restitution contre les *simples omissions*. Par exemple dans une vente un mineur a vu adjuger à un autre une chose à laquelle il attachait un grand intérêt d'affection (L. 35, IV, 4). Hermogénien nous dit que le mineur condamné par contumace (*etiamsi quasi contumax*) l'a aussi ; de même que lorsqu'il a omis d'invoquer certains faits en justice (*omissam allegationem*, L. 36, IV, 4). Elle est donnée aussi contre une usucapion (L. I, C. II, 36. *Si adr. usucap.*) etc.

Cas exceptionnels dans lesquels l'in integrum restitutio
n'est pas admise.

En principe nous savons que c'est l'âge de vingt-cinq ans qui détermine s'il y a lieu ou non à la restitution pour cause d'incapacité résultant de l'âge. L'acte lésif a-t-il été accompli par un mineur qui n'avait pas encore vingt-cinq ans, la restitution sera accordée ; a-t-il au contraire été accompli après l'achèvement de la vingt-cinquième année elle lui sera refusée. La computation du temps que dure la minorité se fait *naturaliter*, c'est-à-dire que ce délai se compte de *momentum ad momentum* « *ita erit dicendum ut a momento in momentum tempus spectetur* » (L. 3, p. 3, IV, 4) à l'inverse de ce qui a lieu généralement (L. 5, 28, I ; L. 1, 40, I). Le mineur était réputé mineur tant qu'il n'avait pas atteint le jour et l'heure de l'anniversaire de sa vingt-cinquième année.

Tel était le principe général mais il fut modifié par une mesure de faveur qui relevait le mineur de son incapacité avant l'âge de vingt-cinq ans. Cette mesure de faveur était la *venia ætatis*, laquelle rendait impossible la restitution.

Voici comment cette exception fut introduite.

Comme la restitution *in integrum* menaçait les tiers qui avaient traité avec le mineur vu que le mineur pouvait faire rescinder l'acte, cette mesure de protection finit par devenir une gêne pour les mineurs, les tiers se défiant de traiter avec ceux-ci. Ces inconvénients avaient déjà frappé des jurisconsultes lesquels conseillaient, comme nous l'avons dit, qu'elle fût rendue avec beaucoup de précaution (L. 7, p. 8 ; L. 24, p. 1, IV, 4) et beaucoup de réserve. De là, cette innovation que nous trouvons en vigueur dans la seconde moitié du IIIᵉ siècle. En effet, nous avons un texte de Papinien (L. 39, p. 13, 26, 7.) d'où on peut conclure à l'existence de la *venia ætatis* à l'époque classique. Le jurisconsulte parlant d'un pupille pubère, *pupillo constituto*, dit : « *qui restitutionis auxilio non juvatur* ». Ces expressions font sans doute allusion à un mineur qui a obtenu le bénéfice de la *venia ætatis*, autrement elles se référeraient à un majeur de vingt-cinq ans, ce qui est très difficile de croire attendu que cette manière de désigner les majeurs est on ne peut plus bizarre et très peu claire. D'ailleurs on trouve chez les jurisconsultes l'expression *venia ætatis* comme désignant l'*in integrum restitutio* (L. 20, *princ.* IV, 4).

La *venia ætatis* ne pouvait être accordée que par l'empereur (L. 3, pr. et L. 7, IV, 4), et à ceux seulement qui justifiaient d'une bonne conduite et qui étaient arrivés à l'âge de vingt ans s'il s'agit d'hommes et de dix-huit ans s'il s'agit de femmes (L. 2, pr., *De his qui veniam ætatis*, II, 45).

La *venia ætatis*, dont la raison principale était d'assimiler complètement les mineurs parvenus à cet âge aux majeurs, entraînait les conséquences suivantes :

a) D'abord elle rendait non recevable la *restitutio in integrum* pour les actes à venir du mineur, c'est-à-dire pour les actes postérieurs à cet âge. C'est ce que nous dit un rescrit d'Aurélien « *in integrum restitutionis auxilium impetrare non posse manifestissimum est,* » L. 1, C. II, 45).

b) Elle faisait courir le délai de la demande en restitution pour les actes antérieurement accomplis, à partir de cette époque, sous la condition toutefois, que l'inaction du mineur n'emportera jamais déchéance avant qu'il ait atteint sa vingt-cinquième année (L. 3, pr., C. *De temp. in integr. restit.*, II, 53); ce qui paraît un peu contradictoire avec la raison d'être de cette institution qui était de considérer le mineur parvenu à cet âge comme un majeur en le mettant sur pied d'égalité. Cette particularité peut cependant s'expliquer par la faveur dont le législateur a voulu entourer le mineur.

c) Elle faisait cesser toute possibilité de curatelle et donnait au mineur la libre administration de ses biens, c'est-à-dire qu'elle faisait cesser d'une part l'ancienne curatelle et d'autre part le mineur de vingt ans se trouvait à l'abri d'une nouvelle (L. 3, C. *Si maj. fact.*, V, 74).

En définitive, l'âge de la majorité se trouvait avancé, ce qui constituait un moyen terme, entre le droit civil qui, considérant les mineurs au sortir de leur puberté comme pleinement capables, les exposait à tous les périls et le droit prétorien qui, reculant par trop l'époque de leur capacité, protégeait outre mesure la minorité, détruisant ainsi leur crédit à force de protection; ce qui a fait comparer cette institution avec beaucoup de justesse par notre regretté maître M. Labbé, à l'émancipation du droit français (1).

(1) Ortolan II, 705-710. Appendice. Dissertation de M. Labbé et à son cours.

Nous avons dit que le mineur qui avait obtenu la *venia ætatis* était mis sur pied d'égalité avec le majeur et capable par conséquent d'accomplir tous les actes. Il y avait cependant une exception en ce qui concerne l'aliénation ou l'hypothèque des immeubles. A cet égard ils sont soumis au sénatus-consulte de Septime-Sévère (L. 3, C. *De his qui veniam. De prædia et al. reb. min.*, L. 1, V, 71).

On s'est demandé si le mineur qui a obtenu la *venia ætatis* pourrait demander à être restitué dans son ancien état comme si ce bénéfice ne lui avait pas été accordé. La question est controversée. Nous croyons qu'il le peut, attendu que ce bénéfice lui a été accordé en temps d'incapacité. Toutefois elle n'a pas d'effet rétroactif, les actes passés par le mineur entre l'époque où il a obtenu la *venia ætatis* et celle où il l'a fait rescinder resteront valables ; s'il en était autrement ce bénéfice n'offrirait aucune sécurité pour les tiers qui seraient ainsi continuellement menacés.

Une autre exception que la restitution est accordée contre toute espèce d'actes est la suivante : *La restitution ne peut être accordée contre le refus antérieur d'une restitution* in integrum « *integri restitutio plusquam semel non est decernenda* » (Paul I, 7, p. 3, LL. 1, 2, 3. C. *Si saepius in int. rest. postuletur*, II, 44). Cette exception est très facile à comprendre, autrement les demandes en restitution seraient renouvelées indéfiniment. Du reste pour que cette nouvelle demande soit repoussée, il faut conformément au principe de la chose jugée qu'elle soit basée sur la même cause, qu'elle ait le même objet et qu'elle intervienne entre les mêmes personnes.

Une autre dérogation aux règles générales est admise en faveur *de la liberté*. Une fois donnée elle devient sacrée et à jamais irrévocable. C'est ce que nous voyons en matière d'affranchissement. C'est un principe fondamental en droit romain qu'à raison du respect de la liberté l'affranchissement une fois accompli doit être considéré comme irrévocable (Instit. III, II, p. 5). Il s'agit ici des affranchissements volontaires régulièrement faits. Ainsi l'affranchissement n'est nullement valable s'il est fait *a non domino*, si le maître n'a pas l'âge voulu, s'il est fait *in fraudem creditorem*, etc. On n'annulera pas la liberté, seulement on dira par une fiction de droit que la liberté est censée n'avoir jamais été conférée (Inst. I, 6 pr.); et, en ce cas, l'unique ressource du *manumissor* est d'agir soit contre l'affranchi s'il est coupable de dol, soit contre les personnes indirectement responsables.

Voici quelques textes où l'on voit que l'affranchissement ne peut être l'objet d'une *restitutio in integrum* (9, p. 6, 10, D. IV, 4). Ces textes disent qu'on ne peut pas accorder la restitution *adversus libertatem*. Ainsi un mineur ne pourra pas obtenir l'*in integrum restitutio* contre l'affranchissement qu'il aurait légalement consenti. Néanmoins il a à sa disposition deux correctifs : 1° la loi 10 ajoute *nisi ex magna causa a principe fuerit consecutus* c'est-à-dire qu'en justifiant des motifs graves, exceptionnels, le mineur pourra obtenir la restitution, non pas du préteur, mais bien de l'empereur qui étant au-dessus des lois peut rescinder la liberté acquise ; 2° le mineur s'il a moins de 20 ans, conformément à la loi *Ælia Sentia*, l'affranchissement ne sera pas valable, disposition qui rend inutile la *restitutio in integrum*, attendu que, comme nous le savons, quand un acte est nul *jure civili* on n'a pas besoin de se faire restituer contre lui. Cependant la loi Ælia Sentia prévoyait des cas où l'affranchissement avait été fait *ex justa causa* et dans ce cas il devenait valable. De même le texte suivant : *Minor ancillam vendidit ; si eam emptorem manumisserit ab hoc in integrum restitui non poterit ; sed adversus emptorem quanti sua interest, actionem habebit* (L. 48, p. 1, D. IV, 4, Paul).

Remarquons, à titre explicatif, que les sentences rendues en faveur de la liberté par le juge de la *causa liberalis* ne jouissent pas seulement du privilège d'échapper à l'*in integrum restitutio* et de ne donner naissance qu'à l'appel (L. 9, *De appelat.*, D. 49, II), mais qu'elles avaient immédiatement force de chose jugée et ne pouvaient être remises en question, tandis que les sentences rendues *contra libertatem* pouvaient être remises en question trois fois de suite et ne devenaient définitives que si ces trois sentences avaient été rendues dans le même sens (L. 1, pr. C. VII, 17).

De même la restitution *in integrum* n'est pas accordée lorsque le mineur a commis un *délit, malitia supplei et ætatem*, disaient les Romains, et qu'il veut échapper à ses conséquences. Ce qui est logique à comprendre car, comme on l'a vu, la restitution *in integrum* ayant pour but de faire prévaloir l'équité contre la rigueur du droit, ne doit pas aboutir à des conséquences injustes. C'est ce qui arriverait si le mineur pouvait s'affranchir des conséquences de son délit. *Et placet in delictis minoribus non subveniri : nec hic itaque subvenitur. Nam etsi furtum fecit vel damnum injuria dedit, non ei subveniri.* (L. 9, p. 2, IV, 4).

Ainsi donc le mineur est toujours tenu de l'obligation de réparer le dommage. C'est incontestable. Mais est-il tenu aussi de l'obligation de payer la *pœna*, attendu que tout délit donne naissance à ces deux obligations, et nous avons vu que dans beaucoup de cas (actions *injuriarum, Aquiliæ*, etc.), cette *pœna* est beaucoup plus élevée que le *quod interest*, elle dépasse, en d'autres termes, de beaucoup le dommage causé. On peut l'affirmer basé sur le texte d'Ulpien. Le jurisconsulte suppose deux hypothèses. Voici la première. Le mineur n'a pas avoué le délit commis, il l'a, au contraire, nié et, par là même, a subi une condamnation au double, ce qui fait allusion aux actions qui croissent au double *adversus infitiantem*, par exemple les actions *legis Aquiliæ*. Eh bien il obtiendra l'*in integrum restitutio* contre cette condamnation, c'est-à-dire qu'il obtiendra à n'être condamné qu'au simple, vu son inexpérience ; il est considéré comme un défendeur qui a avoué (... *ut pro confesso habeatur*). La seconde hypothèse envisage le cas où le mineur commettant un vol aurait pu transiger sur la réparation due et ne l'a pas fait, *se potuit pro fure damnum decidere*. En transigeant, il aurait éteint l'action *furti ipso jure* et non pas seulement *exceptionis ope* conformément à l'exception de la loi des XII Tables, suivant laquelle un simple pacte suffit pour éteindre *ipso jure* les actions *furti* et *injuriarum* (L. 7, p. 14 et L. 17, p. 1, D. *De pactis*, II, 14). Mais au lieu de cela le mineur s'est laissé condamner au double et au quadruple. On ne peut attribuer cette négligence qu'à son inexpérience et c'est pourquoi on lui accorde la restitution *in integrum* grâce à laquelle il ne sera condamné qu'au simple.

Nous croyons que cette interprétation d'Ulpien peut être généralisée à toutes les actions pénales de façon à ce que le mineur ne soit condamné qu'au simple, vu que l'intérêt de ce mineur délinquant est le même, le dommage qu'il subirait étant analogue à celui qui résulte pour lui de l'action *furti*.

Lorsqu'il y a *dol* de part et d'autre nous croyons qu'il faut suivre la maxime : *dolus dolo compensatur*. La faute est égale de part et d'autre, le créancier du mineur ne peut se plaindre si celui-ci est restitué. (1)

La restitution n'est pas non plus accordée lorsque le

______

(1) En général pas de restitution lorsque la lésion résulte de la *faute* de la personne lésée, *qui sua culpa damnum sentit, sentire non videtur*. L. 21, pr. D. *Anot. met. causa*, IV, 2.

dommage résulte d'*un cas fortuit* (L. 11, p. 4, D. IV, 4).

Le principe de ce texte se justifie facilement. C'est l'idée contenue dans l'article 1706 du Code civil aux termes duquel le mineur n'est pas restituable pour cause de lésion lorsqu'elle ne résulte que d'un événement casuel et imprévu. A cet égard les mineurs sont mis sur pied d'égalité avec les majeurs tant en droit romain qu'en droit français. Le texte prévoit le cas d'un mineur qui a acheté un esclave qui a ensuite péri par cas fortuit. Pour qu'il n'y ait pas lieu à restitution il faut, dit notre texte, remplir deux conditions : *a*) Que ce mineur ait acheté un esclave qui lui était nécessaire. S'il a acheté un esclave qui lui était absolument inutile et à titre de luxe seulement, il pourra être restitué non pas contre l'événement du pur hasard qui lui a fait périr l'esclave, mais contre l'acquisition même qu'il a fait, imputable à sa légèreté et qu'un homme mûr n'aurait pas fait ; *b*) Il faut que le mineur administre bien car s'il était prodigue ou dissipateur il obtiendrait la restitution non pas contre le cas fortuit mais contre l'acquisition elle-même.

Maintenant quant au moment de la disparition par cas fortuit, on applique les principes généraux. S'il périt après avoir été mancipé ou cédé *in jure*, il périt pour le compte du mineur vu qu'il était devenu propriétaire. S'il périt après avoir été vendu, mais avant le transport de la propriété, les risques sont encore pour le mineur conformément à la règle : *res perit creditori* (Inst. III, 23,

·p. 4). Dans les deux cas le mineur reste débiteur du prix s'il ne l'a pas payé et dans le cas où il l'aura payé il ne pourra pas obtenir la restitution.

Le mineur ne peut être restitué quand il a reçu un prêt de consommation un *mutuum sur l'ordre de son père* (L. 3, p. 4... *si jussa patris mutuum pecuniam accepit non adjuvatur*, IV, 4, et L. 2, C. *De filiofarr. min.*, II, 25). Le motif de cette exception est difficile à préciser. Peut-être a-t-on considéré l'intervention du père comme une garantie suffisante, peut-être a-t-on craint de trop diminuer le crédit du mineur, de le gêner dans ses relations d'affaires où le *mutuum* est nécessaire. On sait que si le fils contracte un *mutuum* sans le consentement du père il peut invoquer l'exception du sénatus-consulte Macédoniani.

L'aliénation *d'un gage constitué par le défunt* auquel succède un mineur ne peut être attaqué sous prétexte de minorité ; l'inexpérience du mineur n'est pour rien dans cette aliénation, le germe était dans l'acte librement passé par un majeur capable (L. 2, C. *Si act. venditionem*, V, 29).

De la procédure en matière de restitution in integrum.

Compétence.

Voyons d'abord quelles sont les personnes qui ont qualité pour accorder l'*in integrum restitutio*. Tous les magistrats ne sont pas compétents à cet égard. Il faut se rappeler qu'à Rome on distinguait deux classes de magistrats.

La première classe comprend les magistrats qui ont la *juridictio* proprement dite, le pouvoir de déclarer le droit sur un litige et ce magistrat agit de la façon suivante : Tantôt il exerce cette *juridictio* tout seul, connaît lui-même le procès et rend lui-même la sentence. C'est la procédure de la *cognitio extraordinaria (persecutio extraordinem)* qui était la règle au Bas-Empire et qui constituait une exception à l'époque classique. Tantôt ce magistrat se borne à organiser le procès et à délivrer une formule, renvoyant les parties devant un juge qui est chargé de trancher le litige.

La seconde classe de magistrats comprend non seulement ceux qui ont la *juridictio* mais encore l'*imperium mixtum*, c'est-à-dire le droit de recourir à la force et d'en ordonner l'emploi soit dans un intérêt de protection pour certaines personnes, soit pour exercer une coercition pour certaines autres en dehors de tout débat. C'est par application de cet *imperium* que le magistrat envoyait en possession. Cette mesure est *magis imperii quam juridictionis*. La loi 26, p. 1, D. 50, 1, nous dit expressément que le droit d'accorder la restitution *in integrum* est une de ces attributions qui sont *magis imperii quam juridictionis* et n'appartient qu'aux magistrats qui ont non seulement la *juridictio* mais encore l'*imperium mixtum*.

En partant de ce principe, le droit d'accorder la restitution *in integrum* n'appartient à Rome qu'aux deux préteurs, le préteur *urbain* et le préteur *pérégrin*.

Ce droit appartient aussi au *præfectus urbi* à Rome au *préfet du prétoire* et à l'*empereur* (L. 16, p. 5; L. 17. *De Min.*, IV, 4; L. 26, p. 1, *Ad mun.*, D. 50, 1). En province ce droit appartient aux gouverneurs *præsides provinciarum romani*, aux *pro-consules*, *pro-préteurs* ou *legatis Cesaris*.

Donc le droit de demander la restitution n'appartient ni aux *magistrats municipaux* (L. 26, D. 4, 1) n'ayant que l'*imperium mixtum* ni aux *præfecti judicando* qui n'existaient que dans certaines villes récalcitrantes de l'Italie et qui n'avaient pas d'autres attributions que celles des magistrats municipaux, ni à ceux qu'on nomma au Bas-Empire *Defensores civitatis* et qui exerçaient une juridiction civile analogue aux magistrats municipaux, ni aux *judices pedanei*. Nous croyons que c'est à tort qu'on a voulu excepter parmi ces derniers ceux qu'on nomme les arbitres *ex compromisso*, délégués par les magistrats dans les affaires les moins importantes, attendu qu'ils étaient de beaucoup inférieurs aux magistrats, soit par leur caractère judiciaire éphémère dont ils étaient investis, soit par l'importance minime de leurs attributions.

En un mot, comme dit M. Accarias, (1) la demande en restitution ne peut être portée que devant les magistrats supérieurs. Mais parmi ces magistrats *quel est celui auquel on doit s'adresser*?

(1) M. Accarias, II, 1325.

Tout dépend de la nature de l'acte attaqué. Si l'acte attaqué est un jugement, il est évident que les magistrats inférieurs à celui qui a jugé ou nommé le juge sont toujours incompétents, et la demande doit être soumise soit à ce magistrat lui-même, soit à son successeur, soit à un magistrat supérieur (L. 18, pr. ; L. 42, D. 4, 4). Mais si l'acte attaqué n'est pas un jugement le magistrat compétent, est celui qui devait en cas de procès nommer le juge ou juger lui-même ; or, en général, ce sera le préteur ou le président de la province (L. 2, C. *Si adv. fisc.*, II, 37). Par application de ce principe lorsque c'est l'empereur qui a rendu la sentence, c'est lui qui est seul compétent ; et on décidera de même pour celles qui émanent de ses *procuratores* ou des juges par lui désignés car elles sont réputées avoir été rendues par lui-même (L. 18, pp. 1, 3, 4, *De min.* ; L. 3, C. II, *Si adv. rem judic.*, II, 27 ; L. II, *Ubi et apud quem cap. in int. rest.*, II, 47). Il n'y a d'exception que pour le préfet du prétoire qui bien qu'il statue au nom de l'empereur — *vice principis*, — ses sentences peuvent être rescindées par lui-même aussi bien que par l'empereur (L. 17, *De min.*).

Quelque fût l'autorité qui l'accordât, l'empereur excepté, la restitution *in integrum* n'était jamais prononcée en dernier ressort ; cela ne l'empêchait pas d'être l'exercice d'un pouvoir discrétionnaire. On pouvait donc faire *Appel*. A ce point se rattache le texte suivant : L. 39, pr. D. IV, que nous verrons dans un instant.

Délai.

L'effet de la *restitutio in integrum* étant de faire tomber un acte valable *jure civili*, il n'eut pas été juste d'autoriser la partie lésée par cet acte de demander l'annulation à quelque époque que ce fût. De là, un délai fixe qui a varié suivant les époques.

Epoque classique. — Ici le mineur a le délai d'*une année utile* pour solliciter et faire prononcer la restitution, ce qui veut dire que dans ce délai on ne compte que les jours fastes, c'est-à-dire les jours où l'on peut agir et que ce délai ne court que du jour où l'inaction du mineur peut être taxée de négligence, en d'autres termes du jour de sa majorité de vingt-cinq ans. Si le mineur meurt sans l'avoir demandée, ses héritiers majeurs ou mineurs ne peuvent la demander que pendant le temps qui lui restait à lui-même. Ce sera selon les cas, la totalité ou une fraction de l'année. Seulement ce temps ne court que du jour où l'héritier peut agir ; ainsi s'agit-il d'un héritier majeur, du jour de l'addition d'hérédité, s'agit-il d'un héritier mineur du jour de sa majorité, de telle manière que le délai se trouve suspendu entre la mort de l'ayant droit et l'addition, et s'il s'agit d'un héritier mineur, pendant tout le temps de sa minorité, c'est-à-dire jusqu'à l'acquisition de la majorité. Jusque là, en effet, l'inaction de l'héritier est imputable à son inexpérience et le droit qu'il perdrait de se faire restituer comme héritier, il devrait le recouvrer comme

mineur (L. 5, p. 1, C. *De temp. in int. rest.*, II, 53).
Ajoutons qu'il faut dans ce délai non seulement demander mais obtenir la restitution sauf que le délai est suspendu toutes les fois qu'il y a un obstacle de droit,
comme la formation d'un appel, etc.

Deuxième époque.— Constantin fixé un délai de 5 ans
à Rome et dans un rayon de cent milles autour de Rome.
Italia urbicaria, — 4 ans en Italie, *Italia annanaria,*
— et 3 ans en province (1) (Code Théodosien, L. II, 66).
Il remplace le délai utile par un *délai continu*. La distinction des jours fastes et néfastes n'avait plus aucune
raison d'être car ils correspondaient aux fêtes païennes
qui se trouvaient maintenant abolies.

Législation de Justinien. — Sous Justinien l'année
utile disparut et le délai est uniformément de 4 années
continues *quadriennium continium*. Le délai est suspendu
toutes les fois qu'il n'est pas possible d'agir. Le point
de départ reste fixé d'après les anciennes règles et par
conséquent la prescription reste suspendue pendant la
minorité. Justinien maintient la règle qu'il faut non
seulement demander, mais obtenir la restitution pendant ce délai (L. 7, C. *De temp. inint.*, II, 53).

Ajoutons aussi qu'à toute époque, après comme avant
Justinien, le droit de demander la restitution peut s'é-
teindre avant l'expiration du délai par la *ratification* de

—————

(1) Distinction bizarre qu'on rencontre d'ailleurs dans d'autres institutions. Ainsi pour jouir du *jus liberorum* il fallait avoir 3 enfants
à Rome, 4 en Italie et 5 en province (L. 7, D. II, 53).

l'acte sujet à la restitution (rescindable), émanée de la personne qui avait le droit de l'invoquer après la cessation du vice donnant lieu à cette voie de recours. La ratification peut-être expresse ou tacite. Paul S. i. t. 9, p. 3 *pacto vel silentio*. Cette dernière ressortira de la conduite du mineur devenu majeur et ce point sera soumis à l'appréciation du magistrat. Ulpien accorde la restitution à un mineur qui a accepté une succession et qui, devenu majeur, a, comme tel, actionné les débiteurs de la succession. On aurait pu induire de ce fait que le mineur a entendu ratifier l'addition d'hérédité faite pendant la minorité, mais Ulpien dit qu'il n'y a là qu'une conséquence, une suite naturelle de l'acte passé pendant la minorité (L. 3, p. 3, D. IV, 4... *initio inspecto*).

Les deux principes que nous venons de voir, à savoir : l'*in integrum restitutio* doit être demandée et jugée dans un certain délai variant suivant les époques et puis on ne peut pas reprocher ou demander l'expiration du délai arrivé par suite d'un obstacle qui l'a mis dans l'impossibilité d'agir, sont confirmés par le texte suivant du jurisconsulte Scævola : « *Intra utile tempus restitutiones apud præsidem petierunt in integrum restitutionem minores et de ætate suo probaverunt ; dicta pro ætate sententia, adversarii ut impedirent cognitionem præsidis ad imperatorem appellarunt : præses in eventum appellationis cætera cognitionis distulit : quæsitum est si juxta appellatione apud imperatorem cognitione et injusta appellatione prononciata, egressi ætatem deprehendantur, an cætera negotii implere possunt, cum per eos non steterit quominus res finem accipiat ! Respondi, secundum eam quæ proponuntur, perinde cognosci, atque si nunc intra ætatem essent* ». (L. 39, pr. D. IV, 4). Voici les faits. Des mineurs de vingt-cinq ans avaient demandé la restitution *in integrum* en temps utile et le défendeur avait soutenu qu'à l'époque où s'était passé le fait incriminé, ces mineurs étaient déjà majeurs. En un mot leur âge étant contesté, les magistrats, à la suite de la preuve fournie par ces mineurs, avaient rendu une sentence *pro ætate* en leur faveur. Le défendeur a, néanmoins, interjeté appel contre cette sentence par devant l'empereur, lequel l'a repoussé comme mal fondé ; cependant, pendant l'appel le temps a couru et au moment où l'instance peut reprendre son cours devant le président, le délai d'un an à partir de la majorité se trouve expiré. On avait demandé à Scævola si dans ces conditions le mineur pouvait encore obtenir la restitution ? On sait qu'en matière ordinaire, en droit romain comme en droit français il suffit, quand on a un certain délai pour intenter une action, qu'on adresse la demande avant l'expiration du délai fixé. Mais dans notre cas il y avait une règle spéciale, il fallait que la restitution *in integrum* soit non seulement demandée, mais encore *accordée* dans le délai d'un an. Ce qui fait que si le magistrat était négligent, il pouvait laisser expirer le délai et rendait ainsi impossible la réussite de ce recours. Scævola répond affirmativement et il invoque comme motif qu'on

ne peut pas imposer au mineur une faute à laquelle il
est resté étranger, car ce retard ne vient pas de lui, il a
été provoqué par un appel qu'il n'a pas interjeté lui-
même, ce qui fait qu'il n'a-pas-dépendu du mineur que
l'instance aboutit en temps utile. En d'autres termes
les mineurs ont dû subir le sursis en attendant que
l'appel fut vidé. La solution de Scævola est donc aussi
juridique qu'équitable.

De la procédure.

La procédure de la restitution *in integrum* se carac-
térise par la nécessité d'une *cognitio causa* (L. 3, *De in
int. rest.*, IV, 1), c'est-à-dire que quoique autorisée par
l'édit, elle n'est pas absolument promise, attendu que
tout en étant fondée sur la juste cause, elle pourrait être
moins conforme à l'équité que le maintien de l'état de
choses actuel ; elle pourrait faire plus de mal que de
bien. Aussi le magistrat se réserve-t-il un droit d'appréciation discrétionnaire. La restitution *in integrum*
ne s'accorde pas sans que l'adversaire, c'est-à-dire le
défendeur à l'*in integrum restitutio*, ait *été entendu* ou
tout *au moins appelé*. En un mot la décision du magistrat est précédée d'un débat contradictoire. Mais conformément aux usages de la procédure extraordinaire,
la *contumacia* du défendeur ne saurait arrêter la marche
du procès et au besoin le magistrat statue par défaut
(L. 13, pr. *De crim.*). Du reste contradictoire ou non,
sa décision constitue un véritable jugement et par con-

séquent la restitution une fois refusée ne peut plus être sollicitée pour la même cause, excepté le cas où de nouveaux moyens peuvent être produits (LL. 2 et 3, C. *Si sæp. in int. rest.*, II, 44). Néanmoins, comme nous avons vu, l'appel est permis (L. 39, pr. *De min.*).

La *restitutio in integrum* n'a jamais lieu d'office et doit toujours être demandée (L. 2, C. II, 38. Constitution de l'empereur Gordien : *Invito beneficium non datur*. L. 69, *De reg. juris*, D. 50, 17).

Le droit de demander la restitution naît toujours dans la personne de celui qui a été lésé, c'est-à-dire dans notre cas du mineur, mais il se transmet activement et passivement à leurs héritiers ou autres successeurs à titre universel (L. 6, IV, 1). Il est clair que les héritiers du mineur devront la demander pendant le même délai. Il peut être *cédé* n'étant pas attaché strictement à la personne.

Remarquons que les actions pénales, qui peuvent être restituées au mineur, tout en étant intransmissibles contre l'héritier du défendeur (L. 6, C. II, 22), le peuvent devenir par l'effet de la *litis contestatio*. Si donc un mineur veut se faire rendre l'action pénale pour l'*in integrum restitutio*, il faudra qu'il fasse *litis contestatio* sur cette restitution avant la mort du défendeur actuel. A cette condition seulement, l'action pourra se transmettre contre les héritiers du défendeur. Cette *litis contestatio* a lieu d'ailleurs au moment où on peut dire que la chose est en état devant le magistrat, c'est-à-dire lorsqu'il peut prononcer.

Le mineur qui demande la restitution *in integrum* doit prouver deux choses : qu'il est mineur et qu'il a été lésé. La demande en restitution a un *effet suspensif*. Pendant tout le cours de l'instance les choses restent dans l'état où elles se trouvaient au début ; si donc l'affaire contre laquelle on demande la *restitutio in integrum* n'est pas encore terminée, tout doit rester en suspens jusqu'à ce qu'elle soit prononcée (L. 1, C. II, 50). A ce point de vue la demande en restitution est absolument comparable à l'appel interjeté.

Examinons maintenant la façon dont le magistrat rendra sa décision ; nous verrons ensuite l'exécution.

Nous avons déjà dit que le magistrat avait deux façons de rendre la décision. Ou bien le préteur terminait tout lui-même et donnait gain de cause au demandeur à la *restitutio in integrum* de façon qu'il n'y avait plus rien à faire. Le demandeur était entièrement satisfait et remis dans ses droits. Ou bien le préteur se borne à décider qu'il y a lieu à *restitutio in integrum* et renvoie les parties devant un juge pour examiner le fond du litige.

Mais quelle est la raison pour laquelle le préteur prend l'une ou l'autre voie ? Le choix est déterminé par les circonstances.

Supposons qu'un mineur demande l'*in integrum restitutio* contre une aliénation qu'il a désavantageusement faite. Dans notre hypothèse, si le préteur était certain que le mineur était propriétaire, il n'y a pas d'inconvénient à prendre le premier procédé que nous avons indiqué. Mais supposons que le droit de propriété du mineur soit douteux, le préteur restituera alors le mineur simplement dans son action en l'envoyant devant un juge où il prouvera son droit et recevra satisfaction suivant le droit commun et le défendeur sera absous malgré la concession de la *restitution in integrum* si le mineur-demandeur ne démontre pas sa propriété. C'est là le motif. Le magistrat n'est pas juge du fond. Les attributions judiciaires du magistrat et du juge ne sont pas les mêmes. Donc il doit rendre au mineur une action telle qu'elle pour qu'il aille l'exercer devant un juge et fournir la preuve. Par conséquent dans le premier procédé le mineur triomphait sûrement et définitivement, tandis que dans le deuxième procédé le mineur n'obtenait qu'un succès éventuel, vu qu'une fois la *restitutio in integrum* obtenue tout n'était pas fini, car peut-être le droit rétabli était litigieux, il restait à faire la preuve, et une fois l'aliénation effacée le demandeur-mineur devait rendre les fruits et puis toutes les dépenses que le défendeur a pu faire de bonne foi, en un mot régler l'étendue des prestations réciproques que se doivent les parties lorsque la restitution fait revivre un droit réel ou anéantit un contrat synallagmatique déjà exécuté. Ce sont là questions de fait dont le juge seul est compétent. Voilà pourquoi dans ce cas le magistrat devait nécessairement commettre un juge.

Le premier procédé est la *Cognitio prætoria* (*stricto sensu*).

Le second procédé est le *judicium restitutiorum, rescissa alienatione*.

L'action rendue par le magistrat n'est jamais qu'une action utile, fictive dont la fiction consiste à réputer non avenu l'acte rescindé ; l'on suppose ne s'être pas passé l'acte qui en réalité s'est accompli. Il y a des situations où ces actions sont remplacées par des *exceptions* ou des *répliques*. Par exemple le mineur a déféré le serment à son débiteur et celui-ci l'a prêté. L'action du mineur n'est pas éteinte et le magistrat n'a pas besoin de la rendre, mais il lui donnera une réplique contre l'exception *juris jurandi* (L. 9, p. 4, XII, 2).

Comment s'*exécute-t-elle*, *la décision* du magistrat qui accorde la restitution ?

Disons tout de suite que si le préteur accorde une action *rescisoria* tout se passe conformément à la procédure ordinaire. Mais si le préteur a pris le procédé de la *cognitio prætoria*, on trouve une exception remarquable à la règle du droit romain que toutes les condamnations sont pécuniaires. Le magistrat peut, en vertu de son *imperium* plutôt qu'en vertu de la *juridictio* proprement dite, au lieu de condamner pécuniairement, ordonner l'exécution en nature de sa décision, au besoin *manu militari*, ce qui permet au demandeur d'obtenir sa chose en nature et d'avoir ainsi une satisfaction plus complète. « *Jubet prætor fundum cum fructibus reddere* » (L. 24, p. 4, D. IV, 4).

Mais *contre qui* le mineur peut-il demander la *restitutio in integrum* ?

On peut répondre par une formule générale à savoir que la restitution peut être demandée *contre la personne avec qui l'on a traité ou qui a profité directement de l'acte*. Ainsi si le mineur se prétend lésé par une vente ou par une aliénation, son adversaire naturel est l'acheteur ou l'acquéreur. Si nous supposons un mineur qui fait acceptilation à son débiteur ou à un des *correi promittendi* et qui se fait restituer contre cette acceptilation, il pourra l'opposer à tous les autres *correi promittendi* ou fidéjusseurs ou tiers détenteurs de choses hypothéquées à la dette (L. 27, p. 2, IV, 4, D.).

Mais s'il s'agit d'un *sous-acquéreur* que faut-il décider? Par exemple une aliénation est rescindée au moyen de la *restitutio in integrum*, mais au moment de cette restitution, la chose aliénée se trouve entre les mains d'un tiers acquéreur, tiers qui n'a ni traité directement, avec le mineur, ni recueilli le bénéfice immédiat de l'acte. La restitution prononcée vis-à-vis du premier acquéreur peut-elle rejaillir contre le second? En d'autres termes ce sous-acquéreur peut-il être atteint? Peut-il être dépouillé de sa propriété? On distingue : le sous-acquéreur est-il de mauvaise foi au moment de l'acquisition, c'est-à-dire connaît-il la cause de la restitution? Il y a lieu à la restitution *in integrum*. Le sous-acquéreur est-il de bonne foi, on sous-distingue encore. Le premier acquéreur est-il solvable? Il n'y aura pas de restitution *in integrum* contre le sous-acquéreur parce que le mineur est couvert par la solvabilité du premier acquéreur. Peu importait aux yeux des Romains que le mineur ne reprit pas sa chose en nature du moment où il en trouvait l'équivalent pécuniaire. Il faut toutefois excepter le cas où le mineur avait un intérêt majeur à reprendre la chose elle-même. Le premier acquéreur est-il au contraire insolvable, la restitution sera donnée contre le sous-acquéreur parce qu'il est impossible de protéger le mineur autrement (L. 13, p. 7, D. IV, 4). Remarquons seulement que le tiers détenteur qui aurait acquis la chose par la *prescriptio longi temporis* serait à l'abri de toute demande en restitution (L. 3, C. II, 90, *Si modo*).

En résumé, d'après ce que nous venons de voir, nous pouvons dire qu'en principe la restitution est *in personam* et non *in rem*, c'est-à-dire que le bénéfice n'est pas ordinairement étendu aux coobligés et l'on ne peut la poursuivre contre les tiers détenteurs de la chose dont on a été privé mais seulement contre l'auteur de la lésion ; excepté quand le tiers détenteur est de mauvaise foi et quand le recours personnel contre l'auteur de la lésion ne suffit pas à la réparation complète du dommage éprouvé.

Il est évident d'ailleurs que le préteur devra accorder une action au sous-acquéreur évincé par suite de la restitution, pour qu'il puisse à son tour agir contre son vendeur, c'est-à-dire contre le premier acquéreur. C'est ce que nous dit le jurisconsulte Julianus dans la loi 39, pr. (D. 21, 2). Il estime cette action comme « une chose juste et conforme au droit ».

Supposons l'hypothèse suivante. Un mineur qui revendique un droit contre un autre mineur, par exemple il a vendu une chose à un prix de beaucoup plus inférieur à sa valeur intrinsèque, un meuble qui vaut 1000 a été vendu 500. Sans nul doute il aura le droit de revendiquer les 500 en plus, car autrement il serait lésé, et quant à l'acheteur mineur, il n'y a pas de lésion dans la rescision du contrat de vente, il est seulement dépouillé d'un bénéfice injuste.

Mais si nous supposons que la rescision cause un préjudice au mineur qui la subit, les choses changent de face et la question devient très délicate. Admettons, comme dit M. Colmet de Santerre : qu'un mineur ait prêté mille francs à un autre mineur et que celui-ci ait follement dépensé cette somme. Si le premier mineur demandait la restitution de mille francs prêtés, comme ce serait d'ailleurs son cas, l'autre mineur, en les lui restituant, subirait une lésion ; si on n'accorde pas cette restitution ce sera le premier mineur qui se trouvera lésé comme conséquence de son inexpérience de sa minorité à lui, vu qu'autrement il n'aurait pas prêté. Donc tous les deux se trouvent dans la même situation. Le jurisconsulte Pomponius faisant application de l'adage *In pari causa melior est possidentis*, refuse la restitution au premier mineur. *Melior est causa ejus qui accepit, vel delapidavit, vel perdidit* (L. II, p. 6, D. IV, 4). Mais il

(1) Colmet de Santerre, *Cours analytique du Code civil*, V, p. 503.

nous semble que l'opinion du jurisconsulte est inacceptable, car, comme le fait remarquer avec beaucoup de justesse M. Colmet de Santerre, il est dangereux d'attacher tant d'importance à la possession, au rôle de défendeur, dans une matière régie par l'équité, et qu'il vaut mieux répartir la perte entre les deux parties qui méritent la même sollicitude. Donc chaque mineur obtiendra une dernière satisfaction, chacun d'eux perdra 500 francs et de cette façon le mineur créancier obtiendra la rescision de la moitié du prêt qu'il avait imprudemment consenti.

Des effets de la restitutio in integrum.

La *restitutio in integrum* a pour effet d'anéantir les conséquences de l'acte ou de l'omission préjudiciables au mineur et de rétablir à son profit l'état de choses antérieur. Le patrimoine du mineur doit être remis dans l'état où il se trouverait aujourd'hui si l'acte rescindé n'avait pas eu lieu. En conséquence, le défendeur est obligé d'effacer tout le dommage qu'il a fait éprouver et le demandeur mineur doit restituer au moins ce dont il s'est enrichi (1) ; autrement l'équité serait blessée si, sous prétexte de sauvegarder les intérêts du mineur, on lui permettrait de s'enrichir aux dépens d'autrui. Les

(1) Conform. C. civil, 1312.

textes nous le disent formellement. *Restitutio ita facienda est*, dit Paul (l. 24, p. 4, *De minoribus*) *ut unus quisque integrum jus suum recipiat*; de même la constitution d'Antonin (L. 1 pr., C. II, 48).

Prenons quelques exemples, pour mieux voir ce principe. Le mineur a fait une vente désavantageuse. La restitution étant prononcée, il devra restituer non seulement le prix mais aussi les intérêts, à moins qu'il ne les ait dissipés, l'acheteur devra rendre le fond et les fruits produits *fundum cum fructibus reddere et pretium recipere*. Si l'acheteur a fait des améliorations qui en ont augmenté la valeur, le mineur devra lui en tenir compte de la plus-value. S'il s'agit des dépenses voluptuaires l'acheteur aura le droit de les enlever à condition de mettre les choses dans leur premier état (L. 32, p. 5, D. 26, 7). Si c'est le mineur qui a fait un achat on procédera de même mais en sens inverse.

Le mineur a contracté un emprunt. S'il a dissipé ou perdu la somme reçue, la restitution le dispense de la rendre ; si par exemple il l'a prêtée lui-même à un débiteur insolvable, il sera libéré vis-à-vis du créancier en lui cédant son action contre son débiteur (L. 27, p. 1, D. *De min.*).

Ou bien la restitution porte sur une acceptation d'une succession. En vertu du principe *semel heres semper heres* le mineur ne perd pas, en droit, son titre d'héritier, mais en fait il est considéré comme s'il était étranger à la succession. Les actions héréditaires ne s'exercent plus contre lui et quant aux biens recueillis dans la succession il les restituera aux ayants droit. Mais les actes qu'il a faits doivent être respectés par celui qui prend sa place et il ne doit aucune indemnité pour les legs qu'il a payés ou pour les esclaves qu'il a affranchis.

D'où l'on peut tirer la conclusion que la restitution est jusqu'à un certain point réciproque et que le demandeur recouvrant sa situation primitive, par voie de conséquence le défendeur reprend également la sienne. Néanmoins le mineur ne devant pas être appauvri reprend bien tout ce qu'il a donné, mais ne rend ce qu'il a reçu que jusqu'à concurrence de son profit : « *Debet prestare si non periit per ætatis imbecilitatem ;... quatenus ex pecunia locupletior est* » (L. 7, p. 5 ; L. 27, 4, 1. *De min.*).

Le *restitutus* recouvre son droit dans les conditions où il se trouvait au moment où la cause de restitution s'est produite. Ainsi s'il s'était absenté pour une cause légitime un mois avant que l'usucapion s'accomplit on lui accordera un mois pour l'exercice de son droit.

En règle générale les effets de la restitution sont restreints à la personne du mineur et à son adversaire, (*res judicata inter alios*), mais il peut arriver cependant que d'autres personnes en profitent.

Examinons la question au point de vue du père de famille et des cautions du mineur.

Parlons d'abord du cautionnement. Disons tout de suite que l'*intercessor*, lorsqu'il est poursuivi directement et avant le mineur, ne peut pas invoquer la *resti-*

tutio in integrum. Il n'y a aucun texte qui suppose que la caution puisse la demander, on se demande dans les textes tout simplement si ces cautions peuvent en profiter lorsqu'elle a été demandée par le mineur. Et puis cette caution est un majeur, or la loi 3, § 4 (D. IV, 4) pose le principe : « *prætor minoribus auxilium promisit non majoribus* ».

Mais supposons que le mineur a déjà demandé et obtenu la restitution. Sera-ce le créancier ou la caution qui supportera définitivement la perte ? Le principe est simple. L'obligation de la caution étant accessoire, elle ne peut subsister qu'aussi longtemps que l'obligation principale ; cependant quelquefois la caution était intervenue précisément en vue de la minorité *contemplatione minoris ætatis*, c'est-à-dire pour garantir le créancier non seulement du risque de l'insolvabilité, mais aussi du risque de la restitution, et il est évident que dans ce cas la caution ne pourra argumenter de cette même minorité pour s'exempter de l'exécution de l'obligation volontairement contracté. Ulpien, L. 13, pr. *De min.* De même Paul : « *Quid sciens prudensque se pro minore obligavit si id consulto consilii fecit, licet minori succurratur ipse tamen non securretur* ». Cette distinction entre les cautions obligées *in omnem causam* est logique et équitable. Donc la caution du mineur profite de la restitution obtenue par celui-ci car l'obligation de la caution est accessoire et ne peut subsister sans l'obligation principale, excepté le cas de garantie en vue de la minorité (1).

Prenons l'hypothèse du père de famille.

Un fils de famille mineur de vingt-cinq ans, possesseur d'un pécule, qui s'est obligé personnellement envers un créancier, demande, comme c'est son droit, la *restitutio in integrum*. Disons que ce fils de famille possesseur d'un pécule doit, pour pouvoir demander la restitution, non seulement être lésé dans l'administration de ce pécule (par exemple en donnant un objet du pécule en gage), mais il faut qu'il se soit obligé et cela parce que le pécule n'est pas la propriété du fils mais bien du père et la *restitutio in integrum* n'est pas faite pour protéger les pères de famille majeurs de vingt-cinq ans (L. 3, p. 4, D. IV, 4). *Ex his vobis causis, quæ ipsius intersvint*: *puta si sit obligatus* et aussi constitution de Gordien, L. 1 et 2, C. *De filio familias uninore*, II, 23).

Dans le cas où la restitution *in integrum* est accordée au fils, le père en profite réellement, absolument comme la restitution du débiteur principal profite au fidéjusseur. En effet, lorsque le fils est restitué, son obligation est éteinte ; il est clair que son exécution ne saurait être poursuivie *de peculio*. Bien plus le fils ne pourra

______

(1) Le fidéjusseur qui a accédé « *contemplatione juris pretorii* » n'a pas de recours (action récursoire) contre le mineur débiteur.

Voir pour plus de détails, *Pellat*. Textes choisis des Pandectes, p. 240.

pas empêcher son père d'en profiter. C'est ce que nous dit le texte suivant. *Patri pro filio omnimodo præstanda restitutio est, licet filius restitui nolit : quia patris periculum agitur, qui de peculio tenetur.*

Mais si nous supposons que c'est le père qui est poursuivi *de peculio*, la *restitutio in integrum* ne lui profitera pas car il ne peut pas l'invoquer quoique les intérêts du fils et du père soient contingents vu qu'un jour le pécule deviendra la propriété du fils et qu'en définitive ce sera lui qui en souffrira, mais comme dit bien judicieusement Ulpien : *nec eo movemur quasi intersit filii peculium habere ; magis enim patris quam filii interest.* (L. 3, p. 4, *in fine*, D. IV, 4). En effet, quelle que soit l'éventualité de l'espérance du fils relativement à ce pécule, celui-ci se trouve encore dans le patrimoine du père et n'appartient pas encore au fils, lequel n'a qu'une détention précaire que son père peut toujours lui enlever.

Quant à l'acte d'un *esclave mineur* il ne peut, en principe, jamais donner naissance à la restitution *in integrum*, attendu qu'il ne peut jamais être actionné en vertu d'actes passés par lui, autrement dit il n'est pas civilement responsable, d'un autre côté le père (majeur) non plus. Mais si par exemple le maître était mineur et qu'il donnerait des ordres inconsidérants à son esclave, celui-ci n'étant qu'un instrument la responsabilité retombe sur son maître qui peut alors demander la restitution de son propre chef (L. 11, p. 1, D. *De instit.*, act. 14, 3).

La loi 5 (*De min.*, IV, 4) cite une exception en faveur

du mineur esclave lorsque la liberté lui a été léguée par fidéicommis et qu'il a négligé involontairement de demander l'exécution de ce fidéicommis.

Disons en finissant avec l'étude de la *restitutio in integrum* qu'une fois qu'elle a été obtenue, l'obligation civile disparaît, mais il faut admettre, croyons-nous, qu'il subsiste une obligation naturelle (1) comme il arrive dans le cas où un pupille s'est engagé sous l'autorité du tuteur.

(1) Machelard, *Obligations naturelles*, 1re partie, ch. 1er, art. 3 et 4.

DROIT FRANÇAIS

DE LA PROPRIÉTÉ LITTÉRAIRE & ARTISTIQUE

AU POINT DE VUE INTERNATIONAL

> « C'est un des caractères principaux du droit de la propriété littéraire que d'être essentiellement international ; ... »
>
> Laboulaye, *Etude sur la propriété littéraire en France et en Angleterre*, p. 86.

AVANT-PROPOS

« La plus sacrée, la plus légitime, la plus inattaquable, et si je pouvais m'exprimer ainsi, la plus personnelle des propriétés », disait en 1791, Chapelier, le rapporteur de la loi sur les droits des auteurs dramatiques et lyriques, « est l'ouvrage, fruit de la pensée humaine » ; et deux ans plus tard, en 1793, Lakanal, lors de la présentation devant la Convention nationale de la « loi relative aux droits de propriété des auteurs, compositeurs de musique, peintres et dessinateurs », prononçait ces mémorables paroles, que : « de toutes les propriétés, la moins susceptible de contestation, c'est sans contredit celle des productions du génie ». Et, en vérité, s'il existe une chose qui appartienne en propre à l'homme, c'est assurément sa pensée, car il n'est rien où, comme dit M. Accolas (1) dans son intéressant opuscule, l'homme mette plus de lui-même, plus de son moi que dans sa pensée. Or, cette pensée, qui naît dans son cerveau et dont le germe se trouve dans les profondeurs de son esprit, est intimement liée à l'individu, elle fait partie intégrante de sa personne et lui appartient exclusivement. Elle constitue donc la propriété par excellence et sa manifestation ne saurait en changer le caractère. Il serait, en effet, absolument incompréhensible que l'auteur ne puisse plus conserver la propriété de l'expression de ses pensées, de la manifestation extérieure des opérations de l'intelligence, comme disait Portalis à la Chambre des Pairs en 1839, quand il a mis à jours ces idées, ces pensées.

L'auteur doit avoir la propriété de l'œuvre qui porte le sceau de sa personnalité. En effet, ce droit de propriété est fondé sur son travail et sa création intellectuels, il a sa source dans son intelligence, son talent, son inspiration ; et, si nous regardons bien l'origine de cette propriété littéraire et artistique, nous voyons qu'elle a quelque chose de plus certain, de plus indéniable, qu'elle constitue, comme nous le disions plus haut, la propriété par excellence, comparativement à la pro-

(1) Accolas, *La propriété littéraire et artistique*, p. 5.

priété ordinaire ; car cette dernière, outre qu'elle consiste dans l'appropriation d'une chose existant dejà sous une forme matérielle à la différence de l'autre qui consiste dans une création, c'est-à-dire dans la production d'une chose qui n'existait pas antérieurement, peut aussi, parfois, avoir sa source dans une usurpation dont une longue possession a couvert les vices (1).

L'œuvre littéraire et artistique est donc le produit des efforts personnels de l'auteur sans lesquels elle n'existerait pas et qui servent à légitimer son droit d'auteur, droit qui consiste à avoir seul et exclusivement la faculté de reproduction de son œuvre. Méconnaître l'existence de ce droit et permettre à chacun de s'en servir à son gré, c'est-à-dire de reproduire l'œuvre indépendamment de la volonté de l'auteur, ce serait dépouiller cet auteur du fruit de son labeur, lui enlever le bénéfice légitime qu'il espérait réaliser, sans parler du préjudice moral que la négligence ou la malveillance de l'éditeur pourrait lui causer en dénaturant l'œuvre ; ce serait, en un mot, commettre la plus inique des spoliations et blessser les sentiments de la plus vulgaire équité.

Ainsi, l'auteur a sur sa production, sur son œuvre un droit évident, incontestable qui doit être respecté et, vu son importance considérable, efficacement protégé.

(1) Soldau, *L'union internationale pour la protection des œuvres littéraires et artistiques*, p. 1.

Malheureusement ce droit des auteurs (1) sur leurs œuvres, malgré l'évidence et la légitimité de son existence, fut longtemps méconnu et ne fit que très tard l'objet des préoccupations des législateurs et des jurisconsultes.

Dans l'antiquité (2) ce droit était inconnu pour une raison bien simple à savoir l'absence totale des moyens de reproduction des œuvres de littérature et d'art, les copies qu'on pouvait obtenir à grand'peine, étaient trop coûteuses. Aussi, il n'y avait que les personnes assez riches ou même assez lettrées qui pouvaient se les pro-

(1) Nous cherchons ici à démontrer qu'un droit existe au profit de l'auteur. C'est une autre question, vivement débattue d'ailleurs, que celle de savoir si ce droit constitue par sa nature une véritable propriété dans le sens juridique du mot plus ou moins arbitrairement restreinte par le législateur ou bien si elle n'est qu'une concession bienveillante de sa part. Etant donné le cadre de notre travail nous ne pouvons pas entrer dans les détails de cette intéressante question qui d'ailleurs a été traitée de main de maître par des jurisconsultes distingués. Disons seulement que nous croyons avec la majorité des auteurs que ce droit, malgré ces particularités, constitue une véritable propriété. Il y a ici, en effet, création d'une valeur au sens économique du mot, or, toute valeur est la propriété de celui qui l'a créée, il ne peut la perdre légitimement qu'en retour d'une valeur librement offerte et acceptée. D'ailleurs les textes de la loi le consacrent expressément en employant l'expression « propriété » (V. en ce sens. Couhin, *La propriété industrielle, artistique et littéraire,* 1er vol. (p. 14) seul paru au moment où nous écrivons ; Poinsard, *Dr. int. conventionnel,* p. 470 ; Pouillet, *Traité théorique et pratique de la progr. litt. et artist.,* p. 30 ; Accolas, *op. cit.,* pp. 5 et 6 ; Laboulaye, *Revue de législation,* fév. et mars 1852 ; Alphonse Karr, *Guêpes,* avril 1841, t. II, p. 232 ; Jules Simon, *Discours au congrès de Bruxelles en 1858* ; Ed. Clunet, *Journal du dr. int. privé,* 1880, p. 41 ; Bozérian, *J. Propriété indust.,* n° 220) etc.

(2) V. sur toute cette partie : Renouard, *Traité des droits d'auteur dans la littérature, la science et les beaux-arts,* t. I, p. 8 et s.

curer, et comme leur nombre en était restreint, les
auteurs ne songeaient guère à trouver une rémunération de leur travail dans la vente des reproductions de
leurs ouvrages. Nous voyons, il est vrai, les littérateurs
et les poètes flétrir avec la dernière énergie, dans des
épigrammes restées célèbres :

   « *Hos ego versiculos feci*; *tulit alter honores* »
   « *Sic vos non vobis nidificatis aves* »

les plagiaires, c'est-à-dire ceux qui s'attribuaient la
paternité, en tout ou en partie, des œuvres d'autrui,
mais aucun de ces écrivains antiques ne fait mention
du droit d'auteur tel que nous l'entendons aujourd'hui,
autrement dit du droit exclusif pour l'auteur de faire
ou d'autoriser des reproductions de son œuvre (1). Ni
à Athènes, ni à Rome l'auteur n'avait à sa disposition
un texte législatif pour s'opposer à ce qu'on reproduisit
servilement son œuvre. En un mot, il y avait bien un
droit moral, mais le droit *pécuniaire* était ignoré et la
propriété du manuscrit seul était sauvegardée par des
textes spéciaux (L. 41, t. 1, 65, D.).

Ce droit, à proprement parler, ne fit son apparition qu'à l'époque de la Renaissance, lors de l'invention de l'imprimerie et de la découverte de la gravure qui permirent de multiplier à l'infini les œuvres

(1) Pouillet, *op. cit.*, p. 3 et les auteurs cités ; Lyon-Caen et Dela-
lain, *Lois françaises et étrangères sur la propriété litt. et artistique* ;
Romberg, *Etudes sur la propriété artistique et litt.*, 1892, p. 5 et s. ;
Renouard, *Traité des droits d'auteur*, t. I, p. 8 et s.

de la pensée. Cette multiplication des moyens de reproduction fit étendre le commerce des livres et on vit alors qu'on pouvait réaliser des bénéfices considérables ; aussi réclama-t-on une intervention de la loi positive qui assurât ces profits à l'auteur, mais la royauté, se considérant la tutrice et la suzeraine du peuple, s'arrogea le droit d'accorder des *privilèges* en vertu desquels la personne qui les avaient obtenus avait le droit exclusif de reproduire l'œuvre pendant un certain temps, et comme ces privilèges étaient ordinairement concédés aux libraires, comme conséquence de l'organisation des corporations, on les nomma des privilèges de *librairie*. C'étaient là de simples concessions, de simples faveurs dépendant du bon plaisir du roi, n'étant soumises à aucune règle et ne constituant par conséquent la reconnaissance d'aucun droit au profit de l'auteur lui-même (1).

C'est seulement à la fin du XVIIIe siècle que la France fit cesser cet état de choses et consacra par des textes législatifs (19 janvier 1791 et 19 juillet 1793) l'existence et la protection du droit de propriété des œuvres au profit des auteurs et des artistes. Depuis, ces droits intellectuels (2), comme on a l'habitude de les appeler

---

(1) D'ailleurs il faut remarquer qu'à cette époque les auteurs eux-mêmes ne se préoccupent pas beaucoup du côté pécuniaire de la question et ils le considèrent quasiment indigne de leur personne. Ils ne peuvent pas souffrir ces auteurs dégoutés de gloire et affamés d'argent, qui, dit Boileau dans son *Art poétique*, « font d'un art divin un métier mercenaire ».

(2) C'est M. Edmond Picard qui le premier a émis cette nouvelle théorie. V. son article dans le *Journal de droit internat. privé*, 1883,

quelquefois, sous l'influence des idées de liberté et de
justice et du progrès en général n'ont fait que se développer. Aujourd'hui ces droits sont reconnus dans tous
les pays civilisés et considérés comme des plus respec-
tables et des plus dignes de protection. Ce n'est qu'ex-
ceptionnellement qu'on peut encore rencontrer des pays
où « la piraterie de l'esprit et de la pensée ne soit repoussée par les mœurs et punie par les lois » (1).

A l'heure actuelle toute œuvre littéraire ou artistique
se trouve protégée dans le pays où elle a vu le jour, où
elle a fait son apparition. Mais si cette protection est
juste et utile, elle n'est cependant pas suffisante et voilà
pourquoi : Le génie ou le talent, quelle que soit la forme
matérielle sous laquelle ils se manifestent, sont indé-
pendants des circonscriptions territoriales ; « l'admira-
tion que provoque un chef d'œuvre ne s'arrête pas aux
frontières politiques », elle traverse les pays. Les frontières ne sont pas faites pour les droits de la pensée,
l'auteur, écrivain ou artiste, distribue au monde entier
les fruits bienfaisants de son génie. La propriété littéraire et artistique a, comme on l'a dit, un caractère
cosmopolite comme la pensée elle-même (2). « C'est un

p. 565. Quant à nous il nous arrivera d'employer indifféremment,
dans le cours de notre travail, les expressions usitées : propriété littéraire, droit d'auteur ou droits intellectuels sans rien préjuger quant
à la nature juridique de ce droit.

(1) Soldau, *op. cit.*, p. 2. La Turquie et le Japon se trouvent encore
sous le régime des privilèges. Voir les lois de différentes pays rap-
portées dans l'intéressant ouvrage de MM. Lyon-Caen et Delalain.

(2) M. Renault à son cours.

des caractères principaux du droit de la propriété littéraire que d'être essentiellement international; c'est aussi une des principales raisons du développement qu'a pris ce droit dans les dernières années. Comme les lettres elles-mêmes il ne connaît pas de barrière et comme elles il doit contribuer à détruire les derniers vestiges d'égoïsme national qui peuvent encore séparer les peuples (1) ». D'un autre côté l'extension de la culture intellectuelle, la diffusion de la connaissance des langues étrangères, la facilité toujours croissante des communications internationales fait que l'œuvre est appelée à se répandre dans le monde entier. L'œuvre se trouvant ainsi à la portée de tous, chaque individu ou tout au moins chaque pays sera à même d'en retirer, à l'insu et au détriment de l'auteur, toutes les jouissances et toute l'utilité qu'elle contient. Il ne suffit donc pas de protéger les auteurs dans le pays auquel ils ressortissent ou dans lequel ils ont publié leurs œuvres, mais aussi dans les autres pays étrangers. Ce n'est qu'en les mettant à l'abri de cette frustration (contrefaçon), que la protection sera complète et efficace. Il faut donc accorder la protection légale aux œuvres qui ont été publiées à l'étranger. La loi ne doit connaître ni nationaux ni étrangers, elle ne doit connaître que des auteurs et les protéger comme tels.

C'est ce que la France, dans un élan de générosité,

____

(1) Laboulaye, *op. cit.*, p. 86.

de libéralisme et pour le triomphe de la justice, fit, en proclamant hautement, et toujours la première, par le décret du 28 mars 1852 que la contrefaçon sur le territoire français des ouvrages publiés à l'étranger constitue un délit. Malheureusement cette fois-ci elle n'eut que très peu d'imitateurs. La Belgique seule l'a suivie et bien tardivement dans la loi du 29 mars 1886. Néanmoins, ce décret a été le point de départ d'un mouvement général vers l'amélioration du droit des auteurs étrangers. Peu à peu les États ont reconnu la nécessité de la protection au delà des frontières et ils ont conclu entre eux des conventions internationales pour sauvegarder ainsi les droits de leurs sujets respectifs et les protéger contre la spoliation légale. Le mouvement s'est constamment accru et sous l'influence des différents congrès, notamment du congrès de 1878 tenu à Paris sous la présidence d'honneur de Victor Hugo, on est enfin arrivé à signer le 9 septembre 1886, une convention générale pour la protection des œuvres littéraires et artistiques. Depuis cette époque, la reconnaissance du droit d'auteur dans les rapports internationaux a fait l'objet de tous les congrès (1) littéraires et artistiques annuels tenus un peu partout et a fini par intéresser tout le monde. C'est un sujet moderne et tout à fait à l'ordre du jour dont l'importance devient de plus en plus

(1) Citons parmi les plus importants ceux de Bruxelles (1858), de Paris (1878-1889), de Rome (1882), de Berne (1883, 1884, 1885), de Barcelone (1893), d'Anvers (1894).

7

considérable à mesure que la civilisation se développe. Aussi n'avons-nous pas hésité à le prendre comme sujet de la partie française de notre thèse inaugurale.

Nous avons essayé de procéder méthodiquement à cette étude si intéressante, en nous inspirant des principaux travaux parus jusqu'à ce jour et en nous reportant aux décisions de la jurisprudence (1).

Nous allons voir d'abord quel est actuellement en France, abstraction faite de tout traité, le droit des auteurs et des artistes étrangers et il est utile de poser cette question pour l'époque antérieure.

Nous traiterons successivement :

Chapitre I. — La propriété littéraire et artistique au point de vue international avant le décret du 28 mars 1852.

Chapitre II. — La propriété littéraire et artistique d'après le décret du 28 mars 1852.

Chapitre III. — Le droit conventionnel.

Chapitre IV. — L'union de Berne.

(1) Nous nous sommes inspirés aussi des savantes leçons, dont le souvenir est toujours très vif, de notre éminent maître M. Renault à qui nous adressons publiquement l'hommage de notre gratitude pour la bienveillance qu'il nous a montrée, en nous aidant dans nos recherches.

CHAPITRE PREMIER

LA PROPRIÉTÉ LITTÉRAIRE ET ARTISTIQUE EN FRANCE AU
POINT DE VUE INTERNATIONAL AVANT LE DÉCRET DU
28 MARS 1852.

Avant de voir quelle était la condition des étrangers
d'après les lois de 1791 et 1793, lois fondamentales en
matière de propriété littéraire et artistique, demandons-
nous d'abord si les étrangers pouvaient obtenir des privilèges dans *l'ancien droit français.*

On peut affirmer, en se basant sur des textes et eu égard
aux principes juridiques qu'on appliquait dans l'ancienne
France lorsqu'il s'agissait de la nationalité, que les
étrangers jouissaient de ce droit et partant pouvaient
obtenir la concession de privilèges à une condition
cependant, c'est d'avoir fait paraître leurs œuvres en
France.

Voici d'abord les textes qui servent à prouver directement que la publication en France de l'œuvre d'un
auteur rendait possible la concession du privilège. On
cite en premier lieu les lettres patentes de Louis XI, du
21 avril 1475, par lesquelles il déclare renoncer au
droit d'aubaine en faveur de l'imprimeur Schaeffer, en
considération des services que l'art et l'industrie des

impressions ont rendus à la chose publique. En 1625 Grotius fit paraître à Paris son Traité *de jure belli ac pacis*, « quoiqu'il fût Hollandais il obtint un monopole d'une durée de quinze ans (1). En 1626 et en 1627 Louis XIII pour restreindre la liberté de penser et éviter par là les abus auxquels elle avait donné naissance, rendit deux édits en vertu desquels on promettait de pendre et d'étrangler quiconque publiant des œuvres nouvelles, ne reproduirait pas à la fin le privilège du grand sceau qui lui aurait été accordé. Un débat intéressant s'éleva à l'occasion de ces édits. Le cardinal Bentivoglio (étranger) auteur de l'*Histoire des guerres de Flandre* « vit imprimer son ouvrage à son insu par un libraire de Paris pourvu d'un privilège qui n'émanait pas du grand sceau. Bentivoglio se plaignit et un arrêt du Conseil (16 janvier 1635) révoqua le privilège et fit défense au libraire de vendre l'ouvrage « sans le consentement du cardinal ». Séguier, rapportant cet arrêt, ajoute : « Il est impossible de ne pas faire attention à ces mots : sans le consentement du cardinal Bentivoglio ; ce n'est pas sans doute sa qualité de cardinal, mais sa qualité d'auteur et de propriétaire de l'ouvrage qu'on voulut respecter en faisant défense au libraire d'imprimer cet ouvrage ».

Quant aux idées juridiques qui régissaient la France

—

(1) Ch. Comte, *La propriété littéraire*, t. II, p. 142, et pour plus de détails, Darras, *Droit des auteurs et des artistes dans les rapports internationaux*, p. 177.

à cette époque au point de vue de la détermination de la nationalité, elles sont contenues dans l'adage libéral *jus soli*. Quoique en principe l'application de la règle *jus soli* aux œuvres littéraires et artistiques fût repoussée par le caractère de faveur dont était entaché le privilège de l'auteur, cependant, en fait, on a dû la prendre en considération, en déclarant nationales et par suite susceptibles de protection toutes les œuvres qui avaient fait leur apparition sur le sol français. Voici d'ailleurs quelques textes qui confirment cette idée. Un arrêt de la Cour du 15 mars 1586 refuse à un libraire de Paris le privilège qu'il avait obtenu pour l'impression de Sénèque parce que le livre avait d'abord paru à Rome. Ajoutons aussi l'article 72 du règlement des libraires (1620) qui dit que « dès qu'un livre a été une fois publié ou imprimé hors du royaume, aucun ne peut obtenir un privilège particulier pour l'imprimer dans ce royaume ».

Voilà donc quelle était la situation des étrangers sous l'ancienne monarchie, ils n'étaient assimilés aux régnicoles, et conséquemment susceptibles d'obtenir des privilèges, qu'autant que la publication de leurs œuvres avait premièrement eu lieu sur le sol français.

Etudions maintenant notre question sous *la législation de 1791 et 1793*.

Disons tout de suite que ces deux lois existent encore en partie et qu'elles forment toujours la base de la législation française actuelle. Rappelons leurs dispositions principales. D'après la loi du 19 juillet 1793, Art. 1 : —

« *Les auteurs d'écrits en tout genre, les compositeurs de musique, les peintres et dessinateurs qui feront graver des tableaux et dessins, jouiront durant leur vie entière, du droit exclusif de vendre, distribuer leurs ouvrages dans le territoire de la République, et d'en céder la propriété en tout ou en partie* ». ART. 2. — « *Leurs héritiers ou cessionnaires jouiront du même droit durant l'espace de dix ans après la mort de leur auteur* ». La durée a été successivement augmentée par le décret du 5 février 1810 (art. 39), par la loi du 8 avril 1854 et par la loi du 14 juillet 1866, actuellement en vigueur, qui l'a fixée à 50 ans. La loi exige en outre un dépôt de deux exemplaires de son ouvrage sans quoi il ne pourra pas être admis en justice pour la poursuite des contrefacteurs (art. 8). La contrefaçon constitue un délit et l'auteur lésé peut obtenir des dommages-intérêts. D'après la loi du 18 janvier 1791, relative aux œuvres dramatiques et musicales, « *les ouvrages des auteurs vivants ne pourront être représentés sur aucun théâtre public, dans toute l'étendue de la France, sans le consentement formel et par écrit des auteurs, sous peine de confiscation du produit total des représentations au profit de l'auteur* ».

Les lois fondamentales de 1791 et 1793 ne font, comme on le voit, aucune allusion formelle au lieu de la publication ou à la nationalité de l'auteur, elles ne résolvent pas expressément la question de savoir, si d'une part l'étranger qui édite son œuvre en France, jouit de la protection de la loi, d'un autre côté, si l'œuvre publiée en pays étranger est garantie par elle. De là toute une série de difficultés.

Pour traiter notre question d'une façon plus claire et avec tout le développement qu'elle comporte, nous distinguerons successivement trois hypothèses, suivant que l'auteur étranger publiait son œuvre en France ou à l'étranger, ou bien que le Français publiait son œuvre à l'étranger.

1ʳᵉ Hypothèse. — *Un étranger faisant en France une première publication.*

Pouvait-il invoquer la loi française ? Nous pensons, avec notre éminent maître, M. Renault (1), que l'affirmative devait être admise assez facilement puisqu'il s'agissait d'un droit né sur le sol français et sous la protection des lois françaises. En effet, l'auteur publiant son œuvre en France s'était exposé aux rigueurs de ses lois car, si cette œuvre eut contenu des choses immorales, des expressions injurieuses ou diffamatoires, les tribunaux lui auraient appliqué des peines. Or, il est juste qu'ayant à subir ses rigueurs il put au besoin en réclamer le bénéfice et poursuivre les contrefacteurs. La pénalité est pour ainsi dire le corollaire de la protection. « On ne saurait, dit M. Darras (2), diviser une législation ; celle qui prétend vous punir, doit vous protéger ». D'un autre côté, cet étranger choisissant la France comme lieu de publication, avait fait

(1) M. Renault, *op. cit.*, 119.
(2) Darras, *op. cit.*, p. 223.

preuve d'affection, d'amour pour ce pays ; puis il l'avait fait profiter de son œuvre non seulement moralement en admettant que ce soit un auteur d'un grand talent qui la couvre de gloire, mais aussi, et surtout, matériellement, en enrichissant le commerce. (On pourrait aussi ajouter qu'une œuvre conçue et publiée en France subit nécessairement son influence et ne diffère pas d'une production française.) Il est donc équitable que la France récompense cet étranger en l'empêchant d'être frustré de la rémunération qu'il espérait légitimement obtenir pour la vente de son ouvrage.

Mais à ces arguments d'ordre général et en quelque sorte sentimental, on peut en ajouter d'autres d'ordre juridique. Les lois de 1791-1793 s'expriment de la façon la plus large, elles n'exigent pas que l'auteur soit Français ce qui est d'ailleurs tout à fait conforme aux idées de l'époque. Il serait incompréhensible que la Révolution, l'instigatrice de ces lois, après avoir aboli les privilèges de toute sorte, après avoir par son décret du 6 août 1790 aboli « les droits d'aubaine et de détraction » — appelés sauvages par Montesquieu et odieux par Rousseau — et après avoir, par son décret du 8 avril 1791, reconnu aux étrangers, même établis hors du royaume, le droit de recueillir en France la succession de leurs parents, désirant en un mot, la fraternité universelle, ait renié tous ses principes et ait consacré la spoliation des auteurs étrangers. On trouve bien, il est vrai, l'expression *citoyen* dans la loi de 1793, pour désigner ceux qui jouissent de ses avantages, d'où l'on a voulu tirer un argument contraire à notre opinion, mais on a, justement, fait observer qu'à l'époque où on rédigea le texte de notre loi, ce mot n'avait pas acquis le sens spécial et précis qu'il a aujourd'hui ; on l'employait couramment, on l'appliquait à tout le monde. « Tout le monde sait, affirme Merlin (1), qu'à cette époque les mots *tout citoyen* étaient généralement employés comme synonymes de *toute personne* et que les lois elles-mêmes ne s'étaient pas garanties de ce néologisme ». C'est ainsi que dans la loi du 22 juillet 1791 (titre 12, art. 13) et dans la loi du 22 août 1793 et celle du 20 messidor an III, art. 6, le mot citoyen est synonyme de l'expression homme. Ajoutons d'ailleurs avec M. Weiss (2), qu'il serait tout au moins singulier que les 5 premiers articles de la loi de 1793 où se trouve posé et développé le principe de la garantie due aux œuvres littéraires et artistiques, n'eussent parlé que du droit d'auteur en général et que la distinction prétendue entre les nationaux et les étrangers ait été reléguée à la fin et dans un article (6) qui ne concerne que le mode d'exécution de ce droit.

Disons enfin que si la question était indécise, le décret du 28 mars 1810, contenant le règlement sur l'imprimerie et la librairie, a fait cesser toute espèce de

(1) Merlin, *Questions de droit*, Propriété littéraire, § 2.
(2) Weiss, *Traité théorique et pratique du droit intern. privé*, t. 2, p. 223, n° 3.

doute puisqu'il dit textuellement dans son article 40 :
« Les auteurs soit nationaux, soit *étrangers* de tout ouvrage imprimé ou gravé peuvent céder leur droit ». Si l'é-
tranger peut céder son droit c'est qu'il en est investi, car
un droit ne peut être cédé qu'à la condition de se trouver
dans le patrimoine du cédant, et on ne peut soutenir que
la propriété ne devient utile qu'autant qu'elle a été acquise par un cessionnaire français, le décret ne s'occupant
nullement de la qualité du cessionnaire ; et, d'ailleurs, si
ce dernier pouvait seul exercer utilement le droit né en
la personne du cédant, il aurait en réalité des droits plus
étendus que lui, ce qui est inadmissible puisque le décret
du 28 mars 1810 dit en toutes lettres que le cessionnaire
est substitué aux lieu et place de son cédant étranger.

Telle était d'après la loi de 1793 la situation de l'é-
tranger qui avait publié son œuvre en France (1). Le
Code civil la maintint-il ? La question était controversée. Une première opinion, considérant le droit d'auteur comme un droit purement civil et dérivant de la
loi positive, lui appliquait le principe de la réciprocité
de l'article 11 : « L'étranger jouira en France des mêmes
droits civils que ceux qui sont ou seront accordés aux
Français pas les traités de la nation à laquelle cet étranger appartiendra ». Nous n'hésitons pas à considérer
cette opinion comme erronée. D'abord le droit d'auteur

(1) En ce sens, Renault, *op. cit.*, p. 120 ; Pouillet, p. 756 ; Demangeat, *Histoire de la condition civile des étrangers en France*, p. 332 ;
Ponsard, *op. cit.*, p. 496.

est un droit naturel, un droit des gens, antérieur et supérieur aux lois civiles, il existe indépendamment du
Code civil lequel n'a réglementé en effet que la matière
qui entre directement dans son domaine ; et alors même
qu'on admettrait que le Code civil a compris les droits
intellectuels dans sa généralité, ces droits étaient régis
par des lois spéciales qui n'ont pu être tacitement abrogées par la loi. De toute façon la question fut définitivement tranchée en faveur de l'étranger par le décret du
5 février 1810, qui en somme est purement interpréta-
tif de la loi de 1793 (1).

Ajoutons que cet étranger n'était protégé qu'autant
qu'il avait fait une véritable publication, c'est-à-dire que
l'impression du livre ne suffisait pas et qu'il fallait la
faire suivre en France de la mise en vente. C'est ce qu'a-
vait décidé la Cour de Paris dans son arrêt du 22 novembre 1853, affaire Ulriche de Ortégo. « Si la propriété consacrée par la loi du 19 juillet 1793 au profit
des auteurs, a son principe dans la composition des ouvrages de littérature et de gravure, c'est de la publication que dérivent son existence légale et ses prérogatives. L'article 6 n'accorde l'action en contrefaçon, c'est-
à-dire l'attribut et la sanction du droit de propriété,
qu'au citoyen qui « met au jour » une production intellectuelle ». Dalloz, 1854, II, 61.

(1) Il a été jugé conformément à ce principe que l'étranger qui a
publié un ouvrage en France a le droit de poursuivre son contrefacteur ; et la veuve d'un auteur étranger est recevable dans l'exercice
de ce droit. Dalloz, 52,1,335.

En résumé la protection de la loi s'étendait à toutes les œuvres publiées en France quelle que fût la nationalité de l'auteur.

2ᵉ HYPOTHÈSE. — *Auteur étranger publiant son œuvre à l'étranger.*

Nous pensons que même dans cette hypothèse l'auteur étranger était protégé par les lois françaises, mais nous devons malheureusement avouer que ce n'est pas l'opinion qui a prévalu. La plupart des jurisconsultes pensaient, et de nombreux arrêts considéraient la publication de l'œuvre en France comme indispensable pour que celle-ci fût protégée; la première édition avait-elle eu lieu à l'étranger on considérait l'ouvrage comme tombé dans le domaine public en France. On invoquait d'abord l'article 6 de la loi de 1793 « tout citoyen qui *mettra au jour* un ouvrage..... sera obligé d'en déposer deux exemplaires ». Or, disait-on, dans les prévisions du législateur il n'y avait que celui qui publiait, pour la première fois, son ouvrage en France qui pouvait être considéré comme l'ayant mis au jour. Cet argument est bien fragile et ne saurait valoir. En effet, cet article n'a pas pour but de déterminer quelles sont les personnes qui jouissent du droit d'*auteur*, il se trouve à la suite des articles généraux où cette question est traitée, il ne s'occupe que des formalités à remplir pour être protégé; il ne parle pas de la mise au jour *en France*, il veut dire tout simplement que tout ouvrage mis au jour en quelque lieu que l'édition se soit produite doit être déposé pour que l'auteur ait le droit de poursuite. La loi a voulu que l'ouvrage publié à l'étranger comme celui publié en France puisse se trouver à la bibliothèque et l'enrichir ainsi de tout ce qui paraît dans le monde. Et puis, comme dit M. Darras (1), alors même qu'on admettrait que cet article fait allusion aux ouvrages mis au jour en France, ça aurait été tout à l'avantage des auteurs publiant à l'étranger lesquels auraient été dispensés de faire le double dépôt.

Nos adversaires invoquaient, en outre, un autre argument de texte qu'on croyait décisif, l'article 426 du Code pénal qui fait un délit de « l'introduction sur le territoire français d'ouvrages qui, après avoir été *imprimés en France*, sont contrefaits à l'étranger », d'où l'on concluait que la loi ne s'occupait de protéger que des œuvres imprimées (publiées) en France, puisqu'elle ne punissait pas l'introduction des ouvrages qui après leur publication à l'étranger y sont contrefaits. L'objection tirée de l'article 426 du Code pénal n'était pas concluante car, si le législateur ne parle que des contrefaçons étrangères d'ouvrages publiés en France, c'est qu'il a envisagé le cas le plus général, le plus fréquent ; il s'est préoccupé *de eo quod plerumque fit* ; et, du reste, en admettant même que sa rédaction ait été intentionnelle, la seule conséquence était de refuser la répression pénale contre les contrefaçons commises à l'étranger d'œuvres qui y

____
(1) Darras, *op. cit.*, p. 225.

étaient parues. Mais les intéressés auraient encore eu la protection efficace des lois civiles. D'ailleurs nous trouvons la consécration de notre opinion dans le décret du 28 mars 1810 qui parle d'auteurs français ou étrangers sans exiger que la publication *ait eu lieu* en France.

En dehors de ces arguments de texte, on a aussi apporté d'autres raisons, d'ordre économique ou moral. On a invoqué d'abord le préjudice qui résulterait pour l'industrie française de la publication de l'ouvrage à l'étranger. C'est là un argument spécieux qui ne résiste pas à un examen sérieux comme nous le démontrerons plus loin, et puis, il est tout naturel que l'auteur étranger publie son œuvre à l'étranger. Quant à l'argument tiré de l'intérêt moral, intellectuel, résultant de la publication de l'œuvre en France, nous répondrons avec M. Pouillet (1) qu'il sera toujours facile au lecteur français de se procurer l'ouvrage édité à l'étranger, et que le plus souvent il lui sera fourni à un prix moindre que s'il était publié sur le sol français. Et on ne peut pas dire non plus, ajoute M. Blanc (2), que la publication faite à l'étranger rendant difficile aux éditeurs français la connaissance du droit d'auteur l'expose à être contrefacteur à son insu, ils sont en fait toujours bien renseignés, comme les faits postérieurs au décret du 28 mars 1852 l'ont suffisamment prouvé.

Disons au surplus que cette théorie qui distinguait

(1) Pouillet, p. 760.
(2) Blanc, *De la contrefaçon*, p. 37 et suiv.

quant à la protection accordée aux étrangers, suivant le lieu de la publication de l'œuvre, était contraire aux principes juridiques et constituait une véritable anomalie dans la législation (1), car ordinairement on respecte un droit, abstraction faite du lieu de sa naissance. C'est ce qui arrive avec un droit de propriété ou de créance acquis dans un pays étranger ; personne ne s'est jamais avisé et ne s'avisera jamais de dépouiller cet étranger sous le prétexte qu'il y a là un droit né en dehors de la France. Nous trouvons, il est est vrai, une distinction pareille en matière de brevets d'invention, mais là elle s'explique par des raisons qui n'existent pas pour la propriété littéraire. Un brevet d'invention restreint la liberté du commerce et de l'industrie du pays où il est exploité ; d'un autre côté les bénéfices que l'industrie peut obtenir par l'exploitation d'un brevet sont considérables et puis on peut hésiter sur le point de savoir si on doit reconnaître un monopole temporaire à un inventeur, dont l'idée aurait pu venir également à d'autres personnes, à la différence de la propriété littéraire ou artistique où le monopole consiste non pas à avoir la jouissance exclusive des idées, mais de la forme dont on les a revêtues. Ajoutons aussi que la territorialité du brevet d'invention s'explique par la nature

(1) Renault, 122. V. aussi jugement du tribunal de la Seine du 10 juillet 1844 (affaire Escudier) qui décide que le droit de propriété littéraire est indépendant du lieu de publication (Blanc, 54 ; Weiss, t. 2, p. 222 et suiv.).

particulière de celui-ci : il n'existe qu'en vertu de l'arrêté du ministre du commerce, et par conséquent il ne saurait produire d'effets que dans l'étendue du pays qui l'a conféré.

Remarquons cependant qu'en fait, quelquefois, cette rigueur de la loi était atténuée, car on avait admis que si la publication de l'ouvrage à l'étranger avait pour effet de le faire tomber dans le domaine public, ce n'était « qu'autant que le domaine public s'en était réellement emparé en France ». Si donc, après la publication faite par l'auteur à l'étranger, nul en France n'éditait l'ouvrage, l'auteur pouvait, en le publiant, reprendre ses droits et se relever de sa déchéance (1).

3ᵉ Hypothèse. — *Auteur français ayant publié son œuvre à l'étranger.*

Les arguments et les considérations que nous venons d'exposer dans le précédent paragraphe relativement à l'étranger s'appliquent à plus forte raison à l'auteur français ayant publié d'abord son œuvre à l'étranger. Il est évident, en effet, que du moment que la loi de 1793 et le décret du 28 mars 1810 n'excluaient pas de toute protection l'étranger qui avait publié à l'étranger, la même théorie doit être admise *à fortiori* pour l'auteur étran-

(1) Lacan et Paulmier (*Législation des théâtres*), t. II, p. 490; Darras, p. 232; Pouillet, p. 757. Arrêt de la Cour de cassation dans l'affaire des *Mémoires* de Cléry (captivité de Louis XVI au temple). Rej., 30 janv. 1818, Dalloz, *Prop. litt.*, p. 330; Merlin, *Questions de droit*, V. *Contrefaçon*, 57. Il est vrai qu'il s'agissait dans l'espèce d'un auteur français mais, comme on le verra, cela n'a pas d'importance au point de vue de la publication.

ger qui se trouvait dans des conditions identiques sinon
plus favorables. En effet, la publication faite par le Français à l'étranger ne lui enlève pas sa qualité nationale ;
il faut au contraire un texte formel pour enlever à ce
Français sa qualité originelle ; or, aucun n'est venu la lui
ravir et comme les lois françaises sont faites pour des
Français, il faut donc les leur appliquer. Ajoutons en
outre que des circonstances particulières peuvent avoir
forcé le Français de publier à l'étranger (1). Mais telle
n'était pas l'opinion qui avait prévalu. On invoquait à
son appui les mêmes arguments qu'on faisait valoir à
l'égard des étrangers ; « le Français se fait étranger en
publiant hors de France la première édition de son ouvrage », disait M. Renouard (2). Au demeurant il importait peu que le Français après avoir publié son ouvrage
à l'étranger, le publia de nouveau en France ; il ne peut
dessaisir le domaine public dans lequel était tombé
l'œuvre par le fait de sa publication à l'étranger. On
s'était demandé aussi si après la publication en France,
une édition faite à l'étranger n'entraînait pas déchéance

(1) En ce sens Renault, p. 121 ; Pouillet, p. 762 ; Darras, p. 241 ; Pataille, *Code international*, p. 45. Ce dernier auteur invoque à l'appui de
son opinion l'article 8 de la loi du 6 mai 1841 (relative aux Douanes) ;
il résulte des termes de cet article et de la discussion à laquelle il
a donné naissance à la Chambre des députés que les Français pouvaient publier à l'étranger sans être déchus de leur droit en France.
V. le rapport de M. Villemain, *Moniteur officiel*, 20 février 1837.
Arrêt de la Cour de cassation (Affaire des *Mémoires* de Cléry), déjà
cité ; Trib. civ. de la Seine, 11 juillet 1862. Pataille (Œuvre dramatique représentée d'abord à l'étranger, 63.234).
(2) Renouard, II, p. 73 ; Rauter, *Traité du droit criminel*, p. II, 555.

de la protection. On invoquait dans le sens de l'affirmative un argument, l'article 16 (alin. 5) de la loi du
7 janvier 1791, en vertu duquel le breveté français per-
dait tout droit lorsqu'il obtenait un privilège (brevet
d'invention) à l'étranger. Mais c'était là une mesure de
déchéance qu'on ne saurait étendre en dehors de l'hypothèse prévue, et d'ailleurs cette disposition de la loi
était peu logique ; aussi a-t-elle depuis longtemps disparu de la législation.

Ainsi pour nous résumer, les étrangers jouissaient
en vertu de la loi de 1793, d'après notre opinion, sans
aucune condition, de la même protection que les Français, tandis que d'après l'opinion générale, le seul fait,
si on peut ainsi parler, de la naissance en France d'une
œuvre littéraire ou artistique, la nationalise et la place
sous la protection de la loi quelle que soit la nationalité
de l'auteur. C'était en quelque sorte la nationalité de
l'œuvre qui était envisagée (1).

Reste une question à résoudre. Le décret du 28 mars
1810 qui accordait expressément des droits aux étrangers ne vise que l'imprimerie et la librairie. Aussi se
demande-t-on si ce décret s'appliquait également en faveur des artistes et des musiciens et si, par conséquent,
ces auteurs étrangers jouissaient aussi de cette protection légale.

(1) Conformément, Paris, 22 novembre 1888, Sirey (Cessionnaires
de Chopin) 90.2.121. V. *Journal de dr. int. privé*, 90, p. 673 ; Renouard, t. 2, p. 241.

Dans un premier système qui s'attachait strictement à son texte, on soutenait que ce décret ne s'appliquait qu'aux ouvrages imprimés ou gravés, les seuls dont l'article 40 du décret du 28 mars 1810 fasse mention ; puis on invoquait aussi un avis du Conseil d'État du 23 août 1811 (1) qui disait que le décret n'a rien innové quant aux droits des auteurs des ouvrages dramatiques et des compositeurs de musique et que ces droits doivent être réglés conformément aux lois existant antérieurement au dit décret du 5 février 1810. Donc, les peintres, les sculpteurs et autres artistes dont les œuvres ne sont ni imprimées, ni gravées ne peuvent revendiquer le bénéfice du décret du 28 mars 1810. Mais quoique le décret ne s'occupât pas des œuvres artistiques et dramatiques, on exceptait néanmoins les compositeurs de musique et les autres auteurs dont les œuvres sont reproduites par l'impression ou la gravure, attendu que le décret parlait d'une façon générale d'œuvre imprimée ou gravée, ce qui comprend la gravure des ouvrages de peinture aussi bien que les livres ou les estampes (2). On invoquait aussi, pour motiver cette exception, un argument tiré de l'arrêt du Conseil du 16 avril 1785 relatif aux formalités du dépôt des ouvrages imprimés et gravés et où le mot gravure avait le sens le plus général quel que soit l'objet représenté.

(1) Rapporté par Locré, t. IX, p. 20.
(2) Cassation, 20 février 1882 (Affaire Goupil), Sirey, 83.1.339. V. le réquisitoire, aussi éloquent que documenté, prononcé par M. l'avocat général, A. Desjardins.

Nous préférons nous rallier au second système qui reconnaît l'application du décret aux auteurs de toutes les productions de génie et qui nous paraît plus équitable et plus conforme à l'esprit du législateur. En effet, on ne peut pas croire que le législateur, après avoir mis, par les lois de 1793 et de 1791, sur le pied de parfaite égalité tous les artistes et tous les littérateurs, ait, tout d'un coup et sans manifester formellement sa volonté, changé d'avis. Que si on trouve mentionnés seulement les ouvrages « imprimés, gravés » ils l'ont été non pas à titre limitatif, mais à titre énonciatif, c'est-à-dire à titre d'exemple et d'indication générale. De plus l'article 425 du Code pénal fournit en faveur de notre opinion un argument irréfragable : cet article qui est la sanction du décret du 28 mars 1810 et qui d'ailleurs ne fut promulgué que quelques jours après, parle de tous les auteurs sans exception. Quant à l'argument tiré de l'avis du Conseil d'État de 1811 nous ferons remarquer qu'étant relatif aux ouvrages dramatiques, il est spécial, et ne peut être généralisé.

Il résulte donc incontestablement de tout ce que nous venons de dire que le décret du 28 mars 1810 peut être invoqué indistinctement par tous les auteurs (1).

Tel était avant le décret du 28 mars 1852 l'état de la législation en France ; la protection littéraire et artistique avait un caractère purement territorial, ne proté-

(1) En ce sens. Pouillet, p. 154 ; Darras, p. 236 et suiv. *Gazette des tribunaux*, 25 avril 1854.

geant que les œuvres parues sur le sol français, ce qui était contraire, comme nous l'avons dit, aux principes du droit positif.

Cette situation était aussi celle que nous rencontrons dans les autres pays. Quelques-uns de ces pays accordaient des droits aux auteurs étrangers sous la seule condition de la réciprocité. Tels sont : l'Angleterre (loi du 10 mai 1844 modifiant celle du 31 juillet 1838), l'Autriche (19 octobre 1846), la Prusse (11 juin 1837), le Portugal (8 juillet 1851), la Bavière (9 mars 1840), la Suède (1844), la Grèce (Code pénal, 1833), le Danemark (ordonnance du 7 mai 1828) et quelques États secondaires de l'Allemagne.

Ainsi l'étranger n'était pas plus protégé en France que le Français à l'étranger. La contrefaçon des ouvrages étrangers était donc partout licite, sinon honnête, et cette piraterie d'un nouveau genre, comme dit M. Renault (1), se développa d'autant plus que les barrières intellectuelles entre les divers pays s'abaissaient. La contrefaçon, « ce droit d'aubaine appliqué aux vivants », était en pleine efflorescence. Le pays qui souffrait le plus était la France ; la fécondité des œuvres de la pensée, le caractère cosmopolite de sa littérature et la diffusion de sa langue la livrait en pâture au pillage le plus éhonté. Les éditeurs étrangers n'ayant pas de droits d'auteur à payer se trouvaient à même de produire à

____

(1) Renault, *op. cit.*, 122.

meilleur marché qu'en France et fournissaient des exemplaires des ouvrages parus en France à un prix plus bas,
alimentant ainsi tous les marchés de l'Europe, au détriment des auteurs et éditeurs français. Ce brigandage
littéraire était exercé par les Etats-Unis, la Russie, mais
surtout par la Belgique qui se montra pleine de sollicitude pour la propagation des idées françaises. On a cons-
taté qu'en 1841 plus de 720 ouvrages français contem-
porains avaient subi le ruineux honneur de l'impression
illicite. Toutes les manifestations de l'esprit étaient contrefaites en Belgique ; un livre nouveau apparaissait-il à
Paris, l'auteur avait-il quelque notoriété on l'imprimait
immédiatement. Elle était un véritable foyer de contrefaçon, elle ne vivait que des auteurs étrangers et presque
exclusivement des Français ce qui avait provoqué chez
elle, une complète pénurie de productions nationales. Lamartine évaluait la contrefaçon annuelle des œuvres françaises à dix millions (1). Victor Lefranc citait des ouvrages
français qui ont eu jusqu'à 17 éditions alors qu'en France
ils n'en avaient eu qu'une seule. Des sociétés puissantes (2)
s'étaient formées pour l'exploitation de cette branche de
l'industrie nationale, aussi lucrative que peu délicate. Ces

(1) Moniteur, 1843, p. 634 ; 1850, p. 3772.
(2) Voir dans Molinari (*Journal des économistes*, t. 31, p. 265) des
détails très intéressants sur la contrefaçon belge, Société typogra-
phique belge, capital : 1 million ; Société belge de librairie : 1.500.000 ;
Société nationale pour la propagation des bons livres : 4 millions. Disons que par suite de la concurrence effrénée à laquelle ces sociétés
se livrèrent, elles finirent par se ruiner.

sociétés qui disposaient de capitaux considérables, étaient d'ailleurs patronnées par des personnages ; des magistrats, des professeurs, voire même des ministres se trouvaient à leur tête (1) ; aussi ne manquaient-elles pas d'appui moral ayant des défenseurs jusque dans les sphères les plus hautes de l'Etat. Bien plus, quoique les contrefaçons fussent prohibées à l'entrée en France par la loi des douanes du 25 mars 1817, il arriva que, par des moyens ingénieux qui trompaient la vigilance des douaniers, le territoire français même fut inondé de rééditions étrangères (2). La France au contraire était le pays où la contrefaçon ne brillait pas, elle s'intéressait peu à ce qui se passait au delà des frontières et puis elle était assez riche pour avoir de quoi se nourrir intellectuellement, car suivant le mot de Voltaire (3), les nations qui se livrent à la contrefaçon sont celles qui, ne sachant pas faire de romans, vendent l'esprit des autres comme des denrées.

Les écrivains et les éditeurs français se trouvaient donc exposés à la rapacité des contrefacteurs. Cette situation intolérable émut l'opinion publique. On vou-

(1) Darras, *op. cit.*, 151.

(2) L'audace des contrefacteurs belges n'avait pas de limites. M. Duvergier explique qu'il avait assisté à la conversation d'un belge chez un éditeur et avait été frappé du cynisme de ses prétentions. Le belge menaçait le libraire de l'imprimer en Belgique si celui-ci ne voulait accepter un rabais considérable sur les exemplaires. *Annales de la propriété litt. et industrielle*, année 1860, p. 33 et suiv.

(3) Voltaire, *Princesse de Babylone*, cité par Darras.

lait à tout prix remédier à cet état de choses préjudiciable aux intérêts français. La question fut vivement discutée dans la presse et finalement soulevée devant le Parlement.

Par un arrêté du 18 octobre 1836, le ministre de l'instruction publique, nomma une commission « à l'effet de rechercher tous les moyens propres à prévenir les inconvénients de la contrefaçon des livres français à l'étranger, soit par des mesures législatives, soit à l'aide de négociations avec les puissances étrangères ».

La commission reconnaissait dans son rapport (1), dû à M. Villemain, que la contrefaçon ne pouvait guère être entravée que par des conventions internationales, que cependant il y avait lieu de prendre des dispositions législatives pour garantir la librairie étrangère ainsi que pour régler le transit et la réimportation des livres parus d'abord en France. Le dernier point fut réalisé par la loi sur les douanes du 6 mai 1841, et l'ordonnance du 13 décembre 1842. Le premier texte est relatif au transit, le second règle d'une façon minutieuse les détails de l'importation ou du transit des livres étrangers et les formalités requises pour la réimportation des livres français non vendus à l'étranger. Cette réglementation était nécessaire pour que la vigilance de la douane ne fut plus trompée. D'après la loi de 1841 les livres ne peuvent plus transiter que dans deux cas : 1° s'ils proviennent

(1) *Moniteur officiel* du 20 février 1837.

de pays où les droits de leurs auteurs sont reconnus et
2° s'ils sont la reproduction d'œuvres françaises tombées
dans le domaine public. Grâce à cette loi, la Belgique ne
put plus emprunter le territoire français pour faire par-
venir directement ses contrefaçons en Suisse, en Italie
ou en Espagne ; elle dut faire un détour qui entraînait
un peu plus de temps et de frais, mais elle écoulait quand
même ses éditions sur les marchés étrangers ; de sorte
qu'en somme l'efficacité de cette mesure ne fut pas bien
grande et ce fut encore la France qui y perdit son industrie de transport. On essaya alors de réaliser les autres conclusions de la commission.

Le gouvernement proposa dans le projet de loi (1)
sur la propriété littéraire, en 1839 à la Chambre des
Pairs, d'accorder aux étrangers la protection de leurs
œuvres sous la condition de réciprocité. Voici l'article 18
de ce projet : « Tous ouvrages en langue française ou
étrangère, publiés pour la première fois à l'étranger, ne
pourront soit du vivant de l'auteur, soit après sa mort,
avant l'expiration d'un terme fixé par les traités, être
réimprimés en France sans le consentement de l'auteur
ou de ses ayants droit ; toute réimpression desdits ouvrages en contravention à cette défense sera réputée contrefaçon et punie des mêmes peines. Cette disposition
sera exclusivement appliquée à l'égard des Etats qui

____

(1) Le projet de loi avait été inspiré d'un bill anglais du 31 juillet
1838 et de la loi prussienne de 1837 déjà citée. L'exposé des motifs
fut rédigé par M. de Salvandy.

auront assuré la même garantie aux ouvrages en langue française ou étrangère, publiés pour la première fois en France ».

La commission chargée de l'étude de ce projet en proposa le rejet, par la voix de son rapporteur M. le vicomte Siméon, en disant que la réciprocité offerte par la France ne serait acceptée que par les États qui auraient avantage à le faire et qu'elle serait refusée par les autres. Le grand atelier de contrefaçon des livres français, disait le rapporteur, est la Belgique, qui en tire un très grand profit et qui n'y renoncera pas pour obtenir une réciprocité qui n'aurait aucune application à son égard puisque on n'imprime en France aucun ouvrage au détriment des auteurs belges. A l'égard de l'Angleterre la situation est inverse. Les livres anglais qui s'impriment à Paris se vendent meilleur marché qu'en Angleterre et offrent par conséquent aux acheteurs et aux libraires français un avantage réel. Quant aux livres français on ne les imprime pas en Angleterre à cause de la cherté de la main d'œuvre. La réciprocité entre les deux pays serait donc, disait toujours le rapporteur, toute favorable aux sujets de la Grande-Bretagne et priverait, sans aucune compensation, du moyen de se procurer à un prix raisonnable, des livres de langue anglaise dont la cherté est excessive lorsqu'il faut les faire venir d'outre-mer. La commission tout en proposant le rejet de l'article 18 comme contraire aux intérêts du commerce et du public, appelait de ses vœux le moment où il serait possible de concilier ces intérêts avec ceux des lettres et des auteurs de tous les pays (1).

Cette méconnaissance des principes suscita de grandes protestations. M. Villemain, alors ministre de l'instruction publique, défendit vivement le projet ; M. de Gérando invoqua aussi, pour le faire adopter, des considérations diverses et également puissantes ; l'intérêt qu'il y avait à fermer à la contrefaçon ses débouchés si on ne pouvait l'atteindre là où elle s'exécutait en grand ; il invoqua aussi le respect dû au droit sacré des auteurs étrangers, le vol est immoral quelque soit la nationalité du volé et un peuple qui se respecte doit le punir chez lui sans s'inquiéter de ce que font les autres nations ; il montrait enfin l'exemple des autres nations étrangères (2) qui avaient introduit dans leurs lois le principe de la réciprocité. M. de Montalembert soutint les mêmes idées.

En outre aux yeux des adversaires (Cousin, Flahaut et le duc de Broglie), cet article 18 avait aussi le grand défaut de porter atteinte à la prérogative royale en matière de traités et au droit d'examen des Chambres en « imposant » à la France la réciprocité dans tous les cas où les œuvres françaises seraient protégées au dehors ; aussi voulaient-ils remplacer le système de la réciprocité législative « par celui de la réciprocité diplomati-

____

(1) Renault, *op. cit.*, 124 et suiv. ; Darras, *op. cit.*, 213 et suiv.

(2) Angleterre, bill du 31 juillet 1838 ; Allemagne, 11 juin 1838 ; Danemark, la loi de 1828, etc.

que », c'est ce qu'on fit lorsque le projet arriva devant la Chambre des députés en 1841. Malgré les modifications qu'on avait introduit dans la rédaction de l'article 18, cet article ne fut pas admis et il fut rejeté avec l'ensemble du projet sur la propriété littéraire dont il faisait partie (1).

Le gouvernement en présence de ce vote, chercha d'autres moyens pour sauver le droit des auteurs et des artistes. Il prit la voie des négociations ; le 25 juillet 1841 (2), était signé à Paris, un traité de commerce et de navigation avec les Pays-Bas dont l'article 14 disposait : « La propriété littéraire sera réciproquement garantie. Une convention spéciale déterminera ultérieurement les conditions d'application et d'exécution de ce principe dans chacun des deux royaumes. La convention littéraire ne devient exécutoire qu'en 1855. A partir de ce moment et jusqu'en 1852 la France ne réussit à conclure que quatre conventions littéraires, à savoir : le 28 août 1843 avec la Sardaigne, le 12 avril 1851 avec le Portugal, le 20 octobre 1851 avec le Hanovre et le 3 novembre 1851 avec l'Angleterre. Nous rencontrerons plus loin ces conventions.

Nous voulons pour le moment voir les questions sou-

----

(1) Weiss, t. II, p. 224, n° 4 ; *Moniteur*, 1839, p. 818.

(2) C'est le traité international le plus ancien que la France ait conclu. V. les explications fournies quant à l'application de ce traité par M. Guizot à la Chambre des députés, 10 avril 1845. On voulait bloquer la Belgique et pour cela on exigea que la Hollande fermât son territoire aux contrefaçons belges.

levées à l'occasion de ces traités dans le Parlement. Voici ce que disait M. Vivien dans son rapport à la Chambre des députés à l'occasion de la loi (1) du 9 juin 1845 relative à la mise à exécution de la convention franco-sarde. « On a souvent proposé de proclamer en France le droit des auteurs étrangers et de leur accorder la protection même dont jouissent nos nationaux. C'est le vœu des gens de lettres exprimé par leurs délégués et de la librairie française elle-même, bien que quelques maisons se livrent à la publication de livres étrangers ; ce serait aussi notre disposition. La Belgique s'arme contre nous de notre propre législation qui ne punit point la réimpression de livres étrangers en France, et notre loi donnerait un noble exemple en consacrant spontanément et *indépendamment de toute réciprocité les droits de tout auteur national ou étranger* (2) ». Ainsi le principe de la reconnaissance absolue du droit d'auteur au profit des auteurs étrangers était nettement posé. M. Guizot, à cette époque, ministre des affaires étrangères, trouve cette disposition un peu excessive ; il objectait des considérations utilitaires : Ne gênerait-on pas le commerce sans rien acquérir en échange ?

---

(1) Il est de principe qu'une peine ne peut être appliquée qu'en vertu d'une loi ; or la convention signée avec la Sardaigne soumettait à la loi pénale des faits qui étaient jusqu'alors licites, c'est-à-dire la reproduction des ouvrages publiés en Sardaigne. Voilà pourquoi, quoique le roi fut capable de conclure une convention, il fallait une loi pour la mettre à exécution.

(2) *Moniteur* du 24 juillet 1844, p. 2343.

Cet exemple de désintéressement serait-il suivi? Ne valait-il pas mieux conserver l'état de choses actuel comme une arme pour obtenir des concessions des États étrangers? Tant qu'on peut menacer les étrangers de contrefaire leurs œuvres on conserve le moyen de les forcer à renoncer à leur coupable industrie. Cette théorie utilitaire fut détruite de fond en comble par la réplique de MM. de Lherbette et Saint-Marc Girardin qui avaient éloquemment défendu le principe absolu du respect du droit des auteurs étrangers. « La contrefaçon est un vol. Pour punir chez nous le vol commis au préjudice des auteurs étrangers, est-il nécessaire, disait le premier, que les gouvernements étrangers agissent de même avec nos auteurs? La morale ne serait donc plus un devoir mais un marché ». Boissy d'Anglas (1) disait déjà, lors de la discussion du Code civil, critiquant le principe de la réciprocité, qu'on ne doit pas attendre pour faire ce qui est juste et utile que les peuples étrangers fassent de leur côté ce qui est juste et utile.

Lors de la discussion de la loi destinée à approuver la convention franco-portugaise, M. Barthélemy Saint-Hilaire soulevait la même thèse. « Je voudrais que le gouvernement français s'honorât en consacrant en France le droit des auteurs étrangers comme on garantit les droits des auteurs nationaux. J'ajoute que ce serait non seulement une excellente mesure, et même

(1) Séance du 29 fructidor an X, *Archives parlementaires*, t. III, p. 195.

une mesure honorable pour le caractère national, mais que, en même temps, nous porterions un tort très léger à l'industrie coupable qui vît encore chez nous de ces profits illicites et qui d'ailleurs mérite peu de ménagements. *Quand nous aurons commencé par déclarer que la contrefaçon chez nous est un délit puni par les lois, je crois que nous obtiendrons beaucoup plus facilement des gouvernements qu'ils l'abolissent chez eux* (1) ». Nous trouvons les mêmes idées dans le rapport de M. Victor Lefranc sur le projet de loi approuvant une convention avec la Sardaigne dans le but de compléter celle de 1843 (2).

Les écrivains aussi étaient unanimes à proposer la reconnaissance sans limites au profit des étrangers (3). D'ailleurs cette généreuse idée avait trouvé des défenseurs lors de la présentation du projet de 1841 à la Chambre des députés. Lamartine rapporteur de la commission disait : « L'équité naturelle dont il est toujours glorieux d'être les précurseurs, et les intérêts les mieux éclairés sur ce qui concerne les écrivains, les imprimeurs, les libraires, étaient ici d'accord et nous demandaient avec instance et avec unanimité la proclamation même téméraire et gratuite d'un grand principe de moralité et plus élevé au-dessus des rivalités nationales ».

(1) *Moniteur* du 1er juillet 1851, p. 1852.

(2) *Moniteur* du 31 décembre 1851.

(3) Eugène Robin, *Revue des Deux-Mondes*, 1844, t. 1 ; Villefort, *la Propriété littéraire*, publiée en 1851. Voir aussi une intéressante monographie parue dans la *Revue étrangère et française d'économie politique et de législation*, 1837, p. 574, par Victor Foucher, alors avocat général à la Cour de Rennes.

Ainsi donc tout le monde réclamait une réforme plus équitable pour les étrangers.

Pour régler la question de droit international de la propriété littéraire trois procédés étaient proposés :

Les traités : on assure d'une part la protection de ses nationaux dans un pays, d'autre part celle des auteurs de ce pays (*réciprocité diplomatique*). On peut aussi, indépendamment de tout traité et par le seul effet de la loi, assurer la reconnaissance du droit des auteurs étrangers, mais sous la condition que les pays respectifs de ces étrangers admettent aussi cette reconnaissance (*réciprocité légale*). On peut enfin proclamer la reconnaissance du droit des auteurs étrangers d'une façon absolue sans soumettre à aucune condition la sauvegarde de ce droit.

Chacun de ces systèmes avait ses avantages et ses inconvénients.

Les traités ont une utilité pratique incontestable ; ils servent à aplanir les difficultés qui naissent du silence ou du conflit des législations, surtout dans une matière aussi délicate que celle de la propriété littéraire et artistique ; ils donnent plus de sécurité ; grâce à eux sont liés pour un certain temps les auteurs des nations qui y ont recouru. Mais ces traités, fondés sur la réciprocité, tout en constituant un progrès dont il serait injuste de méconnaître l'importance, n'établissent cependant qu'un droit précaire, puisqu'il dépend d'actes dont la durée est limitée et parfois subordonnée à des questions

tout à fait étrangères à celles des auteurs. Ainsi, pour
en fournir un exemple, la convention du 27 mars 1855
entre la France et les Pays-Bas devait suivre le sort du
traité de commerce intervenu le 25 juillet 1840 entre
les mêmes pays. En outre ils constituaient un procédé
extrêmement long, les négociations étaient laborieuses
et très souvent stériles comme les faits l'ont démontré,
puisqu'en 1851 la France n'avait réussi à conclure que
quatre conventions et encore grâce à des concessions
douanières.

Mais si ces conventions internationales étaient longues
et coûteuses, ne devait-on pas prendre la voie de la réciprocité légale et proclamer *proprio motu* le droit des
étrangers ? On l'avait demandé, s'inspirant de l'exemple
des pays qui l'avait déjà admise. Mais il y a ici des
inconvénients considérables lorsqu'il s'agit d'appliquer
ce principe, des inconvénients qui paralysent complètement l'utilité qu'il pourrait avoir. C'est ce que disait
M. Villefort en 1851, « c'est au point de vue de la législation internationale privée, un principe beaucoup plus
fécond en apparence qu'en réalité. Rien n'est plus facile
que de l'écrire dans la loi, mais les difficultés deviennent le plus souvent insurmontables quand, sans avoir
été organisée dans ses moyens d'application, cette thèse
vient se heurter aux mille susceptibilités de la souveraineté nationale, à l'organisation judiciaire et à la
procédure de chaque peuple (1) ». En effet les législations

(1) Villefort, *op. cit.*, p. 53 et 54.

diffèrent beaucoup surtout en matière de propriété littéraire et artistique ; il y a une grande diversité dans
les mesures de détail et on pourra toujours soutenir
qu'il n'y a pas de réciprocité quoique le principe soit
consacré par chacune d'elles. M. Renault nous fournit
à cet égard un exemple saisissant emprunté à Klostermann. L'article 38 de la loi prussienne du 11 juin 1837
établissait le principe de la réciprocité, il semble que
depuis le décret du 28 mars 1852 et indépendamment
de toute convention internationale les Français devaient
être protégés en Prusse. C'est ce qu'on avait pensé
généralement (1). Cependant Klostermann (2) soutient le
contraire. Le décret du 28 mars 1852, dit-il, accorde
pleinement aux œuvres étrangères la même protection
qu'aux œuvres nationales mais sous la condition du
dépôt de deux exemplaires ; or en Prusse cette mesure
n'existe pas ; donc comme il n'y a pas d'identité entre
les deux hypothèses où la propriété était protégée, les
Français se trouvaient dépourvus de protection et ils ne
pouvaient être protégés qu'en vertu des traités. L'article 38, ajoute l'auteur allemand, supposant une identité
absolue de législation est ainsi d'une application peu
pratique. Nous trouvons une situation analogue dans
la matière des sociétés anonymes. La loi belge du

(1) Pataille et Huguet, *Code international de la propriété industrielle,
artistique et littéraire*, p. 297.

(2) Klostermann, *Das geistige Eigenthum*, 1 vol., p. 59 cité par Darras, p. 219. Cette loi prussienne de 1837 a été abrogée par la loi du
10 juin 1870 commune à tout l'empire d'Allemagne.

14 mars 1885 reconnaissait aux sociétés anonymes françaises le droit d'ester en justice sous la seule condition de la réciprocité des sociétés belges en France ; or la jurisprudence française proclamant l'existence en France des sociétés légalement formées à l'étranger, il devait naturellement résulter que les sociétés françaises jouissent de la disposition de la loi belge de 1885 ; mais on fit remarquer que la jurisprudence française pouvait changer et que la loi de 1885 n'avait pas entendu baser sur une réciprocité aussi mobile la situation légale des sociétés anonymes dans les deux pays (1). Ajoutons enfin que le système de la réciprocité législative exige de la part du juge, en cas de contestation, une connaissance approfondie de la loi étrangère.

On voit donc que ni le système de la réciprocité diplomatique ni celui de la réciprocité légale ne sont exempts d'inconvénients et que de plus, tous les deux méconnaissent le principe de l'éternelle justice, car comme nous avons vu que les droits des auteurs, étant basés sur le travail, sont sacrés et aucun de ceux qui en jouissent ne saurait équitablement lui en refuser la juste rémunération ; or une nation qui est obligée envers une autre nation aux mêmes devoirs qu'un individu envers un autre individu, ne saurait enlever aux nationaux d'un pays les droits dont ils sont investis sans commettre une flagrante spoliation. Ainsi la propriété littéraire

(1) Ch. Lyon-Caen, *De la condition légale des sociétés étrangères en France*, p. 29-30.

et artistique suivant nous, appartenant au droit des
gens, il est abusif de la subordonner à une question pré-
judicielle de nationalité et dès lors toute condition de
réciprocité doit nécessairement être écartée comme reposant sur un principe absolument faux. Il fallait donc
proclamer d'une façon absolue qu'il n'était pas permis
de contrefaire les ouvrages étrangers. C'est ce qui fut
fait par le décret du 28 mars 1852.

Le décret du 28 mars 1852 en proclamant le principe
de la reconnaissance internationale des droits intellectuels, a, par là même, donné satisfaction à la justice et
à la moralité.

Nous ne nous attarderons pas aux critiques que ce
décret a provoquées, leur inanité a été démontrée par
les événements postérieurs. Rappelons seulement à titre
de mémoire quelques-unes de ces critiques. Ainsi on
disait qu'il y avait là une innovation regrettable, que
le législateur avait oublié que l'intérêt est la mesure
des actes d'un gouvernement comme il est la mesure
des transactions entre particuliers, en un mot qu'on
donnait sans rien acquérir (1). Mais suivant le mot
célèbre de Boissy d'Anglas (2) que le juste et l'utile se
confondent, les conventions ont été beaucoup plus
nombreuses à la suite du décret du 28 mars 1852.

A l'étranger on a rendu hommage à l'esprit libéral
et à la généreuse initiative de la France. « Tout le monde

(1) Calmels, *De la contrefaçon*, n° 404.
(2) Baudry-Lacantinerie, t. I, p. 86.

a approuvé l'acte de générosité qui faisait passer la justice avant l'intérêt et qui présuppose chez les gouvernements à l'égard des œuvres littéraires et artistiques un désir d'abnégation chevaleresque et de respect désintéressé que l'on ne peut espérer rencontrer de nos jours (1) ». Le décret du 28 mars 1852, dit M. Laurent (2), est un pas vers la réalisation de l'idéal dans notre science, la communauté de droit entre les nations. En 1858 un Congrès littéraire international, le premier de ce genre, composé des représentants de divers gouvernements et des sociétés savantes, d'hommes de lettres, éditeurs, etc., se réunit à Bruxelles et adopta les résolutions du décret du 28 mars 1852, formulant en même temps le désir que ces idées devinssent d'une pratique universelle, aucun pays ne pouvant en contester la légitimité (3).

(1) De Martens, t. II, p. 201.
(2) Laurent, t. III, p. 570.
(3) V. Romberg, *op. cit.*, p. 151.

CHAPITRE II

LA PROPRIÉTÉ LITTÉRAIRE ET ARTISTIQUE INTERNATIONALE
D'APRÈS LE DÉCRET DU 28 MARS 1852.

Nous venons de voir les différents systèmes qui s'é-
taient produits à l'occasion du droit des auteurs étrangers en France et l'incertitude qui régnait à ce point de
vue. Le décret du 28 mars 1852, tout en satisfaisant à
la justice universelle, a eu pour but de faire cesser cette
incertitude en accordant expressément, et sans aucune
condition de réciprocité, aux auteurs étrangers la protection légale même lorsque la publication avait eu lieu
hors de France. Le rapport du ministre de la justice
M. Abbatucci, qui précède ce décret, résume d'ailleurs
l'état de la jurisprudence et les motifs qui l'ont dicté.
« Le droit d'auteur qui consiste dans le droit temporaire à la jouissance exclusive des produits scientifiques, littéraires et artistiques, est consacré par la législation française au profit des nationaux, et même des
étrangers, relativement aux ouvrages publiés en France.
Mais l'étranger, qui peut acquérir et posséder sous la
protection de nos lois des meubles et immeubles, ne
peut empêcher l'exploitation de ses œuvres au moyen
de la contrefaçon, sur le sol d'ailleurs si hospitalier de

la France. C'est là, Monseigneur, un état de choses auquel on peut reprocher non seulement de n'être pas en harmonie avec les règles que notre droit positif tend sans cesse à généraliser, mais même d'être contraire à la justice universelle. Vous aurez consacré l'application d'un principe salutaire, vous aurez assuré aux sciences, aux lettres et aux arts un encouragement sérieux, si vous protégez leurs productions contre l'usurpation, en quelque lieu qu'elles aient eu le jour, à quelque nation que leur auteur appartienne (1) ».

Voici d'ailleurs le texte intégral du décret du 28 mars 1852 (2) :

ART. 1. — « *La contrefaçon, sur le territoire français, d'ouvrages publiés à l'étranger et mentionnés en l'article 425 du Code pénal, constitue un délit* ».

ART. 2. — « *Il en est de même du débit, de l'exportation et de l'expédition des ouvrages contrefaits. L'exportation et l'expédition de ces ouvrages sont un délit de même espèce que l'introduction sur le territoire français d'ouvrages qui, après avoir été imprimés en France, ont été contrefaits à l'étranger* ».

ART. 3. — « *Les délits prévus par les articles précédents seront réprimés conformément aux articles 427 et*

______

(1) Lyon-Caen et Delalain, *op. cit.*, p. 37.

(2) Le prince Louis Napoléon avait déjà manifesté son opinion à l'égard des auteurs dans une lettre adressée à Jobard, en 1844, où on lit « l'œuvre intellectuelle est une propriété comme une terre, comme une maison » ; il n'hésita pas à rendre le décret.

429 du Code pénal. L'article 463 du même Code pourra être appliqué ».

ART. 4. — « *Néanmoins la poursuite ne sera admise que sous l'accomplissement des conditions exigées relativement aux ouvrages publiés en France, notamment par l'article 6 de la loi du 19 juillet 1793 (1)* ».

Le décret est catégorique et désormais il ne laisse place à aucune obscurité, il ne laisse pas planer dans l'esprit le moindre doute, il n'envisage que le fait de la création de l'ouvrage et le protège comme tel, indépendamment de son lieu de naissance. Notons cependant que l'ouvrage étranger ne jouit — ainsi que nous le verrons plus loin — de la protection du décret du 28 mars 1852 qu'autant qu'il est protégé dans son pays d'origine, c'est-à-dire dans le pays où il a été publié pour la première fois.

Avant d'aborder l'étude détaillée de ce décret, remarquons que son importance est capitale car il forme toujours, malgré les nombreuses conventions qui sont intervenues depuis et qui l'ont modifié en tout ou en partie, le droit commun de la protection accordée en France aux étrangers ; il reste en un mot le principe général de la législation internationale. Ainsi c'est lui qui règle la situation des pays qui n'ont pas conclu de conventions ; il

(1) Un décret du 9 décembre 1857 a rendu exécutoires dans les colonies françaises les dispositions législatives qui régissent la propriété littéraire et artistique dans la métropole. Ce premier décret a été complété par celui du 29 octobre 1887 applicable à toutes les colonies.

règle même la situation des pays qui ont conclu des conventions antérieurement à sa promulgation, sur tous les points qui sont plus restrictifs que le décret du 28 mars 1852, de même que pour les conventions postérieures, celles-ci ne l'ayant abrogé que partiellement. C'est lui qu'on applique chaque fois que pour une cause quelconque, le traité qui était intervenu cesse d'être en vigueur, par exemple en cas de guerre qui suspend les relations diplomatiques entre les deux parties belligérantes ; comme le décret du 28 mars 1852 est une loi intérieure de la France, et complètement indépendante, il ne subit aucun changement, la capacité de l'étranger ne souffre aucune interruption (1). Et comme il arrive souvent qu'on ne peut obtenir les conventions littéraires que moyennant des concessions sur un autre point, ces conventions se trouvent en fait rattachées à des conventions de nature différente, conventions de commerce, de navigation ou postales ; or, comme ces dernières sont essentiellement temporaires, vu que les intérêts qu'elles règlent peuvent très rapidement se modifier, les conventions littéraires subiront par là même le contre-coup. D'ailleurs, comme le dit très justement M. Renault, « pour apprécier une convention déterminée en connaissance de cause, il est utile de savoir quel est le droit auquel se substitue le droit conventionnel (2) ».

(1) Demangeat, *De la condition civile des étrangers en France*, 283, 284.

(2) M. Renault, *op. cit.*, p. 130.

Ajoutons aussi que le décret du 28 mars 1852 a été le point de départ du mouvement général vers l'amélioration du droit d'auteur et a suggéré de nombreuses conventions ; il a incité les États étrangers à accorder la protection aux auteurs non nationaux, aussi ont-ils introduit le principe de la réciprocité ; or, grâce au décret du 28 mars 1852, les auteurs français peuvent obtenir le droit de réclamer la protection dans ces pays. C'est donc là un acte de la plus haute importance qu'il est très intéressant d'étudier dans ses dispositions et dans les difficultés qu'il a soulevées.

Nous allons étudier successivement les points suivants :

Quelles sont les *personnes* protégées.

 » » *œuvres* »

 » » *faits répréhensibles* visés.

 » » *conditions* auxquelles est subordonnée son application.

S'il faut tenir compte *de la loi des pays où l'œuvre a été publiée* pour la première fois.

Quelles sont les personnes protégées ?

Dans son article 1ᵉʳ, le décret punit la contrefaçon commise en France des ouvrages publiés à l'étranger. Il parle des ouvrages, il ne distingue pas la nationalité de l'auteur, ce qui est tout naturel, car dans l'état antérieur de la législation on a vu qu'on ne tenait pas compte

de cette nationalité et le décret du 28 mars 1852 n'a fait
que compléter les lois antérieures ; il doit donc corres-
pondre à leur esprit. Ceci est confirmé du reste par le
préambule du décret qui dit qu'on a voulu réparer l'injustice et faire prévaloir l'équité. Donc tout auteur qui
aurait primitivement édité à l'étranger peut poursuivre,
quelle que soit sa nationalité, celui qui contreferait ses
productions littéraires. Un auteur français pourra invoquer ce décret si pour un motif quelconque il avait publié
son œuvre d'abord à l'étranger ; on ne la considère plus
comme tombée dans le domaine public, ce qui est très
avantageux pour l'auteur, car il pourra ainsi produire
ses œuvres à l'étranger dans un pays où on ne le protège
qu'autant qu'il a publié l'œuvre pour la première fois
sur son territoire, sans que cette publication lui fasse
perdre le bénéfice de la loi française (1).

Il est bien entendu, d'ailleurs, que ce n'est pas seulement l'auteur étranger ou français, créateur de l'œuvre,
qui peut invoquer le bénéfice du décret, mais aussi
ceux qui sont réputés tels, c'est-à-dire ses héritiers ou
ses ayants cause.

Il résulte de la généralité des termes et de l'esprit
dans lequel ce décret a été conçu, que le droit d'auteur
qu'il a consacré appartient non seulement aux personnes physiques mais aussi aux personnes morales. Ainsi
l'État, le département, la commune, ou une société

(1) Calmels, *De la contrefaçon*, n° 408.

savante quelconque auront le droit d'exercer l'action en contrefaçon en France ; mais ces agrégations étrangères ne jouiront en France du droit d'auteur, qu'autant qu'elles auront une capacité juridique, une existence légale dans leur pays, sans qu'il soit nécessaire, croyons-nous, qu'elles soient soumises à une nouvelle reconnaissance de leur existence. Dans le silence de la loi rien ne s'oppose à ce que ces associations conservent leur existence hors de leur pays d'origine. On ne voit pas pourquoi on soumettrait un groupe d'étrangers à des conditions qui ne sont pas exigées lorsqu'il s'agit d'un seul (1).

Quelles sont les œuvres protégées ?

En principe toutes les œuvres littéraires ou artistiques c'est-à dire toutes les productions intellectuelles. Cela résulte d'abord des termes du décret qui parle d'une manière générale « des ouvrages publiés », et des articles du Code pénal et de la loi de 1793 qui parlent d'écrits en tout genre, auxquels notre texte renvoie, et puis de l'intitulé du décret, qui porte qu'il est relatif à la propriété des ouvrages « littéraires et artistiques » publiés à l'étranger ; en outre le rapport du Garde des sceaux Abbatucci qui parle de la jouissance des produits scientifiques, littéraires et artistiques vient confirmer

(1) Voir en ce sens une remarquable étude de M. Lainé : Des personnes morales en droit international privé. *Journal de dr. int. privé*, 1893, p. 273.

cette interprétation. Par conséquent tombe sous l'application du décret et est protégé, tout ce qui d'après la loi et la jurisprudence peut rentrer dans ces dénominations, c'est-à-dire tout ce qui exige pour sa réalisation une certaine conception de l'esprit ou un certain discernement du goût (1).

Des difficultés plus ou moins graves ont surgi lorsqu'il s'est agi d'appliquer le décret du 28 mars 1852 aux productions littéraires et artistiques.

On s'est demandé si le *cours des professeurs* fait à l'étranger tombait sous le coup du décret, attendu que son article 1ᵉʳ ne punit que « les ouvrages *publiés* en pays étranger ». Nous croyons qu'il ne faut pas hésiter à répondre affirmativement car quoique il n'y ait pas eu de publication au sens technique du mot, il y a publication au sens général du mot vu qu'il est livré à la publicité; on sait qu'en France la jurisprudence a toujours considéré la reproduction du cours d'un professeur comme une contrefaçon (2).

Nous admettrons la même solution pour les *titres* des livres quoique le décret parle des « ouvrages » seulement. Le titre d'un livre fait partie intégrante de ce livre et sa recherche implique un véritable travail intel-

______

(1) Renault, p. 131 ; Darras, p. 256 ; Pouillet, p. 765.

(2) V. le jugement tout récent du Trib. de la Seine, 11ᵉ Chambre, dans l'affaire de M. Esmein contre Bourdon-Viane qui avait fait autographier son cours d'*Histoire du droit et droit constitutionnel*. *Le Droit*, 15 décembre 1893. V. aussi l'intéressante monographie de M. Petiet parue dans la *France judiciaire*, 1882-83, 1ʳᵉ partie, p. 109.

lectuel ; le législateur en protégeant l'ouvrage a, par voie de conséquence et implicitement, étendu sa protection à sa dénomination. Donc on ne peut impunément usurper le titre d'un ouvrage étranger, à moins que ce titre ne soit absolument général.

Maintenant, si nous nous plaçons en matière artistique, nous rencontrerons aussi des cas particuliers qui ont soulevé des difficultés.

Ainsi, en ce qui touche les *œuvres de sculpture*, la jurisprudence française applique la loi de 1793, quoique ces productions ne soient visées par aucun texte ; mais les œuvres de sculpture produites à l'étranger, participent-elles au bénéfice du décret du 28 mars 1852 et leur contrefaçon sera-t-elle punie ? On a voulu soutenir la négative en disant que l'article 425 du Code pénal ne mentionne que la gravure, mais il suffit de remarquer d'abord que cette énumération n'est pas limitative ; si on a fait une mention spéciale pour la gravure, c'est qu'à cette époque elle était le mode le plus ordinairement employé pour la reproduction des tableaux et des dessins, et quoique cet article ne la cite pas nommément, on peut cependant la faire entrer dans les expressions « de toute production » qui termine l'article ; d'ailleurs l'article 3 du décret renvoie à l'article 427 qui parle « des moules ou matrices » des objets contrefaits, expressions qui ne peuvent certainement se référer qu'à la sculpture. Du reste, l'article 425 protège les dessins, or la sculpture est l'émanation la plus directe de l'art du dessin. En

outre, le rapport qui précède le décret parle des beaux-
arts. Par conséquent le sculpteur ou le statuaire étranger est garanti en France contre les contrefaçons, sous
quelque forme qu'elles se présentent, que ce soit par
la voie de la gravure, de la peinture, de la sculpture ou
même des arrangements scéniques ou plastiques, l'individu qui aura reproduit une statue mise à jour à l'é-
tranger sera passible des peines édictées par l'article 427 du Code pénal (1).

Que faut-il décider en ce qui concerne les dessins ? —
Rappelons la situation en France. On a distingué deux catégories de dessins ; la première catégorie comprend les
dessins *artistiques*, la seconde les dessins *industriels*. Chacune de ces catégories est régie par des règles spéciales
et les différences qui existent entre ces deux sortes de
dessins sont importantes. Les dessins artistiques sont réglés par la loi de 1793, les dessins industriels par la loi
de 1806. Quant aux dissemblances, ces dessins diffèrent d'abord au point de vue de la durée du droit, (l'un
peut être perpétuel, l'autre est limité), et de la trans-
mission héréditaire, (l'un d'après le Code civil, l'autre
d'après la loi de 1866) et puis aussi au point de vue des
formalités, (le dépôt du dessin artistique se fait au bureau
des estampes à la Bibliothèque nationale, le dépôt de l'autre au greffe du conseil des prud'hommes ou du tribu-

____

(1) Renault, p. 131 ; Darras, 264 ; Weiss, II, p. 230. Trib. correc-
tion. de la Seine, 17 décembre 1857, Affaire Chabal contre Colombier,
Pataille 1857, p. 463.

nal de commerce) ; il est déclaratif de propriété dans le premier cas, et translatif de propriété dans le second.

Il est donc très intéressant de savoir si on se trouve en présence d'un dessin industriel ou d'un dessin artistique.

Les lois n'ayant pas défini le dessin artistique, on a proposé plusieurs critériums. Trois systèmes se sont formés à cet égard et la jurisprudence n'est pas encore définitivement fixée.

Dans un premier système on s'attache à la destination du dessin. La destination est-elle industrielle, le dessin acquiert le caractère industriel ; est-elle au contraire artistique et ne poursuit-elle que le plaisir des yeux, le dessin est lui-même artistique. Ce système est inacceptable vu que la nature du dessin ne comporte aucune distinction ; la loi protège toute composition due à un effort de l'esprit humain et se rapportant aux beaux-arts. Ce n'est pas sa destination qu'il faut considérer, c'est sa création. Nous dirons la même chose du second système qui envisage la reproduction du dessin par des procédés mécaniques ; le fait que l'œuvre est reproduite par l'industrie ne saurait lui enlever le caractère artistique qui est indélébile. C'est le troisième système qui nous paraît le plus logique. Ce système considère le dessin en lui-même et le distingue d'après son caractère intrinsèque, d'après le sentiment esthétique, d'après la pensée qui a inspiré l'auteur indépendamment de sa destination ou de son application. C'est le système qui fut adopté par le congrès artistique tenu à Paris en 1878. Sans doute ce système laisse une large place à l'appréciation du juge, mais cela tient à la nature même du dessin et à la difficulté qu'il y a de fixer les limites qui séparent l'art, de l'industrie.

Ainsi chacun de ce trois systèmes présente des inconvénients et le mieux eut été de ne faire aucune distinction entre les dessins industriels et les dessins artistiques, distinction qui d'ailleurs est à l'encontre de la loi de 1793 qui, n'étant pas une loi d'esthétique, ne considère ni l'importance ni la beauté de l'œuvre.

Quoiqu'il en soit la distinction existe et les étrangers jouissent évidemment du décret du 28 mars 1852 en ce qui concerne les dessins artistiques parus à l'étranger. Mais en est-il de même d'un dessin *industriel*? Un étranger qui aura fait paraître un dessin industriel à l'étranger pourra-t-il invoquer le décret du 28 mars 1852? Nous ne le croyons pas. Le décret du 28 mars 1852 se réfère aux dessins artistiques seulement, comme le démontre son esprit et son texte. D'ailleurs la question à été définitivement tranchée par la loi du 26 novembre 1873, relative à l'établissement d'un timbre ou signe spécial destiné à être apposé sur les marques commerciales et de fabrique, qui n'accorde la protection aux étrangers qu'en vertu de la réciprocité législative ou diplomatique.

Envisageons maintenant l'hypothèse des *architectes* étrangers ?

Rappelons d'abord l'état de la question en France.

On a dit à l'encontre de l'architecte que son travail est industriel et mécanique, que la conception intellectuelle est minime, que l'architecte a pour objet de satisfaire à des nécessités d'ordre purement matériel. On a prétendu aussi que l'exposition publique qu'elle reçoit par la volonté de l'architecte ne peut pas se concilier avec le droit de jouissance exclusive, qu'en tout cas l'impossibilité matérielle de la saisie de l'édifice en cas de contrefaçon ne permet pas la reconnaissance de ce droit (1). Mais ces arguments sont loin d'être péremptoires. D'abord le mot « dessin » dans son sens absolu et général comprend indubitablement l'architecture qui n'est au fond qu'assemblage de lignes disposées d'une façon plus ou moins artistique ; les architectes sont *lato sensu* des dessinateurs. Il y a, c'est certain, dans l'œuvre architecturale, une part matérielle plus grande peut-être que dans les autres arts, mais cela n'empêche nullement qu'elle soit une œuvre artistique qui porte l'empreinte du talent et de la personnalité de son auteur. Pourquoi en outre la publicité ferait-elle tomber cette œuvre dans le domaine public et priverait-elle ainsi l'architecte, contrairement aux œuvres picturales exposées en public ? Peu importe aussi qu'on ne puisse pas saisir l'œuvre, qu'on ne puisse pas la confisquer ; d'abord l'architecte a d'autres moyens de protection en dehors de la

(1) Blanc, 249 et suiv.

saisie, ce sont l'amende et la peine, et la saisie est quelquefois possible, il peut saisir les dessins, les plans contrefaits ; puis la confiscation n'est que la conséquence de la contrefaçon, la loi la prononce en principe exceptant les cas où elle est impossible (1). Quant aux arguments de texte découlant de la loi de 1793 et du Code pénal nous les avons déjà réfutés.

En ce qui concerne les architectes étrangers, nous croyons qu'il ne faut pas hésiter à leur reconnaître la protection du décret du 28 mars 1852. En effet, on ne peut pas tirer un argument contraire de l'expression « publié » qui se trouve dans l'article 1ᵉʳ de ce décret. Ce serait une interprétation à l'encontre de l'intention du législateur qui a seulement voulu dire par là que les œuvres « parues » à l'étranger ne peuvent plus être librement reproduites ; d'ailleurs, comme nous l'avons déjà dit, toute mise à jour peut être considérée comme une publication et du reste l'article 425, auquel l'article 1ᵉʳ du décret se réfère, la comprend implicitement (2).

Avant de quitter la partie artistique, voyons aussi si les *photographes* étrangers jouissent du bénéfice du décret. Disons d'abord qu'en présence du mutisme de la loi de 1793, mutisme d'ailleurs bien naturel attendu que

(1) M. Pouillet cite en matière de brevets d'invention plusieurs cas (embaumement, nettoyage à la vapeur des façades des maisons) où la confiscation est impossible.

(2) Darras, *op. cit.*, p. 265 et suiv. Ch. Lyon-Caen, *Revue critique*, 1885, p. 414.

l'invention de Daguerre était inconnue à cette époque, la question a été vivement discutée en France pour savoir si la photographie constitue un art et comme tel est susceptible d'être protégée. Sans entrer dans les détails de cette question nous pouvons dire que trois doctrines se sont formées. La première qui considère la photographie comme un procédé purement mécanique, matériel qui n'implique aucune conception intellectuelle et d'après laquelle le photographe ne serait qu'un opérateur mais non pas un artiste. La seconde qui considère la photographie comme une œuvre artistique basée sur le travail et la conception de l'opérateur (choix du point de vue, combinaison des effets de lumière et d'ombre, disposition du groupe, agencement des costumes et des accessoires, choix du moment propice, retouche, etc.). La troisième et la meilleure, est l'opinion qui distingue suivant le caractère qui domine dans la photographie, la considérant tantôt comme une œuvre artistique, tantôt comme une œuvre industrielle et la soumettant comme telle aux lois respectives. C'est cette opinion qui a prévalu en jurisprudence (1).

Les photographies étant protégées en France, il doit en être de même des photographies étrangères. Les textes auxquels se réfère le décret l'admettent implicitement, de plus toutes les considérations que nous avons

(1) C. de Cassation, 28 novembre 1862, affaire Betbéder. Dalloz, 1863, I, 52. Trib. correct. de la Seine, 17 avril 1885. Chalot, *La Loi*, 23 avril 1885.

apportées à la sculpture et à l'architecture trouvent ici aussi leur place. Il faut remarquer d'ailleurs que les étrangers ne jouiront en France de cette protection que si la garantie de la photographie leur est reconnue dans leur propre pays.

La contrefaçon des *œuvres dramatiques et musicales* tombe-t-elle sous le coup du décret du 28 mars 1852?

On sait que ces œuvres sont susceptibles de deux modes de reproduction.

Il y a d'abord le mode de reproduction par voie d'impression ou de gravure, en un mot la reproduction par voie d'édition qui est évidemment protégée par le décret du 28 mars 1852 ; l'article 425 du Code pénal la mentionne. Mais en dehors de ce mode de reproduction, ces œuvres sont susceptibles d'exécution ou de représentation, c'est-à-dire de reproduction par voie d'audition. Le décret du 28 mars 1852 les protège-t-il contre cette contrefaçon ? Peut-on offrir à un public français une œuvre dramatique ou lyrique déjà représentée sur une scène étrangère sans le consentement de l'auteur?

La question a fait l'objet de vives discussions. Elle s'est présentée pour la première fois devant la justice française à l'occasion de la représentation des opéras du célèbre compositeur Verdi. Le directeur du théâtre italien avait représenté trois opéras (Il Travatore, Traviata et Rigoleto) sans avoir, au préalable, obtenu l'autorisation du célèbre maître, qui se plaignit et échoua, néanmoins, devant toutes les juridictions (1), malgré l'éloquence de ses défenseurs et la consultation, signée de MM. Ballot, Dufaure, Pouillet et Duvergier, qu'il présenta.

Il paraît étrange tout d'abord que le décret du 28 mars 1852 dont l'esprit est si large, si libéral, ait voulu faire une distinction entre les deux reproductions, abandonnant ainsi à l'usurpation le droit des auteurs à la représentation de leurs œuvres. L'auteur de la plus modeste brochure, d'une romance, d'une chanson jouirait du bénéfice de la loi, alors que l'auteur dramatique serait la proie des contrefacteurs ! Comment supposer que le législateur ait ainsi scindé, limité sa protection ! Comment admettre, en outre, que le législateur se soit départi d'un principe qu'il avait admis dans les conventions antérieures, où l'assimilation entre le droit de reproduction et le droit de représentation est absolue.

D'ailleurs le projet qui a précédé le décret est suffisamment clair à cet égard : il parle des productions des sciences, des lettres, des arts et de leur encouragement et ne distingue pas entre les diverses productions ; une œuvre scénique ou une œuvre littéraire entre bien dans ses prévisions, car l'une et l'autre exigent une certaine conception d'esprit. Par quel motif laisserait-on libre la

---

(1) Arrêt de rejet de la Cour de cass., 14 déc., (1857. Dalloz, 1858, I, 161. Voir dans les *Annales de la propriété litt.*, 1856, p. 302 et suiv. et 1857, p. 46 et suiv.) le compte rendu détaillé des débats de cette affaire.

représentation des drames et des opéras alors qu'on garantit ces œuvres au point de vue du droit d'impression. Aucune raison ne saurait justifier cette anomalie et cette injustice. Qu'on ne dise pas que la représentation est appelée à être vue et appréciée par un nombre restreint de spectateurs, tandis que le livre se répand dans tous les pays, mettant ainsi tout le monde à même d'en prendre connaissance. Il y aurait là une considération bien spécieuse, car la représentation non autorisée de l'œuvre d'autrui est tout aussi répréhensible au point de vue moral et préjudiciable au point de vue pécuniaire que son impression.

Ainsi l'esprit et la moralité du décret du 28 mars 1852 s'insurgent contre toute distinction ou exception qu'on voudrait établir entre le droit de reproduction par l'impression et le droit de reproduction par la représentation.

On a tâché dans l'opinion contraire d'invoquer aussi des textes pour arriver à dépouiller les auteurs dramatiques et lyriques de leur droit.

Ainsi on a dit que les droits de représentation et d'exécution sont organisés par la loi de 1791, par celles du 1er septembre 1793, du 3 août 1844 et enfin par l'article 428 du Code pénal ; or précisément le décret du 28 mars 1852 ne renvoie pas à ces textes, mais au contraire, il renvoie aux textes relatifs au droit d'édition ; dès lors le décret doit être inapplicable à ce cas spécial de reproduction. Mais il suffit de remarquer qu'une

mention expresse des lois régissant les œuvres dramatiques et musicales n'était nullement indispensable. En
effet, la loi du 1er septembre 1793 avait déclaré applicables au droit de reproduction des œuvres dramatiques,
les lois de 1791 et 1793 et la jurisprudence (1) avait
formellement décidé que la loi du 17 juillet 1793 concer-
nait le droit de représentation et remplaçait sur ce point
la loi de 1791.

Le décret du 1er germinal an XII, auquel le préambule fait allusion, garantit aussi la représentation des
œuvres posthumes. C'est ce qui résulte du décret du
8 juin 1806 qui lui a donné cette extension. Et puis la
loi du 18 août 1844, en faisant bénéficier les auteurs
dramatiques et compositeurs de musique du décret de
1810 vise par là même la loi de 1793 à laquelle ce décret
se réfère. Donc en 1852 le droit d'impression et le droit
de représentation étaient indivisibles et réglementés
par les mêmes textes. Par conséquent viser les lois relatives à la reproduction, c'était viser en même temps
les lois relatives à la représentation ; dès lors il était
inutile de rappeler ces dernières et il suffit qu'on ait
renvoyé à la loi de 1793 et de 1844.

On a prétendu aussi qu'il n'y a pas réellement contrefaçon dans le fait de représenter une œuvre dramatique ou musicale sans le consentement de l'auteur, car

(1) Arrêt de la Cour de cass., 5 déc. 1843. (Dalloz. 1854, 1, 11) re-
jettant un pourvoi formé contre un arrêt de la C. de Paris du 16 août
1842 (Dalloz, 1843, II, 52).

contrefaire c'est reproduire par la *voie de l'édition*. C'est vouloir répondre à la question par la question vu que c'est précisément là la difficulté. L'article 425 emploie bien, il est vrai, le mot « toute édition d'écrits »; mais il n'a d'autre but qu'énumérer les objets contrefaits, mais non pas de définir la contrefaçon et nous dire la façon dont elle s'opère ; puis il faut prendre le mot édition dans son sens logique c'est-à-dire la mise au jour d'un ouvrage, sa publication, sa divulgation ; or, comme dit avec beaucoup de justesse M. Weiss, pour un opéra, pour un drame, la véritable publicité n'est pas celle qui résulte d'une impression que quelques-uns seulement liront, mais bien de la représentation que des milliers de personnes iront applaudir et en vue de laquelle l'œuvre a été composée.

Quant à l'argument qu'on a voulu tirer du silence que le décret garde à l'égard de l'article 428 du Code pénal, c'est-à-dire précisément de l'article du Code pénal qui sanctionne spécialement le droit de représentation, il n'est pas décisif. De cette omission, en admettant qu'elle soit volontaire et réfléchie, il résulte une seule conséquence, à savoir, que le contrefacteur dans le cas de représentation illicite d'une œuvre étrangère, sera moins puni que le contrefacteur d'une œuvre française, c'est-à-dire qu'il ne sera pas passible de l'amende de 50 à 500 francs, prévue par l'article omis. Mais en de-

---

(1) Voir l'intéressant article que M. Demangeat a consacré à cette question dans la « *Revue pratique* », 1856, t. II, p. 241 et s.

hors de cette amende l'auteur a d'autres sanctions pour
la sauvegarde de son droit ; il a notamment le droit de
faire confisquer les recettes à son profit et, s'il y a lieu,
de demander des indemnités. Or ces sanctions sont prévues par l'article 429 du Code pénal qui est visé en toutes lettres par l'article 3 du décret du 28 mars 1852.

On a dit aussi pour justifier cette exclusion des auteurs dramatiques et lyriques que le décret du 28 mars
1852 n'avait pas voulu tout accorder aux étrangers,
pour qu'on puisse ainsi forcer les gouvernements à conclure des conventions internationales et à solliciter une
concession nouvelle en échange de laquelle les Français
exploités jusqu'alors puissent obtenir à l'étranger des
avantages réciproques. Mais cette raison nous paraît
inacceptable comme contraire à la morale, car on doit traiter avec autant de justice celui qui méconnaît ses droits
que celui qui les respecte. Nous ne saurions trop protes-
ter d'ailleurs contre le mercantilisme de certains jurisconsultes qui consiste à faire passer l'intérêt avant l'équité.

Nous ne pensons pas non plus qu'il soit bon d'invoquer, comme l'a fait M. Ferey dans son rapport à la Cour
de cassation lors du procès Verdi, « l'intérêt du progrès
de l'art qui s'oppose à ce que les répertoires des théâtres établis en France soient livrés à la merci du caprice
et des exigences des auteurs étrangers ». On justifierait
ainsi, dit excellemment M. Renault, toute espèce de
contrefaçons et il suffit de remarquer qu'en fait, la
France est le pays qui se nourrit le moins possible des
productions étrangères.

Nous croyons donc que le décret du 28 mars 1852 peut être invoqué par les auteurs dramatiques et les compositeurs étrangers à l'effet d'empêcher que leurs œuvres ne soient pas représentées ou exécutées sans leur autorisation préalablement obtenue (1).

Mais en admettant pour un moment avec la jurisprudence et la majorité des auteurs que les étrangers ne jouissent pas en France, en ce qui concerne la représentation et l'exécution de leurs œuvres, du décret du 28 mars 1852, ne peuvent-ils pas, tout au moins, invoquer le principe de l'article 1382 du Code civil et intenter ainsi contre le contrefacteur une action en dommages-intérêts ? Nous serions enclins à le croire.

On reconnaît sans difficulté que l'action civile en réparation du dommage causé par la faute de quelqu'un, a sa source dans le droit des gens, fait partie du droit naturel et qu'un étranger est admis à l'invoquer ; c'était déjà la solution admise dans l'ancien droit. Les fautes troublent la paix publique aussi bien quand elles sont dirigées contre des étrangers que lorsqu'elles atteignent des nationaux et les actions destinées à les réprimer doivent appartenir aux uns et aux autres (2). Or, si les étrangers jouissent d'une façon générale du bénéfice de

(1) Conformément le Tribunal civil de la Seine, 11 juillet 1862 (Pataille, 1,1863, p. 234. En ce sens, Weis, *op. cit.*, II, p. 231 et suiv. ; Demangeat déjà cité ; Lacan et Paulmier, *op. cit.*, II, p. 234 ; Gastambide, *Historique et théorie de la profession des auteurs*, p. 232.

(2) Sourdat, *Traité de la responsabilité*, t. I, p. 318, t. II, p. 308 ; Faustin-Hélie, *Traité de l'instr. crim.*, t. II, 334 ; Darras, p. 239.

l'article 1382, pourquoi le leur refuser au cas de contrefaçon des œuvres littéraires et artistiques? Le législateur en ne leur accordant pas les avantages du décret du
28 mars 1852 a voulu tout simplement les exclure de
la protection spéciale qui résulte de cette disposition,
mais il n'a mis aucun obstacle à l'application du droit
commun de l'article 1382 à laquelle ils ont droit.

Il ne faut non plus arguer du fait que l'article 1382
exige la faute et, pour qu'il y ait faute, il faut la violation d'un droit, or dans l'espèce cette condition fait défaut vu que le décret ne reconnaît pas ce droit. Il y a là
une pétition de principes : le droit existe, il n'a pas
besoin d'être reconnu car il est de droit naturel.

Disons aussi que beaucoup d'auteurs sont d'avis que
l'étranger peut, lorsqu'il s'agit de dessins et modèles industriels et que le dépôt n'a pas été effectué, intenter
cette action.

Du reste toutes ces questions ont bien perdu de leur
importance car la France a conclu des conventions avec
la plus grande partie des pays étrangers et ces traités
assurent aux ressortissants des États respectifs le bénéfice des privilèges de représentation et d'exécution. On
est, même indépendamment de tout traité, arrivé à protéger, jusqu'à un certain point, en fait, les écrivains et
les musiciens étrangers, grâce à leur affiliation à la société des auteurs et compositeurs dramatiques laquelle,
agissant au nom de tous ses associés, parvient, par suite
des stipulations avec les entrepreneurs de spectacles

publics à les mettre à l'abri des contrefaçons et à leur assurer des profits appréciables (1).

Une question délicate qui a été vivement débattue et qui présente des intérêts considérables est celle de la *traduction*.

Une œuvre publiée pour la première fois à l'étranger peut-elle être traduite en France sans le consentement de l'auteur ?

On a répondu affirmativement dans un premier système en se fondant sur les termes mêmes du décret du 28 mars 1852. Ce décret punit la contrefaçon, laquelle constitue, dit-on, un fait délictueux ; et il n'y a de délits que les faits auxquels la loi répressive a expressément attribué un caractère pénal ; or nulle part, il n'est dit que traduire un ouvrage étranger sans l'autorisation de l'auteur c'est commettre une contrefaçon. Donc en évitant de se prononcer sur la traduction d'une œuvre étrangère le décret du 28 mars 1852 l'a par là même réputée pleinement licite. C'est ce qui d'ailleurs est très juste, ajoute-t-on, le changement d'idiome transforme totalement l'œuvre traduite ; il n'est pas un mot du texte de l'auteur qui puisse subsister dans la traduction qui, outre qu'elle s'adresse à une catégorie de lecteurs dif-

____

(1) Conformément : Trib. civil de la Seine, 4 février 1859. Pataille, 1859, p. 147. Affaire Choler et Siraudin contre la Société des auteurs dramatiques. Dans l'espèce la Société plaidait pour les fils de Weber et de Mozart auxquels les demandeurs ne reconnaissaient pas la qualité de membres de l'association et partant les considéraient comme incapables de recevoir la somme que leur avait allouée la société.

férente de celle du livre original faisant ainsi disparaître toute possibilité de préjudice, constitue par elle-même une œuvre nouvelle ayant souvent coûté à son auteur autant de peine qu'une création. On ajoutait aussi que la France elle-même était intéressée à ce que la négligence ou le mauvais vouloir d'un littérateur ou d'un savant étranger ne puissent à jamais priver le pays d'une production utile (1).

Ce système nous paraît absolument insoutenable.

La traduction non autorisée d'un ouvrage étranger constitue bien une contrefaçon. Ni le texte de la loi, ni son esprit, ni les différences qui peuvent distinguer un ouvrage de sa traduction et qu'on s'efforce d'exagérer, ne permettent de l'innocenter. Le décret du 28 mars 1852 punit la contrefaçon des faits prévus par l'article 425 du Code pénal, mais cet article ne mentionne aucun ouvrage de littérature ou d'art en particulier, il ne parle que des catégories générales ; dès lors, pour savoir quels sont les divers faits qui tombent sous l'application de cet article, il faut nous référer à la jurisprudence ; or la jurisprudence, assimilant avec raison le droit de traduction au droit de reproduction, a toujours considéré, à défaut d'une disposition législative sur ce point, la traduction illicite comme une contrefaçon (2). Par conséquent le mot contrefaçon employé

(1) Renouard, II, p. 16 ; Gastambide, p. 58.
(2) La Cour de Rouen du 7 novembre 1845 déclare que traduire

par le législateur sans aucune explication doit comprendre tous les faits auxquels la jurisprudence reconnaissait ce caractère ; et le décret du 28 mars 1852 en punissant la contrefaçon, punit par cela même la traduction non autorisée d'une œuvre publiée à l'étranger. En outre la traduction est loin de constituer une œuvre nouvelle, distincte et forme bien une reproduction de l'original. En effet le traducteur prend l'idée, le sujet, la suite des raisonnements, l'enchaînement des faits jusqu'à son titre même, en un mot la charpente de l'œuvre dans le texte original et la transpose mot par mot et dans une langue différente en y joignant quelquefois un travail personnel, qui d'ailleurs ne lui est pas contesté, et qui donne naissance à un droit spécial en sa faveur. La traduction est ainsi calquée sur l'original. Comme on l'a dit, la traduction est à l'original ce qu'une gravure est au tableau qu'elle reproduit ; c'est la même œuvre moins le coloris. Il y a entre la gravure et la traduction la plus grande analogie. Or, le législateur protège bien, comme nous avons vu, la peinture contre la reproduction par la gravure, pourquoi donc aurait-il refusé d'accorder cette protection lorsqu'il s'agit de la reproduction d'un livre par la traduction ? La protection dans ce dernier cas s'impose même, si on peut ainsi parler, d'une façon

sans autorisation de l'auteur c'est s'emparer de la chose d'autrui attendu que ce serait la plus irrationnelle des prétentions que de soutenir qu'il n'est porté aucune atteinte à un ouvrage parce qu'on s'est borné à le traduire en langue étrangère. Dalloz, 46, II, 212.

plus impérieuse attendu que la traduction est le mode normal de reproduction du livre entre les peuples qui ne s'expriment pas dans la même langue. Ajoutons aussi que l'auteur original a un double intérêt moral et matériel à surveiller la traduction de son ouvrage. On ne peut donc supposer que le législateur en accordant aux étrangers la protection de leurs œuvres se fût abstenu de protéger aussi le droit de traduction qui est l'accessoire naturel et comme l'appendice du droit d'auteur.

Nos adversaires ont, au surplus, invoqué à l'appui de leur thèse un argument tiré du droit conventionnel.

On a dit que dans toutes les conventions que la France a conclues avec les pays étrangers, le droit de traduction est prévu et minutieusement réglé par des clauses spéciales ; or, si les conventions s'occupent du droit de traduction c'est pour remédier à l'insuffisance de la législation. La raison invoquée n'est pas bonne. Si les conventions mentionnent expressément le droit de traduction, c'est pour éviter toute contestation qui pourrait surgir à cet égard. Et puis il est tout naturel qu'une convention qui intervient entre deux parties et qui leur sert de loi doit, pour être claire et complète, prévoir toutes les hypothèses, envisager tous les côtés et tous les aspects de la question.

Cependant notre système, il faut bien le reconnaître, aboutit à une singularité.

Le droit de l'auteur d'empêcher de traduire son œuvre, tel qu'il est réglé par les traités, n'est pas en général indéfini, mais au contraire est restreint dans des limites étroites, ordinairement cinq ans et encore, comme nous le verrons plus loin, il faut que la traduction ait lieu dans un délai assez court(1). Or il va en résulter une situation bien bizarre qui cependant s'explique, comme nous le verrons ci-après : les nations qui ont conclu des traités seront moins efficacement protégées que celles qui se sont refusées de traiter avec la France. Ainsi pour citer un exemple : un Américain aura en France plus de droit qu'un Anglais ou un Belge. En d'autres termes, ce décret n'existe que pour les nations qui spolient les auteurs français.

M. Duvergier a tenté de donner à cette situation anormale une explication. Le savant auteur a soutenu que le décret du 28 mars 1852 tout en accordant aux étrangers le droit de traduction a été modifié sur ce point par les traités postérieurs et que ceux-ci n'ont pas eu d'influence seulement en ce qui concerne les parties contractantes, mais qu'ils ont aussi créé une sorte de droit commun qui peut être imposé aux États qui n'ont pas contracté avec la France. « Sans doute, dit l'éminent jurisconsulte (2), les États non contractants ne sont pas engagés par des conventions auxquelles ils n'ont pas

____

(1) Par exemple la convention du 3 novembre 1851 (art. 3) avec la Grande-Bretagne et la convention du 1er mai 1861 (art. 6) avec la Belgique.

(2) *Annales de la propriété litt. et indust.*, 1860, p. 56 et suiv.

11

pris part, mais ces conventions les ont averti que dans nos rapports avec les nations animées pour nous des meilleurs sentiments, nous n'entendions plus le droit de traduction comme nous l'avions entendu à une autre époque. Les traités qui n'ont force de loi que pour les parties, peuvent être pour les non-contractants, considérés comme l'expression tacite de leur volonté. Je crois donc pouvoir dire avec une entière certitude que, pour les auteurs appartenant aux pays dont les rapports avec la France sont réglés seulement par le décret du 28 mars 1852, le droit d'empêcher la traduction est virtuellement subordonné aux conditions et renfermé dans les limites qui sont expressément établies dans les traités avec les nations les plus favorisées ».

La thèse du savant auteur, quoique très séduisante au premier abord, nous paraît cependant tout à fait insoutenable quand on l'examine de près. Quelque bizarre que soit le résultat signalé plus haut, nous ne pouvons pas faire table rase des principes de la matière.

Les conventions sont de véritables contrats qui n'ont d'effet qu'entre les parties contractantes. C'est ce que dit M. Duvergier lui-même : « les conventions entre les États étrangers ne lient pas les autres nations », mais par un défaut de conséquence, il arrive indirectement à les imposer à des États non participants. Et puis, comme le fait si justement remarquer M. Renault, cette doctrine est une hérésie constitutionnelle. Le décret rendu le 28 mars 1852 est une véritable loi qu'un acte

du pouvoir législatif était seul capable de modifier ; si l'empereur avait reçu le droit absolu de conclure des traités, il n'avait pas le même droit pour les lois et par conséquent les traités postérieurs ne sauraient avoir aucune influence sur les dispositions du décret. Ajoutons aussi les difficultés auxquelles donnerait naissance la doctrine que nous combattons. Les traités ne concordent pas entre eux et le droit des étrangers varie suivant chacune de ces conventions. On ne peut pas les laisser soumis à ces fluctuations incessantes, d'autant plus que bien souvent ces conventions seront ignorées par les intéressés. Nous croyons donc avec M. Renault, que le législateur du 28 mars 1852 n'a pas envisagé la question que nous venons de discuter, quoique son attention ait dû être éveillée puisqu'elle était formellement prévue dans la convention franco-anglaise conclue quelques mois auparavant.

En résumé, les étrangers ont relativement à la traduction exclusive de leurs œuvres le même droit que les Français, avec cette restriction, toutefois, qu'ils ne peuvent obtenir en France une protection plus grande que dans leur pays d'origine. C'est aussi l'opinion qui a prévalu en doctrine et en jurisprudence (1).

D'après M. Pataille (*Annales*, 1859, p. 65), il n'y au-

(1) Renault, *op. cit.*, 134. Darras, *op. cit.*, 291 et suiv. Duvergier déjà cité. Pouillet, p. 769 et suiv., Ponsard, *Le droit international conventionnel*, p. 497, Weiss. II, p. 234. Conform. Paris, 26 janvier 1852, (Dalloz, 1852, II, 184) et Cassation, 12 janvier 1853, Dalloz, 1853, I, 119).

rait que les traductions postérieures au décret qui sé-
raient devenues illicites. Quant aux traductions publiées
antérieurement au décret, elles pourront être réimprimées sans que l'auteur puisse tomber sous le coup de
la loi. Rien ne justifie cette distinction arbitraire.
Comme on l'a dit (1) : ou traduire n'est pas contrefaire,
et alors la traduction est licite depuis le décret ; ou traduire c'est contrefaire et on ne peut pas plus imprimer
une traduction antérieure qu'une reproduction pure et
simple. Chaque nouvelle impression constitue un nouvel ouvrage.

M. Fliniaux, dans son *Essai sur les droits des auteurs
étrangers*, p. 10, considère que le droit de traduction,
d'après le décret du 28 mars 1852, n'est accordé aux
étrangers qu'autant qu'il est reconnu par leurs *lois* respectives avec les avantages et les restrictions qu'elles
comportent ; en un mot que le décret se réfère à la loi
d'origine sur l'étendue et la nature du droit et, par
conséquent, c'est cette loi qu'il faut uniquement suivre.
Pour arriver à ce résultat il dit d'abord que le décret
ne prévoyant pas le droit de traduction, ce droit n'a été
accordé que par la jurisprudence ; mais si elle a été large
à l'égard des nationaux, son interprétation doit être restrictive à l'égard des étrangers. Cette manière de rai-
sonner est complètement erronée attendu que les lois,
comme nous l'avons dit, prévoient et sanctionnent ce

(1) M. Renault, *op. cit.*, 135, note 1.

droit sinon expressément du moins implicitement. Dès lors, une même loi ne saurait avoir deux sens diamétralement opposés suivant les personnes auxquelles on l'applique. Et puis pourquoi tenir compte exclusivement des lois et négliger complètement la jurisprudence étrangère qui ne fait, au fond, que rendre des solutions conformément à l'esprit de ces lois ? (1)

Nous venons de déterminer d'une façon générale le champ d'application du décret du 28 mars 1852. Mais il nous reste encore une question à résoudre.

Le décret du 28 mars 1852 protège-t-il les *œuvres parues antérieurement à sa promulgation* ?

On l'a contesté en prétendant que les ouvrages parus antérieurement au décret du 28 mars 1852 étaient tombés en France dans le domaine public dès leur publication et que chacun a eu le droit de les reproduire librement ; que dès lors, le décret n'a pu porter aucune atteinte à ce droit acquis du domaine public et qu'il ne saurait produire un effet rétroactif (C. civ., art. 2). D'ailleurs, disait-on (2), c'est la voie constamment suivie par le législateur français. C'est ainsi que la loi de 1793 n'a pas été appliquée aux auteurs décédés avant sa promulgation ; c'est de même qu'on avait interprété le décret de 1810 et la loi du 3 août 1844 ainsi que cela résulte des travaux préparatoires.

Cette opinion n'a pas été admise et avec raison, croyons-nous.

(1) En ce sens, M. Darras, 294.
(2) Calmels, p. 524 et suiv.

Il est incontestable, quoique le décret ne fasse aucune distinction, que les actes de contrefaçon commis avant 1852 échappent aux lois pénales, attendu que ce décret n'a pu transformer les reproductions licitement opérées avant cette époque en reproductions illicites ; mais il ne résulte pas de là qu'il y ait un droit acquis au profit du publicateur et qu'il puisse ainsi, même après le décret du 28 mars 1852, procéder à une nouvelle impression de l'ouvrage contrefait. Il n'y a pas de droit acquis pour ces éditeurs, car la loi ne leur attribuait pas la propriété des ouvrages étrangers, c'est par une mesure de tolérance qu'elle ne punissait pas les atteintes portées à cette propriété. On ne peut donc pas dire que l'auteur n'avait pas de droit ou qu'il y avait renoncé et qu'ainsi l'œuvre était tombée dans le domaine public. Ce droit existait parfaitement ; seulement l'auteur manquait du moyen légal de le faire sanctionner, attendu que la jurisprudence ne lui reconnaissait pas la faculté d'agir. Comme on l'a remarqué avant nous, l'auteur se trouvait dans la situation de ceux qui ne peuvent pas agir en justice et dont les droits sont, dans l'intervalle, sauvegardés. *Contra non valentem agere non currit prescriptio.* Donc le décret du 28 mars 1852 s'applique même aux œuvres antérieures à sa promulgation ; il se borne à renforcer un droit déjà existant et n'exproprie nullement le domaine public (1).

Notre manière de voir a été consacrée aussi par la

(1) En ce sens, Weis, II, p. 236 ; Renault, p. 132 ; Pouillet, p. 765 ; Darras, p. 285.

jurisprudence. La question s'est présentée pour la première fois à propos des reproductions des *Nouvelles génevoises de Topffer* ; Barba, éditeur français, après les avoir réimprimées avant le décret du 28 mars 1852, continua après cette époque à produire des nouvelles éditions se servant de mêmes clichés. Le concessionnaire des droits de Mme veuve Topffer fit saisir ces exemplaires et le Tribunal de la Seine ainsi que la Cour de Paris déclarèrent fondées les prétentions de Lecou, décidant que l'auteur n'était pas dépouillé de son droit par des contrefaçons de son œuvre parues avant 1852 (1).

Mais si le décret du 28 mars 1852 s'applique à toutes les œuvres parues avant ou après sa date indistinctement et les considère comme illicites, il n'en est pas de même des *éditions* de ces œuvres, et les exemplaires imprimés avant le décret peuvent être écoulés. Leur vente ne constitue pas le délit de contrefaçon puisque, comme nous avons dit plus haut, le législateur n'a pu rendre illicites les exemplaires reproduits jusqu'alors licitement. Il y a ici un droit acquis au profit de l'éditeur sur ces exemplaires, il en est légitimement propriétaire et le décret ne saurait avoir à ce point de vue un effet rétroactif (2).

Ainsi il y a un grand intérêt à savoir si les éditions d'un ouvrage publié pour la première fois avant 1852,

---

(1) Paris, 8 décembre 1853. Dalloz, 1854, II, 25.
(2) Arrêt cité, Tribunal de la Seine, 29 mai 1891, *Le Droit* du 8 juin 1891.

sont antérieures ou postérieures au décret, dans le cas
où ces éditions sont faites sans l'autorisation de l'auteur.
Il y a là une question de fait à résoudre par les tribunaux suivant les circonstances, à défaut d'un texte législatif sur ce point. On a fait remarquer à cet égard que
le décret rendu le 24 août 1811 à l'occasion de la réunion à l'empire français de la Hollande, de la Toscane et
de Rome avait été plus prévoyant. Il avait décidé que
les éditions, faites dans ces pays antérieurement au décret, d'ouvrages imprimés en France, ne pouvaient être
considérées comme contrefaçons à la condition d'avoir
été estampillées dans un certain délai (1). C'est aussi le
procédé employé dans les traités.

Des difficultés se présentent dans le cas suivant.

Supposons que l'ouvrage ait été *cliché* (c'est-à-dire
qu'il comporte des planches, des pierres, des bois) antérieurement au décret du 28 mars 1852. Incontestablement l'éditeur a le droit de propriété sur ces objets ;
mais peut-il faire usage de ce cliché et continuer le tirage des exemplaires après le décret ? Nous ne le croyons
pas. En effet, il ne peut arguer d'aucun droit acquis en
sa faveur. Le tirage constitue la publication et cette publication on ne peut pas la considérer comme faite à
l'avance par le clichage préparé une fois pour tous les
tirages, lesquels ne résultent que du rapprochement du
papier avec le cliché. Or la publication étant devenue

____

(1) Merlin, *Répertoire*, V. *Contrefaçon* § 9.

illicite le tirage le devient aussi. Que serait, dit un article
du « *Droit d'Auteur* », le privilège établi en faveur d'un
éditeur, tout à la fois contre l'auteur et contre le domaine public, puisque ceux qui n'auraient pas édité
avant ne pourraient pas éditer après. Il ne peut y avoir
que l'un ou l'autre de ces deux droits : droit exclusif de
l'auteur ou droit commun à tous (1).

Ainsi l'éditeur ne pourra plus se servir du cliché
pour effectuer de nouveaux tirages et comme cette situation pourra lui être préjudiciable, on s'est demandé si
on ne devait pas lui permettre de réclamer une indemnité. Mais nous ne voyons pas bien contre qui il pourra
diriger cette action. Ce n'est sans doute pas contre l'auteur, car ce n'est pas lui qui a causé ce dommage, mais
bien le législateur qui, reconnaissant le droit des étrangers, a décrété cette mesure ; or contre ce dernier l'action
n'est pas possible, manquant totalement de fondement.

On a fait une exception pour les œuvres musicales
étrangères gravées en France avant le décret. Ici les
tirages postérieurs ne sont pas délictuels. On s'est fondé
sur une particularité du commerce des œuvres musicales, où une édition n'est autre chose que l'épuisement
par des tirages successifs des planches d'étain sur lesquelles les compositions sont gravées. « Toute l'importance de l'entreprise commerciale de l'opération de re-

---

(1) *Droit d'Auteur*, 1889, p. 3. En ce sens, M. Renault, 132.
(2) Dalloz, *Répert.* V. *Propriété littéraire,* n° 329 et note sous l'arrêt de la Cour de Paris du 8 décembre 1853 déjà cité.

production des morceaux de musique est dans ladite gravure plutôt que dans le nombre des exemplaires qui peuvent être tirés immédiatement ou à intervalles indéterminés dans la limite de la durée desdites planches ». Le délit n'existerait que si, après le décret, on avait fait graver de nouvelles planches ou modifié les anciennes. C'est ce qu'a décidé un jugement en date du 16 décembre 1857 du tribunal correctionnel de la Seine (1).

De la répression des atteintes portées au droit d'auteur étranger.

Le législateur de 1852 n'eût pas entièrement rempli sa tâche s'il s'était contenté de proclamer la reconnaissance du droit d'auteur aux œuvres publiées par les étrangers hors de France, sans prendre des mesures de précaution pour les assurer. Aussi punit-il toute atteinte aux droits consacrés.

Le décret du 28 mars 1852 punit tout d'abord, comme nous l'avons déjà dit, la contrefaçon, c'est-à-dire la reproduction totale ou partielle de l'œuvre, inédite ou publiée, sans le consentement de l'auteur. Il faut prendre le mot reproduction dans son sens le plus large — *lato sensu* — qui comprend non seulement une reproduction mécanique, c'est-à-dire une reproduction à l'aide

(1) Pataille, 1857, 453.

de l'impression et les modes de reproduction similaires (lithographie, photographie, gravure, etc.), mais aussi une reproduction manuscrite (sténographie) (1) ou auditive (lectures publiques (2), exécution musicale, etc.) ou scénique ou plastique (*tableaux vivants*) (3). En un mot le moyen de multiplication importe peu. Ce que la loi a puni c'est la reproduction non autorisée.

Il est évident que l'étranger ne pourra invoquer la contrefaçon qu'autant qu'elle réunit tous les caractères exigés par la loi française, c'est-à-dire en dehors d'une reproduction illicite, un préjudice possible et la mau-

---

(1) Jugé en ce sens que le fait de sténographier pendant une représentation une pièce de théâtre encore inédite et de la livrer à l'impression constitue une contrefaçon, Paris, 18 février 1836. Fred. Lemaître. Dalloz, *Propr. litt.*, 315.

Jugé que les copies manuscrites aussi bien que celles imprimées constituent des contrefaçons lorsqu'elles sont faites sans le consentement de l'auteur. Paris, 7 mars 1872, Berthelot, Pataille, 74, 172. — Une loi sur *les fraudes en matière artistique* a été promulguée le 9 février 1895 (*J. off.*, 12 fév. 1895), elle condamne à une amende de 16 à 3.000 francs et à un emprisonnement d'un à cinq ans tous ceux qui ont opposé ou fait apparaître frauduleusement un nom usurpé ou qui ont imité la signature.

(2) Affaire Ernst, arrêt de Douai, 11 juillet 1882. Note de M. Labbé, Sirey, 82,2,49.

(3) Les juges anglais, devant lesquels le cas vient de se présenter pour la première fois, ont décidé que pour que les tableaux vivants ne constituent pas une contrefaçon, il faut qu'ils soient foncièrement distincts de l'œuvre originale. Nous croyons au contraire que même une reproduction vulgaire à l'aide de ce moyen d'une œuvre artistique, est illicite car elle peut porter préjudice à la valeur de l'œuvre originale. V. dans le *Matin* du 21 février 1894 l'avis de plusieurs peintres célèbres, entre autres Detaille et Rochegrosse, qui se sont prononcés dans le sens de la contrefaçon. V. pour les détails *Droit d'Auteur*, Journ., février 1895.

vaise foi du reproducteur. Ainsi si la reproduction est licite en France, l'étranger ne pourra pas se prévaloir de la protection de sa loi nationale. Cela d'ailleurs arrivera très rarement, car la jurisprudence française, dans le silence de la loi, protège plus énergiquement le droit des auteurs que la plupart des législations étrangères qui ont des règles détaillées sur la matière.

Remarquons que la loi ne parle pas de contrefaçons faites hors du territoire, ce qui se comprend aisément ; la loi n'ayant pas d'effet à l'étranger vu qu'elle est territoriale ; elle ne connaît et n'atteint que les faits délictueux passés en France. Néanmoins un Français, qui aurait commis une contrefaçon (délit correctionnel) à l'étranger, pourrait être poursuivi en France en vertu de l'article 5, al. 2 du Code d'instruction criminelle modifié par la loi du 27 juin 1866.

Le législateur de 1852 désirant donner une protection efficace aux étrangers assimile, avec raison, à la contrefaçon, d'autres faits importants dont les droits intellectuels peuvent être l'objet, qui en forment la conséquence, la favorisent et la complètent et qui n'en sont pas moins répréhensibles. Ce sont *le débit* (la vente), l'*exportation*, l'*expédition* et l'*introduction des œuvres contrefaites*.

Le décret punit tout d'abord le débit ou la vente des ouvrages contrefaits. Ce qui est tout naturel, attendu que la vente est la raison d'être de la contrefaçon, c'est son but. Peu importe le lieu où l'ouvrage a été contrefait. Cela résulte de l'esprit du législateur qui en prohibant le débit d'ouvrages contrefaits a voulu dépouiller le contrefacteur ou ses complices du profit illégitime qu'ils espéraient tirer en France, mais ne s'est nullement intéressé au lieu de l'impression de la contrefaçon ; cela résulte aussi des expressions larges de l'article 2 du décret. On a d'ailleurs admis avec raison que la vente effective n'était point nécessaire, et qu'une simple exposition en vente était suffisante. Il est évident, — disent MM. Faustin-Hélie et Chauveau — que la fraude ne serait jamais atteinte, s'il était nécessaire de constater le fait même de la vente (t. VI, p. 69).

Le décret vise aussi le cas où les ouvrages contrefaits étaient destinés à être expédiés ou exportés ce qui est logique car ces deux faits peuvent causer un très grand tort à l'auteur. Le débit est une vente sur le sol français, l'expédition et l'exportation ce sont la vente à l'étranger. Et puis la contrefaçon ayant été faite clandestinement a pu échapper à la vigilance de l'auteur, lequel la découvrira plus facilement, grâce au concours de la douane, et sera donc mieux protégé. Il ne faut pas confondre l'exportation avec l'expédition ; cette dernière s'applique au fait d'envoyer les livres et précède la première ; c'est comme une tentative du délit qui est réprimé.

Le décret punit aussi l'introduction en France des ouvrages contrefaits à l'étranger. Le législateur français dans l'impossibilité où il se trouvait d'atteindre la contrefaçon faite à l'étranger, a cherché à paralyser tout au moins ses effets par la prohibition de l'introduction en France des ouvrages contrefaits à l'étranger. Mais nous devons constater que le décret ne parle que de l'introduction sur le territoire français d'ouvrages qui « *après avoir été imprimés* en France, ont été contrefaits à l'étranger », c'est-à-dire que le décret ne défend et ne punit que l'introduction des livres français contrefaits à l'étranger mais non pas des livres étrangers contrefaits à l'étranger. Il y a là une lacune inexplicable de la part du législateur qui a été inconséquent avec lui-même en établissant une différence entre nationaux et étrangers après avoir proclamé leur assimilation complète. Disons d'ailleurs que cette lacune est plus ou moins comblée en fait, attendu que si l'introduction des ouvrages contrefaits à l'étranger est tolérée, leur débit en est défendu. Du reste les traités intervenus entre les divers pays ont, en prohibant l'introduction des ouvrages contrefaits, remédié à cet inconvénient.

Une question très intéressante qui mérite assurément de fixer notre attention surgit à propos de l'introduction.

L'article 2 du décret du 28 mars 1852 parle de l'introduction en France d'ouvrages qui ont été contrefaits à l'étranger. On s'est demandé s'il fallait interpréter les termes de cet article *stricto sensu*, s'il fallait prendre le mot « contrefaits » au pied de la lettre et ne punir l'introduction que si l'ouvrage constituait à l'étranger une contrefaçon. En d'autres termes, si l'ouvrage est licite à l'étranger, comme cela peut arriver lorsqu'il est tombé dans ce qu'on appelle le domaine public payant, peut-il impunément entrer en France ?

Nous ne le croyons pas. Le décret du 28 mars 1852 s'y oppose. En effet l'article 2 du décret nous dit que l'introduction est un délit ; or la matière pénale étant territoriale est réglée par la loi française. Pour savoir s'il y a contrefaçon il faut nous référer à la loi française ; or, à ses yeux est réputée contrefaçon toute violation du droit d'auteur, toute reproduction de l'ouvrage sans le consentement de l'auteur ou de ses ayants cause. D'un autre côté, le décret a voulu protéger le droit de l'auteur étranger en France. Il s'agit là d'une atteinte du droit d'auteur en France, ou, ce qui revient au même, du droit du cessionnaire qui a obtenu de jouir privativement. L'introduction en France est illicite, et par conséquent punissable dès que l'ouvrage est introduit sans l'autorisation de celui qui est en France propriétaire du droit d'auteur. Donc contrefait à l'étranger veut tout simplement dire « fait à l'étranger en opposition avec le droit reconnu à l'auteur en France (1) ». Autrement on arriverait à des conséquences préjudiciables pour le cessionnaire français dans le cas où la reproduction de l'ouvrage à l'étranger, tout en laissant subsister le droit d'auteur, deviendrait licite et partant susceptible d'être impunément introduite en France. Le droit du cession-

____

(1) Pouillet, *op. cit.*, p. 779.

naire qui a obtenu de jouir exclusivement en France se trouverait anéanti car le territoire français serait envahi licitement par des milliers d'exemplaires à la suite de l'autorisation de l'auteur en pays étranger.

C'est ce qui arriverait avec l'Italie. Dans ce pays, d'après les lois du 15 juin 1865 et du 16 août 1875, le droit d'auteur est partagé en deux périodes de quarante ans à partir du jour de la publication. Pendant la première période la propriété constitue un droit privatif ou exclusif, pendant la seconde il existe ce qu'on appelle la licence obligatoire, c'est-à-dire que l'œuvre peut être reproduite ou vendue sans le consentement de celui auquel appartient le droit d'auteur sous la condition de lui payer 5 pour 100 sur le prix fort de chaque exemplaire. Or, pourrait-on raisonnablement soutenir que la contrefaçon ne pourrait être poursuivie en France que pendant la première période, après quoi le droit tombe dans le domaine public ? Au contraire, on doit pouvoir poursuivre tant qu'une contrefaçon peut se produire ; or le paiement reconnaît implicitement qu'il y a un droit d'auteur ; il est son affirmation mais non pas sa négation. Le législateur de 1852 n'a pas pu commettre une pareille iniquité.

D'ailleurs un argument d'analogie nous est fourni par la matière des brevets. La loi du 5 juillet 1844 punit l'introduction sur le territoire français d'objets fabriqués hors de France sous la protection du brevet étranger et semblables à ceux que le brevet français garantit. On voit donc que l'objet licitement fabriqué à l'étranger en vertu du brevet étranger est considéré comme contrefait au regard du brevet français. Or il n'y a pas de différences entre les éléments du délit en matière des inventions brevetables et en matière de propriété littéraire et artistique. « Ce serait singulier et choquant, dit M. Lyon-Caen, que pour les œuvres littéraires et artistiques l'existence de la contrefaçon s'appréciât d'après la loi étrangère tandis qu'elle s'apprécierait pour les inventions brevetables d'après la loi française » (1). Il a cependant été jugé que la contrefaçon n'existe qu'autant que lors de l'introduction des ouvrages en France, l'auteur ou ses ayants cause justifient d'un droit exclusif leur appartenant dans le pays où la publication originaire a eu lieu.

Conditions imposées aux auteurs étrangers pour la conservation de leurs droits.

Le décret du 28 mars 1852 n'a permis à l'étranger d'invoquer le bénéfice de la loi française que sous les conditions bien naturelles qu'elle impose aux nationaux. Son article 4 est formel à cet égard et exige l'accomplissement de toutes les conditions imposées aux

____

(1) V. Paris, 13 fév. 1886 et rejet 25 juillet 1887. Affaire Ricordi et les observations critiques de M. Lyon-Caen (Sirey, 1888, I, 17. V. aussi les observations de M. Thaller dans les *Annales de droit commercial*, 1888, p. 4.

ouvrages publiés en France. Ce n'est qu'autant qu'il a rempli toutes ces formalités qu'il a le droit de se plaindre de toute lésion dont il serait l'objet.

Ainsi les auteurs étrangers devront se conformer aux lois de procédure et exercer les poursuites dans les formes imposées par la loi française à ses nationaux et notamment effectuer le dépôt préalable de deux exemplaires exigé par l'article 6 de la loi de 1793. Remarquons que ce dépôt est déclaratif et non pas attributif ou constitutif du droit, c'est-à-dire que ce dépôt n'est pas une condition de l'existence du droit d'auteur, mais seulement une condition de la recevabilité de l'action en poursuite. Une fois ce dépôt effectué il est permis de poursuivre même les faits délictueux antérieurs. En un mot le dépôt revêt les mêmes caractères que pour les œuvres françaises. C'est ce qui résulte de l'article 4 du décret qui dit que la poursuite ne sera admise que sous l'accomplissement du dépôt. L'omission de la formalité du dépôt ne constitue qu'une fin de non recevoir (1).

Pour les œuvres françaises on a admis que le ministère public peut intenter l'action publique contre le délinquant en l'absence de tout dépôt. Nous croyons avec M. Darras (2) qu'il faut admettre la même solution pour les œuvres étrangères attendu qu'il y a les mêmes raisons. Le délit existe indépendamment du dépôt des œuvres parce que le droit de propriété que l'on viole

(1) Trib. Seine, 4 fév. 1891. Pataille, 1892, p. 352.
(2) Darras, *op. cit.*, p. 298.

existe antérieurement au dépôt. On ne saurait empêcher le ministère public d'exercer son action, parce qu'un tiers n'a pas rempli cette formalité.

Le décret du 28 mars 1852 assimilant les étrangers aux Français en ce qui concerne les formalités à remplir pour sauvegarder leurs droits, on s'est demandé si ces étrangers étaient dispensés de fournir la *caution judicatum solvi* lorsqu'ils agissaient en justice.

A notre grand regret nous ne pouvons pas admettre cette solution. L'article 16 du Code civil dit d'une manière générale et absolue que tous les étrangers sont soumis à l'obligation de la caution *judicatum solvi* et nous ne croyons pas, malgré l'assimilation complète entre les étrangers et les Français, qui paraît résulter au premier abord du texte de l'article 4 du décret du 28 mars 1852, que l'article 16 du Code civil ait été tacitement abrogé en matière littéraire et artistique. Les exceptions sont prévues et énumérées par l'article 16 et on ne peut en introduire d'autres que lorsqu'elles ont été formellement et expressément admises par un texte. Nous sommes ici en matière d'exception et nous devons faire application du principe *strictissime interpretationis*. Et puis la véritable portée de ce décret est déterminée par l'exposé de motifs qui l'a précédé. On a voulu, dit-il, assimiler les étrangers aux Français quant à la nature et à l'étendue du droit d'auteur et on leur a imposé les mêmes obligations pour sa conservation : mais on a laissé subsister les différences de procédure et de compétence entre les nationaux et les étrangers. Le décret ne contient à cet égard aucune dérogation aux principes généraux qui doivent dès lors recevoir leur application.

D'ailleurs, comme l'a fait remarquer M. Darras (1), l'interprétation contraire produirait un singulier résultat. Ce décret ne parlant jamais que des œuvres publiées à l'étranger et non pas des auteurs étrangers, il s'en suivrait invinciblement qu'on devrait dispenser les auteurs étrangers publiant à l'étranger, mais les autres, quoique leur publication sur le territoire français prouvât leur sympathie pour ce pays, devraient au contraire, préalablement à leur action, satisfaire à la condition de la caution *judicatum solvi*.

La jurisprudence aussi, tenant compte de l'esprit et des termes du décret du 28 mars 1852, s'est prononcée pour la nécessité de cette caution.

Faut-il tenir compte de la législation du pays où l'œuvre a été publiée pour la première fois ?

L'étranger, qui aura accompli en France toutes les conditions exigées pour l'exercice de son droit d'auteur, est-il complètement assimilé au Français de sorte

(1) Darras, p. 300 ; Trib. correctionnel de la Seine, 18 juillet 1873. Affaire Panichelli. Pataille, 74, 85. Les tribunaux belges ont fait application de ce principe.

La caution *judicatum solvi* est due par le demandeur étranger qui exerce une action en contrefaçon de brevet ou de marques de fabrique. V. Observations de M. Lyon-Caen, *Revue critique*, 1888, p. 370.

qu'il puisse invoquer le bénéfice des lois françaises même dans le cas où sa loi nationale ne lui assurerait aucune protection ?

La question a été vivement discutée.

Nous croyons avec la jurisprudence et la majorité des auteurs que le décret du 28 mars 1852 a simplement permis à l'étranger de faire valoir en France les droits que lui accorde son pays.

D'abord les termes du décret du 28 mars 1852 s'opposent à toute assimilation générale et absolue qu'on voudrait voir entre les étrangers et les Français. Il n'y a qu'une simple assimilation pénale. En effet, le décret ne dit pas que les étrangers jouiront en France des mêmes droits que les Français, comme il est dit dans la loi du 14 juillet 1819 qui permet aux étrangers de recueillir par succession les biens situés en France ; il dit tout simplement que la contrefaçon en France des ouvrages publiés à l'étranger est interdite et punie ; or pour qu'il y ait contrefaçon il faut qu'un droit existe et l'étranger devra donc justifier de l'existence de ce droit. Le décret protège bien les ouvrages, mais ce n'est qu'autant qu'ils sont protégés à l'étranger. En d'autres termes comme dit M. Pataille (1), « le décret n'est pas attributif de droits nouveaux », il ne crée pas de droits nouveaux, « il ne fait que donner aux étrangers le moyen de faire res-

(1) Pataille, 1856, p. 70. Renault, p. 138. Lyon-Caen note Sirey, 1888, I, 17. Darras, p. 279. Fliniaux, *Essais sur le droit des auteurs étrangers en France*, p. 7 et suiv. Conf. trib. civ. Seine, Leduc, 29 mai 1891. *La Loi*, 3 juin 1891.

pecter ceux qu'ils peuvent avoir », c'est-à-dire que le décret ne fait que sanctionner un droit déjà existant, mais il ne donne nullement naissance, en France, à des droits qui n'existeraient pas d'après la loi nationale de l'auteur.

Et puis, comme on l'a déjà fait remarquer, si le décret du 28 mars 1852 avait voulu traiter à tous les points de vue les œuvres parues à l'étranger exactement comme si elles avaient été publiées pour la première fois en France, il n'aurait certainement pas employé la rédaction qui se trouve dans son article 4. Du moment qu'il assimile les œuvres étrangères aux œuvres françaises il n'aurait pas eu besoin d'indiquer les formalités à remplir, attendu que les œuvres françaises y sont soumises, et de plus, même en admettant que l'indication des formalités ait été faite à titre de clarté, il n'aurait pas commis une inconséquence de langage en employant le mot « néanmoins », il eut dit, au contraire, par suite, par conséquent, en un mot il aurait cherché à conclure et non pas à exprimer une exception.

D'ailleurs le rapport du ministre de la justice qui précède le décret du 28 mars 1852 nous montre bien l'esprit dans lequel ce décret a été conçu. Le rapport parlant de l'étranger qui possède des meubles et des immeubles suppose par là même un droit de propriété existant à son profit.

On voit donc que le législateur n'a pas eu pour but de nationaliser en quelque sorte et en bloc toutes les œuvres étrangères mais seulement de faire respecter en France les droits que les étrangers peuvent avoir dans leur pays d'origine, ou, comme on l'a dit, d'écarter l'exception d'extranéité qu'on opposait jusqu'alors à celui qui faisait sa première publication hors de France. Si, dans le pays de publication, l'œuvre est dans le domaine public pour une cause quelconque l'œuvre doit également y être en France.

Ainsi en résumé l'auteur étranger n'aura le droit d'invoquer le décret du 28 mars 1852 qu'autant que sa loi nationale lui accorde un droit privatif sur son œuvre. Il faut donc consulter la loi étrangère et voir en outre quelle est la durée qu'elle assigne au droit d'auteur, car, l'étranger ne peut pas avoir en France une protection plus grande que celle que lui assure la loi de son propre pays. Le législateur de 1852 en rendant le décret a voulu réparer l'injustice qui existait à l'égard des étrangers, mais en même temps il a voulu aussi autant que possible, ménager les intérêts français. Il a voulu faire de la France un centre, un foyer intellectuel et développer en même temps son commerce de librairie. Les auteurs étrangers n'étant pas protégés ou du moins ne l'étant qu'insuffisamment, comme il arrive par exemple avec les reproductions dramatiques, viendront publier leurs œuvres en France.

La loi étrangère devra être consultée non seulement quant à la durée du droit d'auteur, mais aussi quant à la nature des œuvres qu'elle couvre de sa protection.

Certains pays refusent toute protection aux photographes et aux architectes, ceux-ci ne seront donc pas admis à réclamer en France le bénéfice du décret ; de même la traduction qui est soumise à des formalités plus ou moins nombreuses dans le pays d'origine, ne sera admise à jouir de la protection de ce décret que moyennant leur accomplissement. C'est en quelque sorte le statut personnel de l'œuvre qu'il faut envisager. L'œuvre a toujours dû suivre la loi du lieu d'origine et rien n'est plus conforme à la nature des choses, comme disait Montesquieu, car toute production est empreinte des idées et des tendances de ceux au milieu desquels elle a vu le jour et le législateur du lieu d'origine a seul qualité pour lui accorder une protection plus ou moins grande suivant ses intérêts et ses goûts.

Mais que faut-il décider dans la situation inverse lorsque la loi étrangère au lieu d'être plus restrictive est au contraire plus large que la loi française. C'est ainsi qu'en Italie la durée du droit d'auteur est divisée en deux périodes de quarante ans à partir de la première publication et qu'elle excède les cinquante ans accordés par la loi française ; de même en Espagne la propriété littéraire survit à l'auteur pendant quatre-vingts ans ; au Mexique elle est perpétuelle.

M. Fliniaux (1) pense qu'il faut se référer uniquement à la loi du pays de l'édition et qu'ainsi les auteurs étran-

____

(1) Fliniaux, *op. cit.*, p. 9.

gers pourront se faire protéger par le décret du 28 mars 1852 tant que le droit subsistera dans leur pays fût-ce pendant plus de cinquante ans.

Nous ne pouvons pas adhérer à l'opinion de ce juris-consulte.

En effet on ne comprend pas que le législateur ait pu accorder aux étrangers une protection plus grande que celle accordée aux Français; qu'il ait ainsi créé une situation plus favorable au profit des non nationaux. La loi française n'a pas pu vouloir protéger un titre qu'elle n'admet pas au profit de ses sujets et qui les mettrait dans une infériorité regrettable par rapport aux étrangers. D'ailleurs nous trouvons un argument d'analogie dans la matière des brevets qui peut ainsi confirmer notre supposition. On sait que celui qui se fait d'abord breveter à l'étranger ne peut pas avoir en France une jouissance d'une durée plus longue que dans le pays étranger. On ne voit pas pourquoi il en serait autrement quand il s'agit de propriété littéraire et artistique.

En résumé si la durée du droit d'auteur déterminée par la loi étrangère est plus courte que celle de la législation française, la protection accordée à l'étranger est réglée par la loi étrangère; si cette durée est plus longue, la protection accordée à l'étranger est réglée par la loi française.

Demangeat et Bertauld voient une exception à cette disposition dans le cas où c'est un Français qui a publié à l'étranger, car d'après ces auteurs la publication faite par un Français même au dehors de la France est protégée par la loi française. Mais nous avons dit que cette idée nous paraissait inexacte.

Il est évident d'ailleurs qu'il faudra toujours appliquer la législation étrangère conformément aux principes généraux du droit international privélorsqu'il s'agira de déterminer la capacité de l'auteur, de régler le droit de disposition à titre gratuit de la dévolution héréditaire.

CHAPITRE III

DROIT CONVENTIONNEL.

Nous venons de voir l'économie du décret du 28 mars 1852 et nous avons dit que malgré l'esprit libéral qui avait présidé à la confection de cette loi et malgré la généralité de ses termes, la jurisprudence s'était refusée d'y faire rentrer certaines productions du génie (œuvres dramatiques et musicales). De plus ce décret n'avait entendu accorder aux étrangers que la garantie des droits qu'ils avaient dans leur patrie. En un mot le décret n'avait nullement établi une assimilation complète et absolue entre Français et étrangers.

D'un autre côté peu de pays avaient osé suivre la voie dans laquelle était si généreusement entré le législateur français. Il n'y avait que le Chili et le Vénézuéla (1) et, d'après certains auteurs, le Danemarck. Tout récemment la Belgique (2) par sa loi de 1886 a fait droit à cette vérité.

Et puis aussi, même lorsque le droit des étrangers était reconnu en vertu de la réciprocité, des difficultés

(1) Chili, 24 juillet 1834, art. 6.
(2) La loi belge du 26 mars 1886, dit dans son art. 38: « Les étrangers jouissent en Belgique des droits garantis par la présente loi ».

surgissaient à chaque instant, à cause du silence ou du conflit des lois internes, et paralysaient ainsi toute l'efficacité de la protection.

La protection des étrangers était donc insuffisante et réclamait un remède.

On chercha à obvier aux inconvénients que nous venons de signaler par la conclusion des traités. Leur utilité était incontestable car non seulement on pouvait par ce moyen accorder une protection plus large, plus étendue, mais on pouvait encore éviter, par suite d'une réglementation minutieuse et attentive, tous les conflits qui pouvaient naître de l'application des diverses lois étrangères et prendre en outre les mesures transitoires propres à sauvegarder les droits de ceux qui jusqu'alors, profitant de la tolérance légale, avaient licitement reproduit les œuvres étrangères.

La conclusion des traités (1) était d'autant plus facile que l'éclatant exemple de noble désintéressement que la France donna par la promulgation du décret du 28 mars 1852, n'avait pas été sans impressionner vivement les autres pays et sans exercer une grande influence morale. Par suite du principe de justice qu'il contenait, il se produisit dans le monde un grand mouvement vers l'amélioration, depuis ininterrompue, de la condition

____

(1) On trouve ces traités dans le *Recueil des traités de la France* de M. de Clercq ; dans le *Recueil des conventions conclues par la France pour la reconnaissance des droits de propriété littéraire et artistique* par Delalain. V. l'ouvrage de MM. Lyon-Caen et Delalain déjà cité et le *Code international* et les *Annales de la propriété littéraire*, par Pataille.

des auteurs étrangers. On reconnut que la violation de leurs droits était un abus contraire à toute idée de justice et en outre un appauvrissement de la richesse intellectuelle dans le pays où l'usurpation avait lieu, et on chercha à sauvegarder leurs droits partout.

A partir de ce moment des conventions nombreuses sont conclues entre les différents pays. La France occupe le premier rang ; chaque année voit conclure de nouveaux traités soit séparément, soit comme annexes à des traités de commerce ou autres. Aujourd'hui le droit d'auteur est à peu près universellement protégé, la France ayant lié de pareils actes avec la plupart des nations civilisées.

Il est donc très intéressant de connaître ces conventions.

Nous allons d'abord donner la nomenclature de tous les traités conclus par la France jusqu'à ce jour.

Nous verrons quels sont les principes généraux qui les régissent ; quelles sont les règles générales qui en découlent ; nous verrons aussi quelle est l'influence de ces traités sur le décret du 28 mars 1852. Nous ne pouvons cependant pas entrer dans l'étude détaillée de chacune de ces conventions car cela dépasserait les limites de notre travail et serait peut-être trop fastidieux ; et puis l'importance de ces conventions a beaucoup diminué depuis l'Union internationale de Berne pour la protection des œuvres littéraires et artistiques, que nous traiterons dans le quatrième chapitre, qui est devenue le droit commun de la protection conventionnelle, vu que ces conventions particulières n'interviennent que lorsqu'elles sont plus libérales et plus larges conformément à l'article additionnel de la convention de 1886.

Nous savons que déjà avant 1852 la France, cherchant à mettre un terme à la piraterie dont ses auteurs et ses artistes étaient victimes, avait conclu quatre conventions.

La première se trouve insérée dans le traité de commerce et de navigation conclu le 25 juillet 1840 avec les Pays-Bas qui ne fut d'ailleurs signé qu'en 1855 ; le 18 août 1843 avec la Sardaigne ; le 12 avril 1851 avec le Portugal ; le 5 novembre 1851 avec l'Angleterre ; le 20 octobre 1851 avec le Hanovre.

Voici, par ordre alphabétique des pays, les conventions conclues par la France depuis 1852.

Allemagne. — La première convention conclue avec l'empire allemand a été signée le 19 avril et ratifiée le 7 juillet 1883. Elle a remplacé les diverses conventions conclues antérieurement par la France avec les États allemands à savoir : la convention du 2 août 1862 avec la Prusse (ratifiée en 1865) qui donnait droit d'accession à tous les États ; la convention du 12 mai 1865 avec le grand duché de Bade ; la convention du 24 mai 1865 avec la Bavière dont les dispositions furent étendues à l'Alsace-Lorraine par la convention additionnelle au traité de Francfort du 11 décembre 1871 (art. 18) ; celle du 24 avril 1865 avec le Wurtemberg ; du 26 mai 1865 avec la Saxe. La convention de 1883 a beaucoup simplifié les rapports entre les deux pays n'ayant à consulter qu'une seule et unique convention pour tous les petits États allemands ; c'est une des mieux élaborées. Elle a joué aussi un grand rôle dans la discussion qui a précédé la signature de la Convention de Berne de 1886.

Autriche-Hongrie, 11 décembre 1886. — Cette convention qui se trouvait annexée à un traité de commerce conclu le même jour est devenue indépendante à la suite d'un arrangement signé entre les deux pays le 18 avril 1884.

Angleterre. — Convention du 3 novembre 1851 modifiée par une convention du 11 août 1875 ; les deux conventions ont cessé d'être en vigueur depuis la mise à exécution de la Convention de Berne qui les a remplacées (1).

Belgique. — La convention (2) du 31 octobre 1881 complétée par la déclaration interprétative du 4 janvier 1882. Elle a aboli la convention du 1er mai 1861 et du 22 août 1852. La nouvelle loi belge de 1886 étant beaucoup plus libérale envers tous les étrangers sans distinction que ce traité ne l'avait été pour les Français, ceux-ci ont tout intérêt à se prévaloir du droit commun et non pas du traité.

Bolivie. — Convention du 8 septembre 1887.

Brésil. — La France a conclu, avec le Brésil, une convention à la date du 31 janvier 1891 ; mais cette

(1) V. le *Journal officiel* du 17 juillet 1887.
(2) Convention actuellement dénoncée.

convention a soulevé de vives critiques au Brésil et son examen a été momentanément ajourné.

Espagne. — La convention du 10 juin 1880 qui a remplacé celle du 15 novembre 1853.

Italie. — La convention du 9 juillet 1884 remplace celle du 29 juin 1862 qui à son tour remplaçait le traité de 1843 avec la Sardaigne.

Luxembourg. — Convention du 16 décembre 1865 qui remplace celle du 4 juillet 1856.

Mexique. — Convention du 27 novembre 1886.

Pays-Bas. — Convention du 25 mars 1855 modifiée par celle du 27 avril 1860. Déclaration du 19 avril 1884 ayant pour but de remettre en vigueur ces deux conventions suspendues à la suite de la dénonciation en 1882 du traité de commerce auxquel elles étaient attachées. Ces conventions ne concernent que les œuvres littéraires (1).

Portugal. — Convention du 27 novembre 1886.

Russie. — Convention du 6 avril 1861. Cette convention dénoncée par la Russie en 1886 a cessé d'être en vigueur le 14 juillet 1887 (2).

Salvador. — Convention du 2 juin 1880, laquelle mentionne expressément, à défaut de loi spéciale sur la matière, tous les avantages accordés de même que les pénalités dont sont passibles les contrefacteurs.

---

(1) *Journal de droit int. privé*, 1885, p. 695.

(2) V. Bozérian, Rapport sur l'Union de Berne. *Annales*. Pataille, 1887, p. 348.

Serbie. — Le traité de commerce conclu le 18 janvier 1883, entre la France et la Serbie porte que « les deux gouvernements s'engagent à négocier dans le plus bref délai possible, une convention en matière de propriété littéraire et artistique ». A notre connaissance cette déclaration n'a pas encore reçu sa réalisation.

Suède et Norvège. — Traité de commerce du 30 décembre 1881 (article additionnel) et arrangement du 15 février 1884.

Suisse. — Convention du 30 juin 1864 remplacée par la convention du 23 février 1882 (1). Au moment où cette convention était intervenue, la Suisse, n'ayant pas encore de loi fédérale (elle n'a été promulguée que le 23 avril 1883),a dû prévoir et déterminer tous les droits des auteurs et la sanction de ces droits. La France avait déjà conclu une convention, le 30 octobre 1858, avec le canton de Genève (2) où les lois françaises de 1791 et 1793 étaient encore restées en vigueur.

En résumé, la France possède à l'heure actuelle des traités conclus avec presque tous les pays civilisés. En outre, là où il n'y a pas de traités, les intérêts français sont sauvegardés grâce au principe de réciprocité que consacrent ces États et que l'on peut invoquer en vertu du décret du 28 mars 1852.

(1) Actuellement dénoncé.

(2) C'est seulement la constitution de 1874 (art. 64) qui donna à la Confédération helvétique le droit de légiférer en matière de propriété littéraire et artistique. V. l'article de M. Droz, *Dr. int. priv.*, p. 87, 139.

Ainsi le *Danemarck* ; les ordonnances royales du 6 novembre 1858 et du 5 mai 1866 étendent aux Français le bénéfice de la protection que les lois des 29 décembre 1857, 31 mars 1864 et 23 février 1866 assurent aux nationaux. La *Grèce* (art. 436 du Code pénal de 1833) dit que les dispositions de la contrefaçon seront applicables aux étrangers dont les lois reconnaissent la réciprocité. La *Roumanie* admet aussi le principe de la réciprocité ; l'article 11 de la loi sur la presse du 1er avril 1862 est formel : «.... ces droits sont garantis aussi aux auteurs.... des États étrangers qui, par réciprocité, garantiront la propriété littéraire dans l'étendue de leur territoire (1) ». Les *Etats-Unis* viennent tout récemment de promulguer une loi (3 mars 1891) sur la propriété littéraire et artistique et assurent enfin « aux étrangers les mêmes droits qu'aux nationaux si toutefois ils appartiennent à une nation qui accorde la réciprocité aux citoyens des Etats-Unis ». Une loi du 1er juillet 1891 a reconnu aux Français le droit à la protection de la loi américaine (2).

Ce n'est pas seulement la France qui s'est appliquée à assurer une protection aux auteurs, mais les autres grandes nations dont la littérature s'étend au delà des frontières ont cherché également à arriver à ce résultat

---

(1) V. la traduction de cette loi rapportée dans l'ouvrage de MM. Lyon-Caen et Delalain, I, p. 483. V. aussi notre appendice.

(2) Huard et Mack, *Répertoire en matière de propr. litt. et artist.*, p. 595.

par la voie des conventions. Citons donc les conventions les plus récentes conclues par les États étrangers.

L'*Allemagne* a conclu des traités avec la Belgique (11 décembre 1883) ; avec l'Italie (10 juin 1884). La confédération de l'Allemagne du Nord avait conclu une convention avec la Suisse qui fut étendue en 1881 à tout l'empire. D'ailleurs avant 1870 la plupart des États prussiens avaient lié des conventions. La *Belgique* est liée avec : l'Espagne (26 juin 1880), l'Italie (24 novembre 1859), les Pays-Bas (30 août 1858), le Portugal (11 octobre 1866), la Russie (18 juillet 1852), la Suisse (25 avril 1867). La *Grande-Bretagne* avait conclu de nombreux traités aussi (Prusse 1846, Belgique 1854, Espagne 1857, Italie 1860 et les autres petits États allemands) qui ont cessé d'avoir leur effet à la suite de la convention de Berne du 9 septembre 1886. L'*Italie* était liée, en dehors de l'Allemagne et la Belgique, avec l'Autriche (10 juin 1840), l'Espagne (28 juin 1880), la Suède et Norvège (9 octobre 1884), la Suisse (5 mai 1869). Notons que la plupart de ces conventions ont été faites d'après le modèle des conventions conclues par la France.

Cet empressement de la part des pays à conclure des conventions pour la protection internationale du droit d'auteur démontre l'intensité du mouvement vers l'amélioration de la situation des auteurs étrangers ; et, quoique le décret du 28 mars 1852 n'eut que très peu d'imitateurs, on se trouve néanmoins protégé actuellement partout, soit en vertu de la réciprocité diplomatique, soit en vertu de la réciprocité consacrée par les lois internes, autrement dit par la réciprocité législative. Il n'y a plus aujourd'hui en Europe qu'un seul État qui soit resté réfractaire à ce mouvement généreux de la protection, c'est la Turquie (1); mais, comme le fait très justement remarquer M. Renault, le préjudice n'est pas bien grand à cause du peu de développement de l'instruction dans ce pays.

Rappelons encore que la Russie, à la suite de la dénonciation de ses traités et la non participation à la convention de Berne, a mis les auteurs étrangers dans une situation très fâcheuse ; aussi s'est-elle attirée avec raison, les critiques de tout le monde. Il est à espérer qu'avec le goût de plus en plus général qui se manifeste pour la littérature russe, le cabinet de Saint-Pétersbourg renoncera à cette politique d'isolement et reviendra aux vrais principes, justes et équitables dont il s'est éloigné.

Un mouvement favorable a lieu depuis quelque temps en Russie. Tous les jurisconsultes, tous les écrivains, tous les grands journaux luttent pour faire entrer l'empire des tsars dans la voie de la protection internationale (2).

Si nous passons en Amérique nous voyons que le pays

---

(1) Les auteurs reçoivent quelquefois une certaine récompense pécuniaire pour leurs chefs-d'œuvre. Ainsi Verdi a reçu 150.000 fr. pour son opéra Aïda. *De Marchi*, p. 15 cité par Darras, p. 377.

(2) V. les lettres très intéressantes de MM. Kasminscky et de Kératry.

qui a le plus résisté à reconnaître le droit des étrangers
a été les États-Unis, et quoique la question ait beaucoup
perdu de son importance depuis que la nouvelle loi
américaine du 4 mars 1891 consacre cette reconnaissance, il est néanmoins très curieux de savoir quel était
l'état antérieur et voir qu'elles étaient les raisons qu'on
invoquait pour arriver à cette spoliation, et aussi les
critiques que cet état intolérable avait soulevées.

Toutes les lois américaines consacraient le droit d'auteur (copyright) au profit des citoyens ou des résidents
ayant publié pour la première fois aux États-Unis ;
quant aux étrangers la législation ne se contentait pas
de passer sous silence leur droit, mais le niait formellement. L'article 103 (1) de la loi du 8 juillet 1870 sur
le droit de copie, reproduisant la disposition de la loi de
1834, disait : « La présente loi ne saurait avoir pour effet
d'empêcher d'importer de l'étranger, d'imprimer, publier et vendre tous écrits, compositions musicales,
cartes, gravures et autres ouvrages dont l'auteur n'est
pas sujet des États-Unis ou n'y réside pas ». Ce qui était,
comme l'écrivait M. Villefort (2), un appel à la contrefaçon ; aussi l'Amérique fût-elle inondée des produits
étrangers. D'un autre côté les États-Unis ne voulant pas
lier des traités avec les autres nations, la spoliation des
étrangers ne pouvait être écartée par la réciprocité

(1) Conformément 4971 des statuts revisés. Lyon-Caen et Delalain,
II, p. 114.
(2) Villefort, p. 9.

diplomatique. Ceux qui étaient le plus exposés à souffrir de cette piraterie littéraire par la force des choses c'étaient les anglais. Par suite de l'identité de langage et d'origine, le tort que leur causait l'Amérique était considérable. Mais les autres peuples aussi n'en souffraient pas moins, car il y a des œuvres (musicales et artistiques) qui n'ont besoin d'aucun changement (1). Cette violation des droits les plus sacrés des écrivains et des artistes avait provoqué d'unanimes protestations et avait soulevé l'indignation publique non seulement en Europe mais même dans le nouveau monde. Dès 1843 un comité se constituait à New-York pour hâter la confection des lois propres « à placer les relations littéraires des États-Unis avec les puissances étrangères, quant au droit d'auteur, dans des conditions justes, convenables et équitables ». Des propositions de lois étaient faites, un traité était négocié en 1857 avec l'Angleterre mais rien n'aboutit. De nouvelles tentatives de ce genre furent faites à plusieurs reprises, en 1870 et 1878 (Harpers drapt) (2), mais n'eurent pas de chance non plus, et il fallut encore attendre.

Le grand obstacle contre lequel on se heurtait, c'était la tenace résistance qu'opposaient les libraires et les

(1) Les œuvres d'art étrangères sont frappées à leur entrée aux États-Unis d'un droit exorbitant de 80 0/0 que le président Cleveland, dans son message au Congrès du 3 décembre 1885, a proposé de supprimer (*Archives diplom.*, 2e série, t. 17, p. 352).

(2) D'après ce projet l'œuvre était protégée aux Etats-Unis, mais à la condition qu'elle fut rééditée dix mois après la première publication, *Bull. Assoc.*, 1re série, no II, pp. 5 et 6.

imprimeurs américains qui se croyaient, comme les Belges avant 1852, irrémédiablement ruinés, s'ils ne pouvaient plus reproduire librement les ouvrages parus à l'étranger ; on faisait valoir aussi, en dehors du motif économique tiré de la périclitation du commerce, le danger qu'il y avait pour l'instruction populaire, attendu que par suite de la protection, le prix des livres étrangers augmenterait considérablement. Le célèbre économiste Cary, qui avait été d'abord éditeur, disait à ce sujet : « Si nous ne pouvons dire rien de mieux que ceci, que si nous accédons aux prétentions des écrivains étrangers, le prix des livres étrangers augmentera et le peuple sera privé de son approvisionnement de bonne littérature, alors nous ne pouvons que nous reconnaître coupables de vol et nous devons entrer dans une voie nouvelle plus honorable. On ne peut faire rien de mal pour qu'il en sorte du bien, et nous pouvons tout aussi peu voler les pensées d'un écrivain pour que notre peuple en soit mieux instruit ».

Nous savons déjà ce que valent ces deux raisons : elles sont complètement fausses. Rien qui tue le commerce comme la contrefaçon. Un éditeur ayant le droit de reproduire un ouvrage, ses confères feront de même, d'où une concurrence souvent désastreuse. Ce qui est arrivé avec la Belgique devait fatalement arriver aux États-Unis. Aussi chercha-t-on à éviter cette concurrence et on admit que celle des maisons qui aura la première publié un ouvrage aurait une sorte de droit de propriété (courtes y copyright). On obtenait cette priorité à la suite des arrangements avec l'auteur, qui expédiait au fur et à mesure ses feuilles pour être imprimées. C'est ce qui est arrivé avec les premières feuilles du dernier ouvrage de Levingstone qu'une maison américaine paya 25.000 francs. D'un autre côté l'extension de la contrefaçon a pour effet d'arrêter ou tout au moins de paralyser le développement de la littérature nationale. Les éditeurs choisissent les livres à grand succès et, n'ayant rien à débourser, aiment mieux procéder ainsi que traiter avec des auteurs nationaux ou du moins ils les payaient très peu (1).

Les Américains finirent par comprendre l'iniquité et les dangers de ce trafic honteux (2), et, à la suite des projets récents des sénateurs Hawley et Chace et des instances de la Société des gens de lettres et du Syndicat de la librairie française, consacrèrent le principe de la propriété littéraire et artistique au profit des étrangers par la loi du 3 mars 1891 (3).

Disons en passant que cette loi est peu satisfaisante

(1) Renault, p 459.

(2) Le 12 février 1888, M. le pasteur Dr Van Dyke de New-York fit, dans une église de Wasingthon, une conférence sur « le péché national de la piraterie littéraire», dans laquelle il flagella avec vivacité le vaste vol littéraire exécuté par ses compatriotes. *Droit d'Auteur*, 1888, p. 26.

(3) V. la loi rapportée dans l'ouvrage de Huard et Mack, p. 395. V. aussi le *Droit d'Auteur*, 1891, p. 93.— Il paraît, en se reportant à une lettre de M. Hector Malot publiée dans le *Figaro* du 4 décembre 1894, que la piraterie littéraire n'a pas encore cessé aux Etats-Unis.

et son efficacité est douteuse puisqu'elle n'accorde la
protection aux auteurs étrangers qu'à la condition de
l'impression et de la publication *simultanées* (1) de l'ouvrage dans le pays d'origine et aux États-Unis ; en
outre, il faut que toutes les formalités légales y soient
accomplies au plus tard le jour même (2) où l'ouvrage paraît dans le pays d'origine. De plus ces avantages ne seront accordés qu'aux pays qui reconnaîtront aux citoyens
des États-Unis la protection sur une base substantielle-
ment la même qu'à l'égard de ses propres nationaux.

Avant de voir les dispositions intérieures des traités
que nous venons d'énumérer, il faut voir quelles sont
les conditions de validité de ces traités, quelle est leur
légalité.

Disons tout de suite que pour les conventions antérieures au décret, il n'y a pas de difficultés. On sait, en
effet, que sous la monarchie de juillet le roi avait pleinement le droit de conclure des traités, et le traité avec la
Sardaigne (1843) était donc valablement passé. Les
conventions avec le Portugal et le Hanovre ont été directement approuvées par l'Assemblée nationale, conformément à la constitution de 1848 ; et quant à l'arrangement franco-anglais, quoiqu'il ne fut ratifié que par un
décret du 23 décembre 1851, il ne faut cependant pas

____

(1) Ce qui arrive présentement avec le roman « Outre-Mer » de
M. Bourget.
(2) Une loi du 3 mars 1893 a permis de faire le dépôt de 2 exemplaires du livre jusqu'au 1er mars 1893.

oublier qu'on se trouvait dans la période dictatoriale.

Mais la question a été vivement discutée relativement aux conventions conclues sous le second empire. Aucune de ces conventions littéraires ou artistiques n'a été soumise à la ratification du parlement (1). Or, a-t-on dit, le chef de l'État n'ayant pas le pouvoir de conclure seul ces sortes de conventions, elles sont toutes dépourvues de valeur légale et partant non obligatoires.

On invoque à cet égard l'article 6 de la constitution du 14 janvier 1852 qui conférait au chef de l'État le droit de faire les traités de commerce et de paix, mais non les traités relatifs à la propriété littéraire et artistique ; ceux-ci sont, ajoute-t-on, d'un ordre plus élevé, soulèvent des questions de propriété, touchent en un mot à la législation intérieure (2).

On invoque aussi des décisions de jurisprudence, qui, tout en statuant sur des questions différentes, posèrent néanmoins des règles qui peuvent être applicables à notre espèce. Entre autres la décision du 5 février 1874 du tribunal de la Seine (3) qui déclare nul le traité franco-espagnol relatif à la caution *judicatum solvi*.

(1) C'est par erreur que M. Laboulaye, dans son rapport à l'Assemblée nationale sur le projet de la loi constitutionnelle de 1875, a affirmé qu'à diverses reprises les Chambres de l'Empire avaient voté des traités relatifs à la propriété littéraire.

(2) Renault, p. 454 en note. Pouillet, p. 775. Weiss, p. 76 de son *Traité élémentaire*.

(3) M. Demangeat adresse une critique sévère mais juste à la décision sus-rapportée qui s'élève rétrospectivement contre la validité du traité du second Empire. *Droit international privé*, 1874, p. 107.

Malgré l'autorité qui s'attache au nom de nos adversaires, nous inclinons cependant pour l'opinion contraire qui nous paraît parfaitement constitutionnelle et qui a, d'ailleurs, prévalu en doctrine et en jurisprudence.

Nous croyons que l'empereur avait le droit de conclure des traités relatifs à la propriété littéraire et artistique en vertu même de l'article 6 de la constitution de 1852. En effet, cette constitution de 1852 n'était au fond qu'une reproduction de l'ancienne constitution du premier empire, qui, à son tour, n'était que le renforcement du Sénatus-Consulte du 16 thermidor an X qui organisait le consulat à vie, en lui accordant les droits les plus larges et notamment par son article 58 le droit de passer les traités. Or Napoléon III, effectuant un retour complet aux traditions et aux idées politiques de son oncle, a entendu garder en matière de traités cette prérogative qui l'affranchissait du pouvoir législatif, et la constitution a dû lui concéder les pouvoirs les plus étendus. Et il ne faut pas songer à tirer un argument de ce que l'article 6 de la constitution de 1852 ne mentionne que les traités de paix et de commerce, attendu que cette mention n'est faite qu'à titre d'exemple et d'une façon purement explicative. Ce qui le prouve c'est que c'est l'empereur seul, sans la ratification des Chambres, qui négocia et signa le traité cédant à la France, Nice et la Savoie, et cependant ce n'était pas là un traité de paix, et d'autres traités d'extradition, traités postaux qui ne sont certainement pas des traités de commerce.

D'ailleurs si on donne à un chef d'État le droit de faire des traités de commerce qui, en imposant des sacrifices considérables au profit du pays étranger, peuvent entraîner des conséquences désastreuses, *à fortiori* on doit lui reconnaître le droit de pouvoir conclure des conventions littéraires et artistiques qui ne peuvent avoir, comme nous le savons, que des conséquences favorables. Du reste toutes ces conventions se trouvaient en fait, vu qu'on ne pouvait pas agir autrement, réunies aux traités de commerce conclus en même temps et pour la même durée et en formaient en quelque sorte des annexes.

La Cour de cassation a toujours reconnu la validité des traités conclus par Napoléon III en vertu de ses pouvoirs constitutionnels. La dernière fois qu'elle fit application de sa théorie, ce fut dans l'affaire Grus, relative à la contrefaçon des opéras de Donizetti (1).

Dans la période qui s'est écoulée entre 1870-1875 tous les attributs de la souveraineté, au nombre desquels figure le droit de conclure les traités, étaient l'apanage exclusif de l'Assemblée nationale. Il résulte de là que tous les traités conclus sans sa ratification sont nuls. On peut citer comme soumise à cette cause de nullité la déclaration du 11 août 1875 entre la France et l'Angleterre qui d'ailleurs est aujourd'hui formelle-

(1) Sirey, 1888, I, 17, note de M. Lyon-Caen et Dalloz, 1888, I, 5, déjà cités.

V. en ce sens l'article de M. Clunet, *Droit intern. pr ivé*, 1880, p. 5 et de M. Demangeat déjà cité. Darras, p. 544.

ment abrogée et remplacée par la convention de Berne.

Dans la seconde période, de 1875 à l'heure actuelle, on est régi par l'article 8 de la loi organique du 16 juillet 1875 qui dit que « les traités de paix, de commerce, les traités qui engagent les finances de l'État, ceux qui sont relatifs à l'état des personnes et au droit de propriété des Français à l'étranger ne sont définitifs qu'après avoir été votés par les deux Chambres ». Or, les Chambres n'ont pas été consultées à propos d'un certain nombre de conventions intervenues entre 1876 et 1880 (celles postérieures à cette date ont été toutes ratifiées par elles), et notamment l'accord, destiné à proroger, pour 6 mois, la convention du 15 novembre 1853, qui fut rendu exécutoire par une simple note insérée au *Journal officiel* du 23 janvier 1880 (p. 642). Ces conventions sont-elles valables ?

On a voulu soutenir leur légalité, leur constitutionnalité en disant que la propriété intellectuelle est primordiale, qu'elle est au-dessus de toute législation, que lorsque deux nations s'accordent pour en assurer le respect ce n'est pas une obligation qu'elles assument, mais un droit qu'elles proclament ; ce n'est pas un traité qu'elles concluent, une véritable convention, mais une simple *déclaration* qu'elles énoncent. L'article 8 ne vise pas ces déclarations car il ne parle que des traités et par conséquent aucune ratification n'est nécessaire pour ces accords internationaux (1).

(1) Bozérian, *Régime international des marques de fabrique*, (1ᵉʳ jan-

Cette argumentation ne saurait être acceptée.

L'article 8 est général et vise tout traité international même relatif à la propriété intellectuelle et fût-il nommé déclaration. Il n'y a là qu'une simple question de terminologie employée au gré des diplomates et à laquelle il ne faut pas s'attacher. *Plus in re quam in verbis.* Cela ressort clairement d'ailleurs des discussions qui ont précédé son vote. M. Laboulaye, le rapporteur de la commission des lois constitutionnelles, a bien indiqué la nature et la portée de cet article 8. En parlant des traités soumis à la ratification il a cité à titre d'exemple, entre autres, les traités relatifs à la propriété littéraire et artistique et il a même ajouté, inexactement d'ailleurs, qu'il en a été de même, du moins pour quelques-uns, sous le second Empire ; ce qui montre bien l'esprit dans lequel fut rendu cet article. Des explications dans le même sens ont été fournies par le ministre des affaires étrangères de cette époque. Et puis, l'article 8 parle des traités relatifs « au droit de propriété des Français à l'étranger » ; or, en France, les droits intellectuels sont désignés par l'expression propriété littéraire et artistique. Du reste comme le fait observer M. Renault « il est assez naturel de supposer que le législateur de 1875 a eu cette propriété en vue, alors que pratiquement, entre pays

---

vier 1880). *Le Droit* du 26 mai 1880. De même aussi M. Clunet déjà cité et M. Robinet de Cléry, même journal, 1876, p. 348. M. Pouillet dans la *Propriété industrielle* du 15 avril 1880 (t. I, n° 8, 1re partie), s'est prononcé dans le même sens.

civilisés, on ne fait plus guère de convention expresse pour assurer le droit à la propriété ordinaire ». (1)

Maintenant quant à la nature du vice dont les conventions de la troisième république sont atteintes, il faut, croyons-nous, distinguer les deux périodes.

Les conventions de la première période (1870-1875) sont entachées de nullité, elles sont même nulles de plein droit, attendu que le pouvoir souverain, concentré entre les mains de l'Assemblée nationale, seul capable de les consentir, n'a pas donné son acquiescement; celles de la seconde période (1875-1880) sont au contraire susceptibles de validation par l'approbation du pouvoir législatif.

Il faut voir maintenant *quelle est l'influence des traités internationaux sur le décret du 28 mars 1852 et réciproquement.*

La question est très intéressante car il y a parmi ces traités qui sont beaucoup moins larges que le décret du 28 mars 1852, soit quant à l'étendue de la protection du droit d'auteur, soit quant aux formalités auxquelles ils l'accordent. Ainsi, par exemple, la traduction qui est restreinte par la majorité des traités dans des limites très étroites, tandis que d'après le décret du 28 mars 1852 les étrangers jouissent en principe de la même durée que pour le droit de reproduction; ou bien des formalités : dépôt, enregistrement qui sont exigées dans un

(1) Renault, *Le Droit*, 26 mai 1880.

délai fixe non seulement en France mais aussi dans le pays d'origine. Quelques conventions sont au contraire, plus larges, elles dispensent l'auteur des formalités prescrites par le décret du 28 mars 1852 et suppriment la nécessité du dépôt. Il sera donc utile aux auteurs d'invoquer suivant les circonstances tantôt le décret, tantôt les conventions.

Disons tout d'abord qu'en ce qui concerne les traités antérieurs au décret du 28 mars 1852, la question présente plutôt un intérêt historique, attendu qu'ils ont été remplacés par d'autres traités postérieurs à ce décret. Néanmoins la question pourrait se présenter encore pour des actes passés sous ce régime, et puis le cas peut se passer à l'étranger ; c'est ce qui arriverait en Belgique où les Français pourront invoquer la loi libérale de 1886 malgré les conventions antérieures. Il est donc bon d'en connaître le principe.

Suivant M. Duvergier (1), les traités n'ont pu être abrogés par le décret du 28 mars 1852 vu que les traités sont des contrats librement formés et débattus entre les parties contractantes qui ne peuvent être modifiés que d'un commun accord et une loi, acte unilatéral de l'une des parties, ne saurait les modifier.

Nous croyons que les conventions antérieures au décret tout en n'étant pas abrogées, ont été néanmoins modifiées. Les conventions subsistent, seulement le

(1) M. Duvergier. Pataille, 1860, p. 33.

droit des étrangers est augmenté depuis ce décret. Pourquoi d'ailleurs priver du bénéfice du décret précisément les nations qui avaient montré le plus de sollicitude, qui avaient fait preuve de générosité à l'égard de la France (1) ?

Il est évident que les Français pourront invoquer dans les pays étrangers les prérogatives qui leur ont été accordées par les traités conclus antérieurement au décret à moins qu'ils ne soient expirés ; car ces nations ne pourront prétendre, en acquérant en France pour leurs sujets des droits plus étendus, qu'elles sont déliées de tout engagement.

La question présente plus d'importance pour les conventions postérieures au décret du 28 mars 1852 et notamment pour les conventions des pays qui n'ont pas adhéré à l'union de Berne, union qui a remplacé un certain nombre de ces conventions dans des conditions très avantageuses.

Il y a des auteurs (2) qui soutiennent que les ressortissants des pays liés à la France par un traité peuvent invoquer suivant leur intérêt, soit le décret, soit le traité. « S'il existe une convention entre la France et le pays dont l'auteur est originaire, celui-ci a droit à une double protection : celle qui résulte des termes généraux du décret du 28 mars 1852, et celle qui résulte des ter-

(1) Pouillet, p. 772. Darras, p. 244.
(2) Rendu et Delorme, nᵒˢ 717 et 765. Delalain, *Législation de la propr. litt.*, p. 23, note 3.

mes spéciaux du traité diplomatique. L'étranger pourra,
à son gré, invoquer l'une ou l'autre suivant qu'elle lui
sera plus avantageuse ». De même aussi M. Delalain
ajoute que les droits des auteurs et des artistes sur les
œuvres publiées à l'étranger sont réglés en France, non
seulement par le décret du 28 mars 1852, mais encore
par les conventions internationales. Cette théorie fut
soutenue aussi par M. Gavard (1), premier secrétaire de
l'ambassade française à Londres, lors de l'enquête anglaise de 1875.

Les auteurs du système cumulatif ont fait valoir pour
le justifier des raisons diverses.

Les traités, disent-ils, n'ont pas pu porter atteinte aux
droits que possédaient déjà les étrangers ; on ne stipule
pas contre soi-même ; les étrangers qui jouissaient de
tous les droits, en vertu du décret du 28 mars 1852,
n'ont pu renoncer à tous ces avantages et accepter les
clauses restrictives des traités ; que les pays qui n'ont
pas conclu de traités avec la France seront mieux traités
que ceux qui ont fait preuve de sentiments amicaux à
son égard. D'ailleurs, ajoute-t-on, les lois sont au-dessus des traités et si ce traité porte atteinte à une loi, il
faut qu'il soit approuvé par le législateur ; or la diplo-
matie n'a pu restreindre par des conventions les effets
larges et étendus du décret du 28 mars 1852.

Nous ne saurions approuver cette opinion.

Nous répondrons d'abord que le traité est une véri-

(1) Cité par M. Renault, p. 461, note 1.

table loi, mais une loi spéciale, vu qu'elle ne règle que les intérêts d'un nombre limité de pays ; or, il est de principe qu'une loi générale peut être abrogée par une loi particulière, *specialia generalibus derogant*, et ainsi rendue inapplicable. Et qu'on ne dise pas (1) qu'il n'y a que les traités qui ont été ratifiés par le parlement qui ont le caractère de lois, — attendu que ce caractère leur a été imprimé par le vote, — et peuvent par conséquent modifier le décret ; car il existe une exception certaine en droit international : une nation qui, par une loi, aurait concédé un avantage quelconque à un autre État ne doit pas recourir à une loi pour constater la renonciation consentie par l'autre pays ; à cet effet, il suffit de recourir à la forme ordinaire des traités (2).

Et puis cette solution est anti-juridique. Les traités forment un tout indivisible, ce sont des actes bilatéraux, des contrats synallagmatiques, or la clause résolutoire y est sous-entendue ; on ne peut pas les appliquer partiellement, seulement aux Français sans qu'on ne les applique pas aussi aux étrangers. Comment comprendre d'ailleurs que ces traités soient valables à l'étranger et nuls en France ? Il serait profondément injuste et illogique qu'un étranger, après avoir réglé et accepté la situation dans son ensemble, puisse scinder la convention, prendre les dispositions qui lui conviennent et rejeter les

(1) Théorie de M. Weiss, p. 318 et s.
(2) Renault, *Bulletin de la Société de législation comparée*, 1881, p. 249.

autres ; ou il est valable, et alors on doit l'appliquer dans chacun de ses articles, ou il n'existe pas, et on doit le rejeter en bloc.

Quant à l'argument tiré du « contrat restrictif de son droit » et de la situation fâcheuse dans laquelle se trouverait la nation qui aurait conclu des traités vis-à-vis de celles qui, n'ayant pas de conventions, jouiraient de droits plus étendus, nous ferons remarquer que tous les contrats sont restrictifs, en ce sens que tous imposent des obligations, tous contiennent des concessions réciproques ; et puis les nations peuvent préférer les traités aux lois, parce que ces traités étant conclus pour une période de temps fixe et déterminée sont plus certains et ne se détruisent que par la volonté des deux parties, tandis qu'un acte législatif, issu un jour d'enthousiasme, on peut craindre de le voir révoquer. En un mot, le traité est beaucoup plus durable et on acquiert plus de certitude. Rappelons aussi qu'il est d'une grande utilité lorsqu'il s'agit de régler les questions de détail ; ainsi pour ne fournir qu'un exemple, quoique la loi espagnole de 1879 accorde les mêmes droits aux étrangers que le décret du 28 mars 1852, ces deux pays ont néanmoins senti le besoin de conclure une convention internationale en 1880. Il présente enfin, le grand avantage d'inciter les étrangers à améliorer chez eux le sort des auteurs français.

Nous avons déjà fait voir le système de M. Duvergier (1) qui considère les traités non seulement comme

(1) Duvergier déjà cité.

de véritables lois pour les parties contractantes, mais encore comme étant pour les autres nations l'expression tacite de leur volonté. Le système du savant auteur est inacceptable. S'il en était ainsi le décret du 28 mars 1852 resterait sans application. En effet dès qu'il y aurait un traité avec une nation, il y aurait une dérogation à ce décret, et, dès qu'il n'existerait pas de traité, on déclarerait à cette nation non contractante le traité précédemment conclu.

La jurisprudence s'est formellement prononcée; la question lui était nettement posée dans l'affaire Donizetti, pour l'abrogation partielle du décret du 28 mars 1852 par des conventions postérieures (1).

Il est à remarquer d'ailleurs que la question perd beaucoup d'importance avec le système de la jurisprudence (et aussi de la doctrine), qui restreint l'application du décret par l'intervention de la loi d'origine, beaucoup moins généreuse, de l'auteur étranger.

Nous allons maintenant étudier les points suivants :

Le principe et l'étendue de la protection.

Conditions de la protection.

Traduction et œuvres musicales et dramatiques.

Dispositions diverses.

Principe et étendue de la protection.

Le principe et l'étendue de la protection nous les trouvons contenus dans la formule générale suivante

(1) Cassation, 25 juillet 1887, Sirey, 1888,I,17.

qui forme le modèle-type de toutes les conventions :
« Les auteurs de livres, brochures ou autres écrits, de
compositions musicales, d'œuvres de dessin, de peinture, de sculpture, de gravure, de lithographie et de
toutes autres productions analogues du domaine littéraire ou artistique, jouiront dans chacun des deux États,
réciproquement, des avantages qui y sont ou y seront
attribués par la loi à la propriété des ouvrages de littérature et d'art, et ils auront la même protection et le
même recours légal contre toute atteinte portée à leurs
droits, que si cette atteinte avait été commise à l'égard
d'auteurs d'ouvrages publiés pour la première fois dans
le pays même. Toutefois ces avantages ne leur sont réciproquement assurés que pendant l'existence de leurs
droits dans le pays où la publication originale a été
faite, et la durée de leur jouissance dans l'autre pays ne
pourra excéder celle fixée par la loi pour les auteurs
nationaux (1) ».

Quoique au premier abord il semblerait que cette
formule établît une assimilation complète et absolue
entre les nationaux et les étrangers, en ce sens que,
pour savoir quels sont les ouvrages publiés dans l'un
des pays contractants, qui sont protégés et dans quelle
mesure ils le sont dans l'autre, on n'aurait qu'à se référer à la législation de ce dernier pays ; il résulte cependant de l'esprit et des termes de cette disposition que

(1) Article 1, alinéas 1 et 2 des conventions avec la Belgique, l'Italie, l'Autriche, la Suisse, le Portugal, l'Allemagne, les Pays-Bas.

l'assimilation est loin d'être aussi complète et qu'en fait elle est restreinte par l'application simultanée de deux législations du pays d'origine et du pays d'importation. C'est ce que nous voyons expressément déclaré relativement à la durée dans les dernières lignes de la disposition que nous venons de transcrire. Cette durée est déterminée par les deux législations en ce sens que si ces deux législations ne concordent pas quant au délai pendant lequel l'auteur peut exercer son droit, ce sera toujours le délai le plus court qu'il faudra appliquer. Ainsi supposons par exemple un ouvrage paru pour la première fois en Allemagne où les droits d'auteur s'éteignent trente ans après leur mort, si cet ouvrage venait à être réimprimé en France, on ne pourrait pas arguer de la loi de 1866 qui accorde une jouissance cinquantenaire après le décès de l'auteur, et en profiter. La protection ne peut plus exister en France, pays d'importation, alors qu'elle a disparu dans le pays où l'ouvrage a vu le jour, pays d'origine. En sens inverse, un ouvrage publié en France et réimprimé en Allemagne, ne jouira dans ce dernier pays que du délai de trente ans, sans tenir compte du délai plus long de la loi d'origine ; on applique toujours la législation la plus restrictive par la raison que les ouvrages étrangers ne sauraient avoir une protection plus grande, plus efficace que les ouvrages nationaux. Sous cette double limitation de l'existence du droit et de la garantie minime on peut dire qu'il y a assimilation.

Il paraîtrait légitime d'introduire une exception à cette
règle, tout au moins, pour les œuvres qui ont été spécialement désignées dans la convention ; mais il n'en saurait être ainsi, le principe posé ne peut pas être mis en
brèche. M. Lyon-Caen (1) dans son intéressante étude sur
le traité franco-allemand, nous fait remarquer que quoique les plans, croquis et œuvres plastiques relatifs à la
géographie et à la topographie figurent dans le traité
(art. 1er, § 3), ils ne figurent cependant pas dans la loi
allemande et par conséquent ne jouissent pas de la protection ; l'article 1er, § 3 assimile les étrangers aux nationaux, or les premiers ne peuvent pas avoir plus de
droits que les seconds, et une simple mention insérée
dans un traité ne saurait faire échec à ce principe ; de
même les Allemands ne pourront pas non plus réclamer
en France une protection, attendu que le paragraphe 2
de l'article 1 dit en toutes lettres qu'ils ne sauraient
être protégés pour des œuvres tombées dans le domaine
public. L'utilité de cette indication spéciale deviendra
cependant considérable le jour où les lois internes vien-
draient à être avantageusement modifiées, car toute
contestation sera évitée.

Ainsi donc pour savoir d'une façon exacte quelle est
la situation en France d'un auteur étranger qui a publié
son œuvre dans un pays qui a conclu une convention (2)

(1) Lyon-Caen, *Revue de droit int.*, 1884, p. 443.
(2) Convention avec l'Autriche-Hongrie, art. 10 ; avec la Belgique,
art. 10 ; avec l'Italie, art. 10 ; avec l'Allemagne, art. 13 ; avec le
Luxembourg, art. 11 ; avec le Portugal, art. 11.

avec la France, il faut consulter le traité, la loi étrangère et la loi française.

Le *traité* pose le principe de la protection, il affirme en un mot l'existence du droit des ressortissants de tel pays déterminé, il indique les conditions d'application, c'est-à-dire les formalités à remplir, et quelquefois il ajoute aussi des règles de détail, par exemple celles qui concernent la traduction, la représentation publique, les articles de journaux, la rétroactivité.

La *loi française* ou d'une façon plus générale la *loi locale*, c'est-à-dire la loi du pays où la protection est réclamée, détermine la mesure dans laquelle est accordée cette protection ; en d'autres termes, quelles sont les œuvres qui jouissent de ce bénéfice, le délai de la garantie, les éléments et les conséquences de la contrefaçon, la procédure à suivre pour la poursuite des contrefacteurs ; ce sont là des faits qui concernent la violation du droit d'auteur et qui constituent des délits et entrent, comme tels, dans la compétence des juges des pays sur le territoire desquels ils se sont passés et qui ne peuvent pas appliquer d'autres lois. Plusieurs conventions le disent en termes exprès. « En cas de contravention, la saisie des objets de contrefaçon sera opérée, et les tribunaux appliqueront les pénalités déterminées par les législations respectives, de la même manière que si l'infraction avait été commise au préjudice d'un ouvrage ou d'une production d'origine nationale. Les caractères constituant la contrefaçon seront déterminés par les tribunaux de l'un et de l'autre pays, d'après la législation en vigueur dans chacun des deux États ».

La *loi étrangère* ou la loi du pays où a eu lieu la première publication doit être également consultée en ce qui concerne l'existence du droit, car ce n'est qu'autant que ce droit existe qu'une protection analogue pourrait être obtenue dans le pays d'importation. En effet le but de la convention est de protéger à l'étranger un droit né sur le territoire national, or, la première condition *sine qua non*, c'est précisément que ce droit soit né, qu'il existe, autrement il serait singulier qu'un auteur fût protégé au dehors, alors qu'il ne le sera pas dans son propre pays ; aussi en est-il fait mention expresse dans plusieurs conventions. « Il est bien entendu que la protection ne leur sera réciproquement assurée que pendant l'existence de leurs droits dans leur pays d'origine, et la durée de sa jouissance dans l'autre pays ne pourra excéder celle fixée par la loi pour ses nationaux (1) ».

On voit donc que chaque fois qu'il s'agit de régler des intérêts internationaux, il faut faire intervenir trois textes différents dont la combinaison peut amener en pratique des complications plus ou moins graves. En effet, ce système impose aux juges une connaissance profonde (2) des lois étrangères, il ménage aux contrefac-

______

(1) La convention des Pays-Bas, art. 1, al. 3 ; Allemagne, art. 1, al. 2 ; Autriche-Hongrie, art. 1, al. 2 ; Belgique, art. 1, al. 2.

(2) Pour rendre plus facile la connaissance des lois étrangères les conventions déclarent ordinairement que les gouvernements contrac-

teurs des moyens dilatoires ou même des occasions de
s'échapper à la répression pénale par l'effet d'un incident imprévu ; ajoutons aussi qu'il est peu favorable aux
auteurs étrangers dont les législations sont plus restrictives que celle qui régit la France.

Aussi pour rendre la position de l'étranger plus sûre,
plus nette, moins compliquée, on s'est demandé s'il ne
valait pas mieux s'attacher à un texte unique et dire
que la réciprocité de la protection établie par les traités
doit avoir cette conséquence que l'auteur d'un ouvrage
publié à l'étranger doit jouir sur le territoire du pays
contractant des droits accordés par les lois aux œuvres
qui y ont paru, abstraction faite de la loi étrangère.
C'est l'opinion qui a été exprimée par certains auteurs et
adoptée par le congrès artistique tenu à Paris en 1878.
Voici ce que dit à cet égard M. Celliez (1) : « En quoi la nation hospitalière souffrira-t-elle parce que le droit privatif de l'auteur ou de ses représentants sera éteint
plus tôt, ou sera moins étendu, dans son pays d'origine ?
Si la nation hospitalière voulait limiter chez elle la durée
ou l'étendue du droit de l'auteur étranger, dans la mesure de la durée ou de l'étendue réglées par la loi du
pays d'origine, il serait équitable alors d'accorder au
droit putatif de l'auteur étranger sur son œuvre une
durée plus longue ou une plus grande étendue, quand

tants se communiqueront réciproquement les lois et règlements
intérieurs sur la propriété littéraire et artistique.

(1) Cité par M. Renault, p. 465 ; 4e résolution du congrès de Paris.

cette durée ou cette étendue dépasseraient, dans son pays d'origine, celles établies dans l'autre pays pour les auteurs nationaux. Il n'y a qu'une seule manière d'être juste envers tous, c'est l'assimilation absolue des œuvres, quelle que soit l'origine nationale ou étrangère.

Ce système ne nous satisfait pas ; car d'une part on ne peut pas négliger entièrement la loi du pays d'origine qui forme la base de l'existence du droit, qui constitue en quelque sorte son état civil, d'autre part on ne peut pas faire à cet étranger, une fois son droit existant dans son pays, une situation plus favorable qu'aux nationaux et accorder une durée plus longue, car cette limite représente aux yeux de la loi originale ce qui est juste et logique de faire aux intérêts des auteurs sans porter préjudice aux droits et aux intérêts de la société ; et puis comment pourrait-on maintenir en France un droit dont il n'est pas investi, ou tout au moins, dont il est dessaisi dans son propre pays ? Une nation n'est nullement inhospitalière lorsqu'elle traite chez elle les étrangers conformément à leur loi nationale et sans les favoriser plus que ses propres sujets.

On a voulu voir une application du système de l'assimilation des étrangers aux nationaux dans le traité conclu avec la Grande-Bretagne. « Les auteurs d'œuvres de littérature ou d'art, auxquels les lois de l'un des deux pays garantissent actuellement ou garantiront à l'avenir le droit de propriété ou d'auteur, auront la faculté d'exercer ledit droit sur les territoires de l'autre pays,

pendant le même espace de temps et dans les mêmes
limites que s'exercerait dans cet autre pays lui-même
le droit attribué aux auteurs d'ouvrages de même nature
qui y seraient publiés, de telle sorte que la reproduction
ou la contrefaçon, dans l'un des deux États, de toute
œuvre de littérature ou d'art, publiée dans l'autre sera
traitée de la même manière que le serait la contrefaçon
ou la reproduction d'ouvrages de même nature originai-
rement publiés dans cet autre État » (art. 1).

En présence de la généralité de ce texte qui ne contient pas la formule restrictive ordinairement consacrée
dans les traités de ce genre, MM. Celliez et Laboulaye (1)
ont cru voir une exception à la règle commune. Suivant
ces auteurs, il résulterait de ce texte que pour les droits
des Français en Angleterre on n'envisagerait que la loi
anglaise, de même que pour ceux des auteurs anglais en
France, on appliquerait exclusivement la loi française.
Mais nous ne suivrons pas cette opinion, car nous ne
voyons nullement l'exception qu'elle a prétendu y trouver, et nous pensons avec M. Renault (2), que le commencement de l'article précité prouve le contraire. En
effet, l'article parle des auteurs de littérature et d'art
auxquels *les lois garantissent*, ce qui suppose que le droit
existe d'abord d'après la loi du pays d'origine ; celle-ci
est donc prise en considération. Bien que l'on semble
dire ensuite que le droit existera pendant toute la durée

(1) Laboulaye déjà cité, p. 1.
(2) M. Renault, p. 464.

fixée par l'autre pays, il est certain que cette durée ne peut en aucune façon dépasser celle fixée par la loi du pays d'origine, attendu que, dans cette hypothèse, le droit étant éteint d'après celle-ci, on ne se trouverait plus dans les termes de la convention, puisque la condition exigée au début de l'article fait défaut. On voit donc que malgré la forme vague et indéterminée de cette convention, elle ne fait pas exception au principe de la double limitation que nous avons admis en ce qui concerne l'assimilation des œuvres étrangères aux œuvres nationales et qui a été nettement posé par toutes les conventions postérieures.

Ainsi donc, en résumé, les traités accordent la même durée que celle garantie aux auteurs nationaux, mais à la condition que le droit des étrangers existe encore dans leur pays.

Disons qu'il y a des conventions qui ont déterminé d'une manière préfixe la durée de la jouissance. Ainsi les conventions avec l'Espagne (1880, art. 1) et le Salvador (1880, art. 10) garantissent la propriété littéraire et artistique pendant toute la vie de l'auteur et cinquante ans après sa mort. La convention franco-russe de 1861 fixait aussi la durée à vingt ou dix ans suivant la qualité des héritiers.

Une question intéressante est née à propos du traité franco-suisse de 1882. D'après l'article 21 de ce traité la durée de la protection au profit des Français est de toute la vie de l'auteur, et si, à sa mort, moins de trente ans s'étaient écoulés depuis la publication, ses héritiers étaient investis de ce privilège jusqu'à l'expiration de ce laps de temps. Or, depuis la nouvelle loi fédérale de 1883, les Suisses jouissent d'une protection trentenaire. En est-il de même des Français? En d'autres termes le traité a-t-il été modifié par la loi de 1883 ? Nous le pensons, car en vertu de l'article 1er de ce traité auquel renvoie son article 16, les auteurs français jouissent en Suisse des avantages qui y sont ou seront attribués par la loi. D'ailleurs depuis la convention de Berne la question n'a plus qu'un intérêt purement spéculatif.

Conditions de la protection.

Formalités. — Il s'agit ici des formalités indépendantes de celles qui sont exigées au pays d'origine.

Au point de vue des formalités à remplir dans le pays de protection, les conventions sont différentes et elles sont allées en s'améliorant. A l'origine les formalités étaient nombreuses et gênantes. Ainsi la protection n'était accordée que sous la double condition d'un *enregistrement* et d'un *dépôt* (1) dans un certain délai ordinairement fixé à trois mois à partir de la première publication. On s'est contenté ensuite d'un simple enregistrement (2). Mais comme ces formalités donnaient

(1) La convention de 1851, art. 8, avec l'Angleterre et la convention de 1853, art. 7, avec l'Espagne.

(2) La convention de 1882, art. 3, avec la Suisse ; de 1866, art. 8, avec l'Autriche ; de 1866, art. 3, avec le Portugal.

naissance à des difficultés et neutralisaient souvent les effets de la protection accordée (1), un simple oubli, une irrégularité commise, un retard involontaire produit par un accident de communication eussent suffi à cet égard, on est arrivé à supprimer toute formalité spéciale dans le pays où on demande la protection ; il suffit qu'il ait rempli les formalités dans le pays d'origine et justifie de son droit par un certificat délivré par l'autorité compétente de ce pays et légalisé par le représentant diplomatique de la nation où il fait valoir ses droits (2). Ajoutons que ce certificat fournit un moyen de preuve commode, mais à la condition que ce certificat ne fasse foi du droit prétendu que jusqu'à preuve contraire, autrement il pourrait y avoir de graves inconvénients car l'autorité compétente n'ayant pas à sa disposition des moyens de contrôle, et devant délivrer le certificat à tout requérant qui a observé les formalités imposées par la loi d'origine, pourrait être induite en erreur par des contrefacteurs habiles qui auraient pu prendre les devants et faire les enregistrements et dépôts prescrits ; il faut donc permettre de prouver que le plaignant n'a aucun droit d'après sa loi d'origine.

Il est curieux de remarquer qu'en vertu de l'article 18

(1) Des irrégularités de forme ont amené en Angleterre la perte du droit de représentation sur « Faust » de Gounod et, « Frou-Frou » de Meilhac. *Droit int. pr.*, 1888, p. 223.

(2) Convention avec : la Suède et Norvège 1884, art. 4 ; la Belgique 1881, art. 3 ; l'Italie 1884, art. 4 ; Salvador 1880, art. 2 ; Luxembourg 1866, art. 3.

de la convention franco-suisse du 23 février 1882 il n'y
a pas d'égalité de formalités. Les Français peuvent justifier leur droit de propriété par un simple certificat délivré par le bureau de la librairie au ministère de l'Inté-
rieur, tandis que les Suisses pour jouir de leur droit en
France, il faut qu'ils aient fait l'enregistrement à Paris
ou à la chancellerie de l'ambassade à Berne. Ce privilège
au profit des auteurs français s'explique par l'exigence du
dépôt en France de toutes les œuvres, et l'autorité peut
donc attester la publication originale ; en Suisse au contraire, il n'y a ni dépôt ni enregistrement. Du reste au
moment de la conclusion de la convention, la Suisse
n'avait pas encore de loi fédérale (1).

Enfin le dernier progrès de simplification a été réalisé
par le traité conclu par l'Allemagne (en 1883, art. 7) en
vertu duquel celui dont le nom figure sur l'ouvrage est
considéré comme en étant le propriétaire.

Il est évident d'ailleurs que ces formalités ne s'appliquent qu'aux œuvres publiées ; quant aux œuvres inédites elles sont protégées comme telles indépendamment de toute condition. Quelques conventions (2) sont
catégoriques sur l'assimilation des œuvres inédites aux
œuvres publiées, au point de vue de leur protection.

La majorité des traités protègent toutes les œuvres
parues sur le territoire de l'un ou de l'autre des États

(1) Rapport de M. Bozérian, *Journal officiel*, 1882, p. 254.
(2) Conventions avec l'Allemagne 1883, art. 1, p. 2 ; l'Italie 1884,
art. 1, p. 1.

contractants quelle que soit la nationalité de leurs auteurs ; en d'autres termes on admet avec juste raison d'ailleurs le système de la *territorialité* (1) ; d'autres conventions ont consacré le principe de l'*indigénat* (2) c'est-à-dire qu'elles ne garantissent la protection qu'aux ressortissants ou sujets de chacun des États contractants.

Disons qu'une difficulté peut naître à l'occasion de certains traités qui ne contiennent pas d'indication précise sur le caractère des œuvres et des personnes protégées. Par exemple la formule du traité franco-espagnol (1880, 1) qui dit : « *Les auteurs* jouiront dans chacun des pays contractants ». Il est évident d'abord que les ressortissants de ces pays seront protégés. Mais voilà la difficulté : la loi française reconnaît la protection à tous les étrangers, est-ce à dire qu'un auteur russe publiant son roman en Angleterre pourrait invoquer ce traité à l'encontre d'une contrefaçon faite en Espagne. Ce serait étrange. A défaut de texte, il faut interpréter l'intention des parties contractantes pour résoudre la difficulté. Or il est naturel que les deux parties n'ont pas dû envisager le cas d'un auteur étranger à l'une et l'autre nation

(1) Convention avec : l'Autriche-Hongrie 1866, art. 1, 3, 4 ; la Belgique 1881, art. 1, p. 1 et 3 ; la Suisse 1882, art. 1, l. 16-23.

(2) Convention avec : la Suède et la Norvège, art. additionnel au traité de 1881 et art. 1, de la convention particulière de 1884 ; le Salvador 1880, art. 1. L'Allemagne admet aussi ce système (art. 11) toutefois elle fait une exception au profit de celui qui édite sur son territoire, art. 2 de 1883.

et publiant sur un territoire qui ne leur appartient
pas.

Traduction et œuvres dramatiques et musicales.

Toutes les conventions contiennent des dispositions
spéciales sur ces deux manifestations du droit d'auteur;
aussi les avons-nous étudiées dans une section à part.

Traduction. — La question la plus importante et en
même temps la plus délicate qui se présente en droit
international conventionnel, est celle de la traduction.
Disons tout de suite que la traduction elle-même est
protégée comme une œuvre originale, en ce sens qu'on
n'a pas le droit de s'approprier la version que le traducteur a donnée du texte original sans son consentement; mais ce traducteur n'a nullement le droit de
s'opposer à ce qu'une autre traduction du même ouvrage
soit faite. Il pourra ainsi arriver qu'un auteur soit contrefacteur si, par exemple, après avoir publié un livre
et qu'un autre l'ait traduit, il a reproduit cette traduction. Presque toutes les conventions contiennent une
clause en ce sens (1).

Il s'agit de savoir si la traduction en tant que reproduction de l'œuvre originale peut être empêchée par
l'auteur de cet ouvrage et s'il le peut, à quelles conditions et pendant combien de temps.

(1) Convention avec la Belgique 1881, 5 *in fine*; Espagne 1880, 3, al.
2; Italie 1884, 7, al. 3; Allemagne 1883, 9 al. 3. Suisse 1882, 5 *in fine*
etc.

Presque toutes les conventions ont resserré le droit de traduction dans des limites de temps excessivement étroites et ont en outre subordonné son maintien à des conditions nombreuses et gênantes qui l'ont rendu à peu près illusoire.

Ainsi d'après l'article 5 de la convention avec le Portugal, l'auteur peut empêcher la publication de la traduction de son ouvrage pendant 5 ans, mais à la condition qu'il ait indiqué en tête de son ouvrage l'intention de se réserver le droit de traduction et qu'il ait usé de ce droit en faisant paraître une traduction autorisée dans un certain délai, d'un an ou de trois ans suivant qu'elle est partielle ou totale, à compter de l'enregistrement de l'œuvre originale ; en outre la traduction elle-même devra être enregistrée. Quant aux ouvrages se publiant par livraisons, la mention de la réserve du droit de traduction devra être insérée dans la première livraison et chacune de ces livraisons étant considérée comme un ouvrage séparé, et comme tel séparément enregistré, jouira de la protection quinquennale. Les cinq ans de protection courent du jour de la publication de la traduction autorisée et lorsque l'ouvrage est publié en livraisons, le délai court du jour de la dernière livraison de chaque traduction.

Ces mêmes dispositions identiques se retrouvent dans la convention de 1851, art. 3, al. 2, 4, 7 avec l'Angleterre et l'ancienne convention de 1862, art. 5 avec la Prusse.

Dans d'autres conventions le délai accordé à l'auteur pour faire paraître une traduction autorisée, de même que le délai de la protection est plus étendu. Ainsi dans la nouvelle convention avec l'Allemagne la durée du droit de protection a été portée à dix ans, ce qui constitue une innovation par rapport à la convention de 1862 (art. 5), et cette extension de la durée de la protection est d'autant plus remarquable que la législation interne de ce pays est moins favorable, la traduction n'étant protégée d'après la loi du 11 juin 1870 (art. 6 et 50) que pendant cinq ans (1). Les mêmes dispositions existent dans le traité franco-italien de 1884, art. 8. En outre dans ces deux conventions tout en exigeant qu'une traduction soit faite dans l'intervalle de trois ans, on n'exige plus la mention de la réserve du droit de traduction, ni non plus son enregistrement.

D'autres conventions imposent la nécessité de faire une réserve expresse du droit de la traduction, mais une fois cette condition accomplie, elles assimilent la traduction à la reproduction textuelle et la protègent comme telle aussi longtemps que cette dernière.

L'article 5 de la convention avec l'Autriche-Hongrie le dit expressément. « L'auteur de tout ouvrage publié dans l'un des deux pays jouit de la même protection que les auteurs nationaux contre la publication dans l'autre pays, de toute traduction du même ouvrage non auto-

____

(1) Ch. Lyon-Caen, *Droit int. privé*, 1884, p. 453.

risé par lui, sous la condition, toutefois, d'avoir indiqué en tête de son ouvrage son intention de se réserver le droit de traduction ». Il est à remarquer ici, que d'après la loi autrichienne du 19 octobre 1846, art. 5, al. 2, art. 13, et la loi hongroise du 1er juillet 1884, art. 7, al. 3, il faut, pour que l'auteur puisse jouir du droit de traduction, qu'il l'ait fait paraître dans l'intervalle d'un an, d'où il suit, conformément à la doctrine que nous avons précédemment soutenue, à savoir qu'un auteur étranger ne peut avoir plus de droit que dans son propre pays, qu'on doit tenir compte de ces restrictions si un auteur autrichien ou hongrois venait à se prévaloir de ses droits en France et qu'en outre il n'en jouira que pendant trente ans (1).

Les traités avec l'Espagne (1880, art. 3), et le Salvador (1880, art. 3) placent absolument sur la même ligne la traduction et la reproduction non autorisées d'une œuvre publiée dans l'un des pays ; les formalités requises au lieu d'origine sont suffisantes pour sauvegarder les droits intellectuels dans le pays d'importation.

En Belgique, grâce à la clause de la nation la plus favorisée contenue dans la déclaration du 4 janvier 1882 et à la suite de la loi de 1886 qui admet l'assimilation absolue du droit de traduction et du droit de reproduction, toutes les restrictions contenues dans l'article 6 du traité de 1881 ont disparu.

(1) *Annuaire de la législation étrangère*, 1884, p. 312 et suiv. et *Droit int. privé*, 1885, p. 487.

Le traité franco-suisse de 1882 impose les mêmes formalités et est tout aussi restrictif que le traité franco-
allemand ; mais nous devons ajouter qu'il a bénéficié,
en vertu de la clause de la nation la plus favorisée contenue dans son article 1er, de dispositions beaucoup
plus libérales de la loi fédérale de 1883. Cette loi assimile la traduction à la reproduction ; toutefois la traduction n'est protégée que si elle est publiée dans l'intervalle
de cinq ans, conformément à l'article 2, alinéa 3 (1).

Les conventions avec la Russie et avec les Pays-Bas
ne parlent pas de la traduction, mais comme elles assurent aux auteurs français la même protection que celle
qu'elles accordent pour les lois internes aux auteurs
russes et hollandais, il faut consulter la loi russe et la
loi hollandaise pour savoir quelle sera leur situation.
Or d'après celles-ci la traduction est permise pourvu
qu'on prenne soin de ne pas reproduire en même temps
le texte original. Il résulte de là que les auteurs peuvent
être impunément traduits et il paraît qu'en fait on profite
largement de cette tolérance notamment en Russie où les
traductions étrangères se font sur une très grand eéchelle.

Mais il est utile de remarquer que si la traduction est
permise dans ces deux pays, il ne s'en suit pas, que
cette traduction pourra être introduite en France : on
appliquera la clause en vertu de laquelle « les parties
contractantes conservent le droit de prohiber l'importa-

(1) Nous avons dit que ces deux derniers traités sont actuellement
dénoncés.

tion dans ses propres États des livres qui, *d'après ses lois intérieures* ou les stipulations souscrites avec d'autres puissances, sont ou seraient déclarées être des contre-façons ou des violations du droit d'auteur (1) ».

Ainsi, en résumé, nous voyons les dispositions des traités très peu favorables à la traduction, ce qui est absolument injuste et illogique attendu qu'elle est le véritable mode de reproduction entre les divers peuples qui ne parlent pas la même langue et la protection du droit d'auteur est purement illusoire si on ne protège pas efficacement la traduction.

Les différentes formalités exigées pour la traduction deviennent impossibles lorsque l'œuvre est *inédite* et la traduction est protégée alors comme telle, indépendamment de toute condition. C'est ce qu'a décidé la Cour de Bruxelles dans l'affaire de *l'Assommoir* (Bruxelles, 17 juin 1880 ; Sirey, 1881, § 9, note de M. Renault).

Œuvres musicales et dramatiques (2). — Nous savons que ces œuvres sont susceptibles de faire l'objet de deux

(1) Convention de 1861 (art. 10) avec la Russie ; convention de 1855 (art. 9) avec les Pays-Bas.

(2) Une proposition de loi a été déposée le 1er juin 1893 *ayant pour objet d'exempter du paiement des droits d'auteurs et compositeurs, dans tous les cas d'exécution ou audition gratuites, les sociétés musicales populaires.* Il nous semble que cette exécution musicale sans idée de lucre et dans un but de bienfaisance, quelque nécessaire qu'elle soit pour le développement populaire de l'art musical « qui forme une source de saines récréations et d'élévation de la pensée » n'en constitue pas moins une atteinte au principe de la propriété d'auteur. Cette proposition a déjà été votée par la Chambre des députés. V. Exposé des motifs, Session de 1893, 2777. Des difficultés pourraient naître de l'application des traités.

droits distincts, celui de reproduction par la voie de l'impression et celui de la reproduction par la voie de la représentation ou de l'exécution. Quant au premier mode de reproduction, il n'y a rien à ajouter à ce que nous avons dit pour les œuvres littéraires et artistiques et la très grande majorité des conventions le citent expressément (1).

En ce qui concerne l'exécution ou la représentation publiques des œuvres musicales et dramatiques il y a des conventions qui les assimilent au droit de reproduction et le droit de l'auteur est consacré d'une façon formelle (2).

Il y a d'autres conventions qui n'en parlent pas, de sorte qu'on peut s'approprier librement et licitement la représentation ou l'exécution des œuvres dramatiques et musicales (3). Quelquefois cette appropriation n'exige aucun travail, c'est ce qui arrive par exemple en Russie, au théâtre Michel de Saint-Pétersbourg, où les pièces françaises sont jouées en français sans qu'un droit quelconque soit payé aux auteurs. Il y a là une situation des

(1) Allemagne 1883, 1, p. 2 ; Italie 1884, 1, p. 3 ; Belgique, 1881, 1, etc.

(2) Autriche 1866, art. 3 ; Allemagne 1883, art. 8 ; Belgique 1881, art. 4 ; Espagne 1880, art. 2 ; Suisse 1882, art. 4.

(3) Convention avec la Russie et les Pays-Bas.

Les auteurs français pour empêcher cela, s'abstiennent quelquefois de faire imprimer leurs pièces. Il est arrivé alors que tel auteur, qui pensait obtenir à Saint-Pétersbourg un grand succès dans une pièce nouvelle, a payé pour avoir le texte de la pièce (Renseignement fourni par M. Belot au Congrès de 1878, cité par M. Renault, p. 474, note 3).

plus intolérables et M. de Martens (1) lui-même s'est associé à M. Renault pour la qualifier de vrai scandale.

Ordinairement une pièce n'est pas représentée à l'étranger dans la langue originale, mais dans la traduction. Cette traduction est soumise aux formalités que nous avons examinées et qui sont encore plus rigoureuses dans cette hypothèse. Les auteurs dramatiques n'ont qu'un délai très court (3 ou 6 mois) pour la publication de la traduction, autorisée par eux, ce qui est évidemment insuffisant (2). On justifie cette différence entre le livre et le théâtre parce que le théâtre est une chose plus actuelle que le livre, qu'une pièce a souvent pour unique cause de succès, la nouveauté et dès lors la traduction s'impose plus vite.

L'adaptation. — Il est souvent indispensable, à cause de différences politiques, sociales ou religieuses qui existent entre deux peuples, d'introduire de petits changements, de petites modifications à l'œuvre primitive, de faire, suivant l'expression anglaise, une adaptation. Les premières conventions permettaient l'adaptation au détriment des auteurs. Quelques-unes des conventions actuelles contiennent des clauses expresses qui l'interdisent (Italie 1882, 5, p. 5 ; Salvador 1880, 6 ; Angleterre, déclaration de 1875 ; Espagne 1880, art. 4, p. 2).

(1) De Martens, *Traité de droit international*, t. II, p. 229.
(2) Les conventions : avec le Portugal, art. 5, al. 7 ; avec la Grande Bretagne, art. 4, fixent un délai de 3 mois à partir de l'enregistrement.

Dispositions diverses.

Les conventions prohibent non seulement la contrefaçon dans un pays, des ouvrages publiés dans l'autre,
mais aussi l'importation et la vente d'ouvrages contrefaits, quel que soit le lieu originaire de la contrefaçon ;
ce qui est très logique car autrement il suffirait qu'un
pays quelconque fût resté étranger à toute convention
littéraire pour que de là les contrefaçons se répandissent
partout (1). Quant au caractère et à la répression des
faits délictueux, la majorité des conventions décide que
les tribunaux respectifs se référeront « à la législation
en vigueur dans chacun des deux pays (2) ». Parfois cependant le traité contient sa propre sanction et fixe les
pénalités applicables en cas de violation de son texte.
C'est ce qui arrive pour les pays qui n'ont pas de législation intérieure sur la matière (3).

Les traités contiennent souvent ce qu'on appelle la
clause de la nation la plus favorisée (4), c'est-à-dire la
clause en vertu de laquelle les nations signataires du
traité auront le droit de se prévaloir et de profiter respec-

---

(1) Quelques conventions répriment l'exportation aussi : Allemagne 1883, art. 12 ; Belgique 1881, art. 9 ; Espagne 1880, art. 2.

(2) Autriche 1866, art. 16 ; Belgique 1881, art. 16 ; Allemagne 1883,
art. 13 ; Italie 1884, art. 9 ; Luxembourg 1866, art. 11 ; Suisse 1882,
art. 15.

(3) Convention avec le Salvador 1886, art. 13 et suiv.

(4) Voir un intéressant article de M. Lher publié dans le *Droit int,
privé*, 1883, p. 313.

tivement de toutes les dispositions plus avantageuses concédées à d'autres nations, indépendamment du traité conclu. Cette pratique est très fâcheuse, elle s'explique dans une matière de tarifs douaniers où il importe qu'un pays ne soit pas favorisé au détriment de l'autre, mais en matière littéraire et artistique nous ne voyons nullement l'utilité de l'insertion d'une pareille clause, ne pouvant en rien être préjudiciable à l'auteur. Ajoutons que dans la pratique des choses, il est excessivement difficile à l'auteur d'être renseigné d'une façon claire sur ses droits, car il y a trop de complications : chaque jour on signe des conventions nouvelles et leurs droits peuvent être améliorés indépendamment de la participation de leur pays respectif. La situation des juges sera également très délicate car ils auront à consulter de nombreux documents. De même, il est à remarquer que cette clause de la nation la plus favorisée peut aussi fausser le principe de la réciprocité dans le cas où la nation qui profite de l'extension ne veut pas en faire autant à l'égard de l'autre nation contractante. Il est juste cependant de remarquer que cet inconvénient est évité en pratique par une prévision formelle inscrite dans le texte de la convention. En outre cette clause est contraire au principe juridique contenu dans la maxime : « *Res inter alios aliis nec nocet nec prodest potest* ».

Voici la formule ordinairement employée dans les traités lorsqu'il s'agit du traitement le plus favorable :

« Il est entendu que si l'une des hautes parties contractantes accordait à un État quelconque, pour la garantie
de la propriété intellectuelle, d'autres avantages que
ceux qui sont stipulés dans la présente convention, ces
avantages seraient également concédés, dans les mêmes
conditions à l'autre partie contractante (1) ».

Il y a des conventions dans lesquelles la clause ne
concerne que les améliorations à venir (2) ; d'autres font
entrer en ligne de compte toutes les améliorations sans
exception (3), laissant ainsi aux juges le soin difficile de
chercher dans la législation et les rapports internationaux les dispositions plus avantageuses qui pourraient
s'y trouver. Disons que dans certaines conventions (4)
les intéressés ne peuvent invoquer que seulement l'amélioration qui résulte d'une convention internationale.

Il est évident d'ailleurs qu'un traité pourrait être invoqué dans une de ses parties seulement, sur un point
spécial, alors qu'il serait moins avantageux dans son
ensemble, que le traité prétendu abrogé ; cette conséquence résulte du mot « tout avantage » qui est contenu
dans la clause des traités (5).

(1) Les conventions avec : l'Italie 1884, art. 10 ; l'Allemagne 1883,
art. 16, al. 1 ; la Belgique 1881, art. 1, al. 4 ; l'Espagne 1880, art. 6 ;
la Suisse 1882, art. 1, 6 et 16.
(2) Il en est ainsi dans les conventions avec l'Espagne, l'Allemagne, l'Italie, la Belgique.
(3) La convention avec la Suisse.
(4) Traités avec l'Espagne, la Belgique, l'Italie et le Portugal.
(5) Conformément l'arrêt de la Cour d'appel de Bruxelles, 17 mai
1880. Il s'agissait dans l'espèce de l'application d'un article de la

Ajoutons enfin que cette clause peut être invoquée
en toute hypothèse, qu'il s'agisse du droit de reproduction par voie d'impression, de représentation ou d'exécution et qu'elle produit ses effets *ipso jure*, c'est-à-dire
qu'elle est invoquée par les auteurs eux-mêmes de leur
propre initiative, sans l'intervention du gouvernement
(notification diplomatique).

En ce qui concerne la rétroactivité des traités, nous
en trouvons deux catégories : la première refuse sa protection aux œuvres parues avant la mise en vigueur du
traité (1); d'où il suit que les faits de contrefaçon commis antérieurement peuvent prolonger leurs effets encore pendant de longues années. Les éditions déjà faites
sont écoulées ; les planches ou les clichés sont employés
jusqu'à usure complète à la reproduction d'exemplaires
nouveaux. En fait la protection du traité reste en pareil
cas sans efficacité pendant un certain temps. La seconde
catégorie étend sa protection aux ouvrages antérieurs à
la mise à exécution du traité, mais sans porter atteinte
aux reproductions licitement faites. C'est-à-dire que l'on
admet l'écoulement des éditions contrefaites et même

convention belge-suisse relativement à la redevance dûe aux auteurs
en cas de représentation, qui, étant beaucoup plus favorable que
l'article correspondant de la convention franco-belge, avait été invoqué par M. Zola à l'encontre de la décision du tribunal de commerce
d'Anvers qui avait fixé la redevance qui lui était dûe pour la représentation de l'*Assommoir* d'après l'ancien tarif. Sirey, 1881, 4, 9, note
de M. Renault.

(1) Convention avec la Grande-Bretagne, art. 1 ; les Pays-Bas, art. 1 ;
la Russie, art. 1.

l'usure des moules ou clichés, mais dans ce cas on prend des mesures assez compliquées (recensement et timbrage de ces objets) afin d'empêcher une reproduction ultérieure illicite (1).

Quelques conventions (2), tout en admettant le principe de la rétroactivité pour leurs dispositions, l'écartent lorsqu'il s'agit de la représentation ou de l'exécution des œuvres dramatiques et musicales.

Mentionnons aussi, en finissant avec notre troisième chapitre, que la durée de ces traités est habituellement limitée à 6, 10 ou 12 ans avec cette addition que le traité restera en vigueur indéfiniment jusqu'à l'expiration d'une année à partir du jour où il aura été dénoncé (3). Mais ce qui est regrettable, c'est la fréquente annexion de ces conventions littéraires à des traités de commerce, ce qui rend souvent leur sort très précaire. D'ailleurs il n'y a aucune raison qui puisse justifier la solidarité qu'on a voulu établir entre les arrangements de commerce et ceux relatifs aux droits intellectuels : les premiers règlent des intérêts, les seconds ont pour but de faire régner la justice dans les rapports littéraires internationaux ; ne serait-il pas singulier que les divergences

(1) Convention avec l'Allemagne 1883, protocole de clôture, art. 1, al. 2, 3 ; l'Italie, l'Espagne, etc.

(2) Convention avec le Portugal, art. 12 ; avec l'Allemagne, 2e al. du protocole de 1883. En Belgique d'après l'art. 4 de la convention de 1881, la rétroactivité ne remonte que jusqu'au 12 mai 1854.

(3) Convention avec l'Angleterre, art. 4 ; la Belgique, art. 16 ; l'Italie, art. 14 ; l'Allemagne, 7, al. 2.

de deux Gouvernements sur le régime à suivre pour l'importation des fils, des soies, des sucres, etc. eussent pour résultat l'anéantissement d'un traité sur la propriété littéraire et artistique (1). Aussi, a-t-on, dans les récentes conventions, quitté cette pratique fâcheuse (2).

(1) M. Renault, p. 476 et VIIe résolution du congrès littéraire et artistique de Paris 1878.

(2) V. le rapport de M.Bozérian sur le traité franco-belge de 1881. Pataille, 1882, p. 113.

CHAPITRE IV

UNION DE BERNE (1).

Notions générales.

Nous venons de voir comment les traités particuliers combinés avec les législations intérieures sont arrivés à donner des résultats précieux, sans doute, mais partiels, et présentant l'inconvénient d'une grande complexité.

En effet, ces lois et ces traités par leur multiplicité, par leurs conditions nombreuses et compliquées, par leurs concessions restrictives et disparates que vient obscurcir encore la clause de la nation la plus favorisée,

(1) Nous avons principalement consulté pour cette partie de notre travail : L'intéressante « Notice » de M. Renault insérée dans le tome II, p. 205 et suiv. de l'ouvrage de MM. Lyon-Caen et Delalain déjà cité ; « *L'union internationale pour la protection des œuvres littéraires et artistiques* » par Charles Soldan ; « *Étude sur la convention d'union internationale pour la protection des œuvres littéraires et artistiques* » par Clunet. « *La propriété littéraire et la convention de Berne* » par René Lavollée ; *Pandectes françaises, propriété littéraire, artistique et industrielle*, 1894. Divers articles de M. le conseiller fédéral Droz dans le *Journal du droit international privé*, 1883-84-85 ; de M. le professeur d'Orreli, *Revue de droit international*, t. XVI, 533 et suiv. et t. XVIII, 35 et suiv. et dans le *Droit d'auteur*, janvier-mars 1889 ; Louis Ulbach dans la *Nouvelle Revue* novembre-décembre 1884 ; les ouvrages de MM. Darras, Pouillet, Romberg et Poinsard déjà cités ; Bastide (Thèse de doctorat) et autres que nous citerons au cours de notre travail.

constituent un régime qui manque totalement de cohé-
sion et partant entraîne de grandes difficultés d'application, sans parler de la précarité de cette protection
lorsqu'elle se trouve insérée dans un traité de commerce
qui peut être dénoncé du jour au lendemain.

Les inconvénients résultant de ce défaut d'unité ont
depuis longtemps attiré l'attention du monde des lettres
et des arts et des jurisconsultes, lesquels ont cherché à
établir des rapports plus simples entre les différents
pays par la conclusion d'un arrangement dont les effets
puissent s'étendre à tout un ensemble de nations. « Tout
le monde se plaint, tout le monde demande un droit
international nécessaire à instituer pour tous », s'écriait
Lamartine en 1841 devant la Chambre des députés (1),
mais il fallut beaucoup d'insistance et de longues années
de travail avant d'arriver à un résultat favorable.

Divers congrès se sont réunis, diverses associations
se sont fondées en vue de provoquer et de préparer l'u-
nification complète des principes régissant la propriété
littéraire et artistique, ou tout au moins de favoriser
l'acheminement vers cette unification, obtenant pour le
moment qu'on se mette d'accord sur un minimum de
protection à garantir aux auteurs et conclure de la sorte
une Union internationale pour la protection littéraire et
artistique. La première réunion fut convoquée et tenue
en Belgique. L'ancienne coupable appelait, comme on
l'a dit, ses victimes à discuter, chez elle, le principe de

(1) *Moniteur*, 24 mai 1839.

ces droits qu'elle avait jadis si audacieusement violés.
Le congrès réuni à cet effet à Bruxelles en 1858 avait
posé comme principe primordial la reconnaissance internationale absolue et avait exprimé le désir « que tous
les peuples adoptent pour la propriété des œuvres de
littérature et d'art une législation reposant sur des bases
uniformes (1) ». Les vœux formulés par le Congrès de
Bruxelles furent adoptés au Congrès tenu à Anvers en
1877 à l'occasion du troisième centenaire de Rubens.
Disons entre parenthèses que les libraires allemands
avaient, eux aussi, fait une tentative en 1875 (2) pour
arriver à une Union.

Mais malgré cet enthousiasme du début, ces idées larges et généreuses restèrent infructueuses et on dut attendre jusqu'en 1878 avant de pouvoir arriver à une
solution pratique.

Le congrès littéraire réuni à cette époque à Paris à
l'occasion de l'exposition universelle, grâce à l'initiative
de la Société des gens de lettres, et qui était composé
des littérateurs, des éditeurs et des juristes les plus en
renom des deux mondes, en un mot « les représentants
les plus autorisés de la littérature universelle qui ve-
naient traiter d'une question internationale des plus délicates et des plus intéressantes (3) », fit faire un grand

---

(1) Clunet, *Etude sur la Convention de Berne*, p. II.
(2) Morillot, *De la protection accordée aux œuvres d'art… dans l'em=
pire d'Allemagne*, p. VI.
(3) *Bulletin assoc. litt. internat.*, n. 1, p. 1.

pas à notre question, laquelle ne tarda pas cette fois-
ci à entrer dans le domaine des faits. Un congrès artistique sous la présidence du maître Meissonnier fut réuni
en même temps. L'un et l'autre de ces deux congrès,
animés du désir de faire reconnaître le droit des écrivains et des artistes dans les rapports internationaux, se
prononcèrent pour la formation d'une Union entre les
divers Etats. Mais pour que les décisions du congrès,
une fois dissous, ne restent pas à l'état platonique et
puissent se transformer en faits matériels, on fonda, et
c'est là le point capital du congrès de 1878, l'*Association littéraire et artistique internationale* sous la présidence d'honneur de Victor Hugo. Cette association
ouverte aux sociétés littéraires et aux écrivains de tous
les pays, et qui comptait parmi ses membres des hommes remarquables tels que Edmond About, Emmanuel
Gonzalès, Pierre Zaccone, Tourghenieff, Lowenthal, etc.,
se donna comme tâche principale d'arriver à faire reconnaître de plus en plus le droit des auteurs sur leurs
œuvres. Aussi se mit-elle à travailler avec acharnement
pour faire triompher ces idées de justice et d'utilité
communes et amener une codification internationale des
droits d'auteur, s'interposant, au besoin, auprès des
gouvernements pour transformer en lois les décisions
prises dans les nombreuses réunions qu'elle tint successivement à Londres en 1879, à Lisbonne en 1880, à
Vienne en 1881, à Rome en 1882 ; réunions qui donnè-
rent naissance à des discussions intéressantes, à des

échanges de vues, à des propositions tendant à obtenir la création de l'Union générale pour la protection du droit d'auteur analogue aux Unions monétaire et postale internationales. Il est juste d'ajouter que cette association fut secondée dans sa tâche épineuse par l'*Association for the codification and reforme of the law of nations* qui fut fondée en Angleterre vers la même époque (1).

En 1883 l'Association littéraire internationale, donnant suite à la décision prise l'année précédente à Rome, réunit à Berne une conférence, composée de savants, d'hommes de lettres, d'artistes, d'éditeurs de tous les pays, dans le but d'élaborer un avant-projet afin de le présenter ensuite aux États comme base de négociation d'une convention universelle. Les délibérations de la conférence furent nourries et intéressantes et les membres éminents qui y participèrent sous la présidence de M. le conseiller Droz, depuis président de la Confédération suisse, « jetèrent une saisissante lumière sur les points controversés, comme le forgeron dont le marteau frappant à tour de rôle le métal embrasé, fait jaillir autour de l'enclume des gerbes d'étincelles (2) ». Le projet qui résulta de ces délibérations était composé de dix articles et était conçu dans un esprit très libéral. Il assurait aux étrangers les mêmes droits qu'aux nationaux, les droits de traduction et d'adaptation étaient assimilés à

(1) *Droit d'Auteur*, n. 1, p. 3.
(2) *Bibliothèque univ. et Rev. suisse*, 85, § 229.

celui de reproduction, en un mot les droits des étrangers étaient énergiquement garantis et sanctionnés.

Ce projet fut remis au Gouvernement fédéral avec la recommandation de le notifier aux puissances étrangères, afin qu'une conférence diplomatique puisse ensuite se réunir pour l'examiner. Le gouvernement agit avec un extrême empressement « en considération de l'utilité et de la grandeur de l'œuvre poursuivie qui répond à un sentiment de justice universellement admis »; il accompagna en même temps l'envoi de ce projet d'une note circulaire où il appuyait la demande de l'Association littéraire internationale, sans toutefois se dissimuler les difficultés de la réalisation immédiate du projet dans toute son intégrité. « Mais », ajoutait-il, « ce serait certainement un grand gain que d'aboutir dès maintenant à une entente générale par laquelle se trouverait proclamé le principe supérieur et, pour ainsi dire, de droit naturel : que l'auteur d'une œuvre littéraire ou artistique, quels que soient sa nationalité et le lieu de reproduction, doit être protégé partout à l'égal des ressortissants de chaque nation (1) ».

Ce projet ayant rencontré auprès de divers gouvernements un accueil favorable, le conseil fédéral suisse convoqua, le 28 juin 1884, une conférence diplomatique composée de tous les États qui avaient adhéré à ses vues dans le but d'arriver à une entente définitive (2).

(1) Soldan, *op. cit.*, p. 5 et *Journal de dr. int. privé*, 84, 443.
(2) M. d'Orelli, *Revue de droit int.*, 1884, p. 533 et s.

Les pays suivants envoyèrent leurs délégués qui se réunirent à Berne du 8 au 19 septembre 1884 ; l'Allemagne, l'Autriche-Hongrie, la Belgique, Costa-Rica, la France, la Grande-Bretagne, Haïti, les Pays-Bas, la Suède, la Norvège, la Suisse. L'Italie, le Paraguay et le Salvador avaient annoncé leur participation mais ils furent empêchés, par des causes diverses, de se faire représenter à la conférence (1). Comme base des travaux de la conférence, le gouvernement fédéral avait préparé un programme plus complet que le projet de l'année précédente ; il était basé sur la garantie en faveur des auteurs étrangers du traitement accordé aux auteurs nationaux par la législation interne de chaque pays. La conférence de 1884 provoqua des discussions très intéressantes. Dès le début la délégation allemande prit une initiative hardie. Elle proposa de discuter en premier lieu la question de savoir si, au lieu de conclure une convention basée sur le traitement national, il ne valait pas mieux de procéder à une codification qui règle d'une manière uniforme et pour tous les pays de l'Union, les disposi-

(1) La France était représentée par MM. Arago, ambassadeur à Berne, René Lavollée et Louis Ulbach. M. Droz fut élu président. Un hommage fut rendu à la France lorsqu'il s'est agi de nommer un vice-président. M. le conseiller Reichardt proposa à l'assemblée de nommer M. Arago « et d'agréer de cette manière, l'hommage rendu non seulement à l'homme éminent et ami de notre œuvre, mais encore à la France qui, nous le savons tous, a toujours été des premières lorsqu'il s'est agi de proclamer, de faire connaître ou de perfectionner la protection du droit d'auteur ». M. Renault, *op. cit.*, 212.

tions relatives à la protection du droit d'auteur, et cela, au moyen d'une convention. Mais malgré tout ce qu'avait de désirable la réalisation d'une pareille proposition, elle n'aboutit pas, parce qu'elle ne tenait pas compte des divergences qui existaient dans les diverses législations quant à la nature du droit d'auteur, à ses restrictions et aux conséquences qu'il entraîne. Il y a beaucoup de différences pratiques, des intérêts et des préjugés chez les divers peuples, d'un autre côté les traités conclus entre eux sont aussi nombreux que dissemblables pour pouvoir soumettre tous ces peuples à la même législation. Aussi la conférence, ne voulant pas, suivant le mot de Louis Ulbach, violenter le temps et subir un échec, préféra-t-elle s'en tenir à une combinaison moins large mais aboutissant d'une façon utile et certaine à l'amélioration de l'état de choses existant. Néanmoins, elle donna une consécration à la proposition allemande en ce sens qu'elle formula des principes recommandés pour une unification législative ultérieure (1).

Les délégués français avaient revendiqué pour les auteurs la protection la plus étendue, spécialement sur le rapport du droit de traduction, des emprunts licites, de l'adaptation, mais ces revendications furent repoussées par les autres délégués qui « objectèrent que dans l'état de la législation intérieure de leurs pays, il leur était impossible d'aller si loin ; ils voudraient bien con-

(1) V. Poinsard, *op. cit.*, 512.

sentir à un certain progrès mais si on leur demandait trop, ils battraient en retraite (1) ». Après beaucoup d'efforts, la conférence arriva à rédiger un projet de convention qui, tout en réalisant de réels progrès, n'en était pas moins très modéré et nettement transactionnel. Aussi le syndicat des sociétés littéraires et artistiques de Paris institué par le « Cercle de la librairie » critiqua-t-il vivement ce projet, le considérant « comme un recul très sensible comparé aux conditions des conventions espagnole, belge... ». Mais M. Droz n'eut pas de peine à montrer l'inanité des accusations produites car si le projet était moins favorable que certains des traités précédemment signés, il les laissait subsister et reconnaissait aux parties adhérentes le droit d'en conclure encore de semblables, d'un esprit tout aussi large ; en outre la règle donnant-donnant domine trop dans ces conventions particulières et puis des États qui résisteraient à conclure des traités particuliers à cause du profit pécuniaire qu'ils retirent, se laisseraient, par une sorte de pudeur, facilement entraîner dans une convention universelle (2).

Le projet de 1884 fut signé par les délégués présents et transmis par le conseil fédéral aux gouvernements de tous les pays civilisés, avec prière de l'examiner et de

(1) *Bibliot. univ. et Rev. suisse*, 86, p. 236 ; *Journal du dr. int. privé*, 84, 447.

(2) *Journal du droit int. privé*, 85, p. 55 et suiv. et p. 103.

donner des instructions définitives à leurs délégués pour une nouvelle conférence.

Une nouvelle conférence, ayant pour but la revision du projet de 1884, se tint à Berne du 7 au 18 septembre 1885 (1). Les pays représentés n'étaient pas les mêmes qu'à la première conférence. L'Autriche-Hongrie ne crut pas pouvoir, à cause du manque d'uniformité de la législation des deux parties de la monarchie, prendre part aux délibérations. Par contre l'Espagne et l'Italie, que des circonstances particulières avaient empêchées de se faire représenter en 1884, envoyèrent cette fois-ci des délégués et prirent une part intéressante à la discussion. Le Honduras et la Tunisie se firent représenter également. La République argentine, le Paraguay, les Etats-Unis et la Roumanie (2) envoyèrent leurs ministres *ad audiendum*. Mais le fait capital de la nouvelle conférence fut la participation active à ses travaux des délégués britanniques. L'Angleterre qui n'avait assisté en 1884 que seulement *ad audiendum* était liée avec les autres nations par des conventions surannées, et pour entrer dans l'Union il fallait modifier profondément sa loi nationale ; d'un autre côté, comme il y avait un intérêt majeur pour l'Union à ce que l'Angleterre pût y adhérer, on ne devait pas lui rendre l'accès difficile et par conséquent on ne devait pas insérer dans la convention des clauses par trop avancées qu'elle n'aurait

(1) Soldan, *op. cit.*, 6.
(2) Le *Droit d'Auteur*, 1888, p. 4.

pas acceptées (1). Aussi, dans l'espoir de gagner le plus d'adhérents et rendre l'admission plus facile pour la généralité des États, on fit des concessions réciproques.

En définitive, la question avait fait un grand pas en ce sens que les idées commençaient à se fixer et le désir d'arriver à une entente commune était plus général et plus profond qu'en 1884. Après six séances générales, la conférence de 1885 aboutit à un projet qui fut signé par onze délégations, mais il fut entendu que ce projet serait définitif, qu'il ne pourrait plus être modifié et que les gouvernements auraient à l'accepter ou à le rejeter en bloc. Sauf quelques points de détail ce projet a été transformé à Berne le 9 septembre 1886 en une convention définitive dont les ratifications ont été échangées le 5 septembre 1887 et l'Union entra en vigueur le 1er janvier 1888 (2). A la convention elle-même sont annexés un *article additionnel* signé le même jour et un *protocole de clôture* considéré comme faisant partie intégrante de la convention et ayant même force, valeur et durée.

La convention qui créait l'*Union pour la protection des œuvres littéraires et artistiques* a été signée par les

(1) Le gouvernement français avait demandé l'assimilation complète du droit de traduction et de reproduction et que les emprunts destinés à l'enseignement et les chrestomathies de même que l'adaptation fussent interdits. Darras, 530.

(2) En France la convention adoptée par la Chambre des députés et par le Sénat, a été promulguée le 12 septembre 1887. *Journal offi.*, 16 septembre 1887. Elle fut étendue aux colonies en vertu du décret du 29 octobre 1887.

représentants des dix États suivants : l'*Allemagne*, la *Belgique*, l'*Espagne*, la *France*, la *Grande-Bretagne*, la *République d'Haïti*, l'*Italie*, la *République* de *Libéria*, la *Suisse* et la *Tunisie*. La République de Libéria ne l'ayant cependant pas ratifiée ne se trouve par conséquent pas compris dans l'Union.

L'article 18 de la Convention (1) permet l'*adhésion* des autres États sur simple notification écrite au gouvernement suisse sous la seule condition que ces États assurent chez eux la *protection légale* des droits faisant l'objet de la Convention ; ce qui est tout naturel attendu que le principe général posé par l'Union étant l'assimilation des auteurs ressortissants à l'un des pays de l'Union aux nationaux des autres pays, il faut donc que les nationaux de ces pays soient d'abord protégés chez eux. C'est par application de cet article que le Grand-Duché du *Luxembourg*, les principautés de *Monaco* et de *Monténégro* ont adhéré à la convention de Berne ; et quoique ce soient de petits pays, leur adhésion est importante, car elle constitue une preuve du progrès de l'idée du droit et de justice parmi les États.

La convention du 9 septembre 1886 constitue un des actes internationaux les plus considérables du siècle. « Telle qu'elle se trouve constituée pour ses débuts, l'Union internationale pour la protection des œuvres littéraires et artistiques représente une notable partie

____

(1) Nous désignerons par la suite la Convention de Berne de 1886 par le simple mot de la Convention.

de l'humanité. Elle régit les droits d'auteur dans un territoire comptant environ 500 millions d'habitants. Elle embrasse en Europe les principaux pays de production littéraire et artistique ». M. le conseiller fédéral Droz, auquel nous empruntons ces paroles et qui a si puissamment travaillé pour faire triompher ces idées de protection et auquel est dû en grande partie le succès final de l'entreprise jugée téméraire au début, exprimait, dans le discours de clôture, son regret de n'avoir pas vu adhérer les pays qui avaient pris part aux précédentes conférences (Autriche-Hongrie et Pays-Bas) et espère que le jour n'est pas éloigné où tous les gouvernements reconnaîtront que la protection des droits d'auteur est l'un des meilleurs moyens de développer les lettres et les arts, source de toute civilisation et cause de toute suprématie véritable. On a vivement regretté de n'avoir pas vu participer dans l'Union un des pays où la contrefaçon s'est élevée à la hauteur d'une institution, c'est-à-dire les États-Unis, et malgré l'espoir que laissait entrevoir le message du président Cleveland adressé aux Chambres le 6 décembre 1886 (1) ; la situation est encore à peu près la même.

(1) « L'impulsion qui se fait sentir dans les sociétés civilisées vers la pleine reconnaissance des droits de propriété sur les créations de l'esprit humain a abouti à l'adoption d'une convention internationale concernant le droit des auteurs, convention signée à Berne », et il ajoute, après avoir dit que le droit d'adhérer a été réservé, « j'ai la certitude que vous vouerez à cette matière l'attention qu'elle mérite, et que les revendications justes des auteurs seront dûment prises en considération. *Droit d'Auteur*, 1889.

Quoique l'Union de Berne n'ait pas fait, comme il eut été désirable, une codification internationale du droit d'auteur, il n'en est pas moins vrai, qu'elle a réalisé de grands progrès et elle a rendu des services signalés aux auteurs et aux artistes. Elle a assuré d'abord aux auteurs et artistes de tous les États qui y ont adhéré, *un minimum uniforme de protection* ; ensuite ces auteurs et ces artistes sont protégés sur un *territoire beaucoup plus vaste* et dans une mesure en partie beaucoup plus grande, que les lois et les traités existants. C'est ainsi qu'il est stipulé que le droit exclusif de traduction appartient à l'auteur pendant dix ans au moins à dater de la publication de l'œuvre originale. Ajoutons en dernier lieu que cette union exercera une *heureuse influence* (1) sur les législations intérieures, les poussant dans la voie de l'amélioration du droit des auteurs.

La convention de Berne, en fixant un minimum de protection, n'a en rien enlevé aux États le droit de conclure des conventions particulières (art. 15) plus libérales ou de légiférer pour ses propres nationaux. Ce qui est très juste car il serait regrettable que des pays qui ont des idées plus avancées sur la protection du droit des auteurs, fussent forcés de s'en tenir au texte de la convention de 1886 et ne pussent pas améliorer la situation de leurs auteurs respectifs. Le protocole de clôture a fait deux applications de cette idée, pour les *photographies* (I) et pour les œuvres *chorégraphiques* (II).

(1) M. d'Orelli, *Droit d'Auteur*, janvier-mars 1889.

La convention a au contraire interdit de restreindre ce minimum et si les États, qui y ont adhéré, voulaient conclure des conventions moins libérales, ils devraient préalablement se retirer de l'Union (art. 20), notifier aux États unionistes cette décision, et laisser passer un délai d'un an pour les dénonciations, car, comme dit M. Clunet : « Dans le domaine des œuvres de l'intelligence, la convention (de Berne) est comme la colonne au delà de laquelle il n'est pas permis de reculer (1) ».

La convention de Berne ne remplace pas nécessairement les conventions antérieurement conclues entre les pays constitués en état d'Union (2), au contraire, les traités particuliers doivent souvent se combiner avec la convention générale. L'effet de ces traités particuliers a été maintenu en tant qu'ils accordent aux auteurs des droits plus étendus que ceux accordés par la nouvelle convention, par exemple en ce qui concerne la traduction et les chrestomathies.

Il a été dit formellement, en effet, que le traité d'Union représentant un minimum, toute disposition plus favorable contenue, soit dans les lois intérieures, soit dans les traités séparés, doit prévaloir dans l'intérêt des personnes protégées. On n'a pas voulu renoncer aux résultats déjà obtenus par certains pays. On a voulu qu'elle constituât un progrès, mais non pas un recul, une abdication aux avantages conquis. Mais comme en

(1) M. Clunet, *op. cit.*, 64.
(2) Renault, *op. cit.*, 217.

l'absence d'un texte précis on aurait pu soutenir que ces traités antérieurs auraient été abrogés par ce nouveau contrat, la conférence a pris soin de préciser ses vues en ajoutant à la convention un article additionnel ainsi conçu : « La convention conclue à la date de ce jour n'affecte en rien le maintien des conventions actuellement existantes entre les pays contractants, en tant que ces conventions confèrent aux auteurs ou à leurs ayants cause des droits plus étendus que ceux accordés par l'Union, ou qu'elles renferment d'autres stipulations qui ne sont pas contraires à cette convention (1) ». Cela n'empêche pas les États unionistes d'abroger complètement les traités antérieurs pour s'en tenir exclusivement à la convention de Berne. Ce qui fut fait en 1887 (2) entre la France et l'Angleterre qui remplacèrent la convention du 3 novembre 1851 et l'acte additionnel du 4 août 1875.

Donc quand on examine le droit d'un auteur étranger en France, il faut rechercher d'abord si cet étranger

(1) Une application du principe que la convention de 1886 laisse subsister les traités antérieurs en tant qu'ils sont plus favorables a été faite par la Cour de justice civile de Genève le 20 mai 1889 cassant une décision du Tribunal de commerce de Genève du 28 août 1888. Il s'agissait dans l'espèce, des dramaturges français qui avaient assigné un genevois à la suite d'une représentation illicite de leur œuvre et auxquels celui-ci avait répondu que le traité franco-suisse de 1882, qu'ils invoquaient et qui est beaucoup plus large que la convention de Berne, avait été abrogé par cette convention. Sirey, 91,4,2. *Droit d'Auteur*, 1889, p. 77. De même le Tribunal fédéral suisse, 25 septembre 1891. S. 92.4.5.

(2) *Journal offioiel*, 17 juillet 1827.

appartient à un pays ayant adhéré à l'Union, puis si ce pays a conclu un traité avec la France, et il faut les combiner. Cette combinaison devient parfois plus difficile encore lorsqu'on trouve dans les conventions la clause de la nation la plus favorisée dont nous avons déjà montré les conséquences fâcheuses.

Disons, en finissant avec ces notions générales, que la *dénomination* de l'Union internationale a provoqué de vives discussions au sein de la conférence préparatoire. On remarque, en effet, que la convention de Berne est intitulée : « Union internationale pour la protection des œuvres littéraires et artistiques », et, comme on l'a fait remarquer, ces expressions ne sont pas rigoureusement exactes, car ce n'est pas l'œuvre qui est protégée, mais l'auteur ou ses représentants (1); cependant il a fallu employer ce terme impropre à cause de la résistance qu'on a rencontré de la part des autres nations. La délégation française a eu beau défendre vigoureusement le terme de *propriété* (2) littéraire et artistique, ce terme impliquant une affirmation quant à la nature juridique du droit de l'auteur, les Allemands le repoussèrent comme incompatible avec les notions juridiques reçues dans leur pays. Dans cette situation on adopta (1884) l'expression *« les droits d'auteur »* qui correspond au

(1) Soldan, *op. cit.*, p. 9.

(2) Ce terme de propriété se trouve dans les conventions suivantes : Italie 1884, II ; Suisse 1882, 1, II, 16, etc. ; Autriche 1866, 1 et 3 ; Belgique 1 et déclaration interprétative, etc.

mot allemand « *urheberrecht* » et à l'expression italienne
« *diritti di autore* » ; mais à la suite de l'opposition des
cercles intéressés français qui firent remarquer que cette
expression de droit d'auteur avait dans son sens régulier, un caractère de rémunération, de salaire, on l'aban-
donna (1885) et on s'arrêta définitivement à la formule
qui figure dans le texte, laquelle a l'avantage de ne-frois-
ser personne et qui se trouvait déjà dans les conventions
antérieures, notamment la convention récente franco-
allemande de 1883. Il fut expliqué d'ailleurs qu'en
employant cette expression, la convention n'entendait
préjuger en rien sur la nature juridique du droit de l'auteur, et que ce titre équivaut aux expressions corres-
pondantes de chaque pays.

Remarquons aussi que l'article 1er constitue les *pays*
contractants à l'état d'Union. On a préféré employer ce
terme pays à cause de la diversité des constitutions politiques des parties contractantes ou susceptibles d'y
adhérer. On peut, en effet, rencontrer des confédéra-
tions, comme la Suisse, ou des États réunis, comme la
monarchie Autrichienne-Hongroise.

Quelles sont les personnes protégées ?

En droit international privé lorsqu'il s'agit de déterminer les droits d'une personne on a recours soit à la
nationalité de cette personne soit à son domicile. En
matière de propriété littéraire et artistique, on pourrait

de même prendre en considération l'un ou l'autre de ces
deux éléments ; on comprendrait en effet que les droits
d'un auteur domicilié dans un pays de l'Union fussent
autrement réglés que ceux d'un auteur qui n'y aurait
pas son domicile. C'est ce que le Conseil fédéral avait
proposé dans l'article 3 de son avant-projet en assimilant aux ressortissants des pays contractants ceux des
autres pays pourvu qu'ils fussent domiciliés dans l'un
des pays de l'Union. Les délégués français, s'inspirant
des principes larges de la loi de 1793, étaient même
allés plus loin et avaient demandé, qu'à défaut de domicile, la simple publication dans un de ces pays suffît
pour assurer aux auteurs, quelle que fût leur nationalité,
la protection de leurs œuvres. Mais on objecta à ce système qu'il diminuerait considérablement l'utilité et l'intérêt que les autres pays restés en dehors de la convention auraient à y adhérer. En effet, leurs ressortissants
seraient protégés sans qu'il y eût de réciprocité pour les
ressortissants des pays contractants. Il suffirait aux
ressortissants de ces pays d'aller s'établir dans un État
contractant pour que leurs œuvres, même publiées
dans un pays étranger à l'Union, fussent admises à la
protection dans toute l'étendue de celle-ci ; ou s'ils ne
veulent pas élire domicile d'y publier leurs œuvres seulement (1).

La convention de 1886 tenant compte de ces justes

(1) La conférence de Berne et le congrès de Bruxelles, Louis Ulbach,
Nouvelle Revue, t. XXXI, p. 61 et suiv.

critiques n'admit pas ce système et n'accorda la protection, en principe tout au moins, qu'aux auteurs ressortissants à l'un des pays de l'Union. « Les auteurs ressortissants à l'un des pays....... », article 9. Ainsi un Russe ou un Hongrois ne jouira d'aucune protection en vertu de la convention en France ou en Allemagne ; pour profiter des dispositions de la convention il faut appartenir à l'un des pays contractants. En un mot la convention envisage la *nationalité de l'auteur*, peu importe que son domicile soit fixé dans le territoire de l'Union ou en dehors. C'est dans ce sens que le terme « ressortissant » employé par l'article 2 doit être interprété. Une mention expresse insérée aux procès-verbaux de la conférence indique d'ailleurs d'une façon catégorique que c'est l'indigénat de l'auteur qui doit être pris en considération. Si l'auteur possède l'indigénat dans plusieurs pays il suffit, croyons-nous avec M. Soldan, pour que l'auteur puisse invoquer l'article 2 de la convention et jouir de la protection, que l'un de ces pays fasse partie de l'Union (1).

Mais s'il est nécessaire en principe que l'auteur pour bénéficier des stipulations de la convention ressortisse à l'un des États de l'Union, il n'en est pas de même de son *ayant cause*, sa nationalité est absolument indifférente (2). Ceci est conforme aux principes généraux du

(1) Soldan, *op. cit.*, 14.
(2) En cas de cession du droit d'auteur intervenue avant la conclusion du traité diplomatique avec un pays où la propriété littéraire

droit : une fois né dans la personne de l'auteur il fait partie de son patrimoine, il est indépendant de la nationalité et ne saurait s'éteindre par une cession ou une hérédité, il se transmet avec toutes ces qualités à un successeur à titre particulier ou à titre universel. D'ailleurs une mention insérée aux procès-verbaux le dit expressément.

La conférence de Berne dans le projet adopté (art. 5) en 1884 avait admis, comme plusieurs conventions antérieures (1), une mention spéciale pour les *mandataires légaux* en les assimilant à l'auteur. Mais on a fait remarquer avec raison que les mandataires n'ayant pas de droit par eux-mêmes et ne faisant que valoir les droits de leurs auteurs, — *qui mandat ipse fecisse videtur*, — une pareille mention constituerait un pur pléonasme et dès lors était complètement inutile. Aussi ne se retrouve-t-elle plus dans la formule définitive.

et artistique française n'était pas accordée au moment de la cession ou avant la participation de ce pays à la convention de Berne, c'est l'auteur et non pas le cessionnaire qui profite de la nouvelle protection née après la passation du traité ou après l'adhésion à l'Union qui l'assurent, car en traitant, le cessionnaire n'avait pas le droit de compter sur cette extension du privilège en sa faveur ; il s'agit là non d'un droit sur un objet matériel dont les accroissements profitent au propriétaire mais d'un simple droit de reproduction essentiellement limité quant à sa durée et les contrats doivent toujours être interprétés conformément aux lois en vigueur au moment où ils sont passés. Dalloz, 1, 309.

(1) Les conventions suivantes assimilent expressément les mandataires légaux aux auteurs : Allemagne-France 1883, art. 3 ; Italie-France 1884, art. 4 ; Suisse-France 1882, art. 8, 16 ; Belgique-France 1881, art. 7 etc.

Le principe rigoureux de l'article 2 qui restreint la protection aux ressortissants des États contractants se trouve tempéré en fait et les auteurs étrangers ne se trouvent pas irrémédiablement dépourvus de protection, car l'article 1 n'établissant qu'un minimum de protection, rien n'empêche les pays de l'Union d'adopter un régime plus libéral, comme cela a d'ailleurs formellement été reconnu ; d'un autre côté la convention, dans un but d'équité et de justice, accorde la protection aux œuvres *éditées* sur son territoire alors même que l'auteur n'appartiendrait pas à un État unioniste. Notons seulement que dans ce cas ce n'est pas l'auteur qui est protégé mais l'*éditeur*. Il s'agit ici d'un droit *direct*, d'un droit né dans la personne de l'éditeur et non pas d'un droit dérivé qui lui compète en qualité d'ayant cause de l'auteur comme cela arrive dans la généralité des cas. L'éditeur a seul le droit d'agir et de réclamer la protection à l'exclusion de l'auteur. C'est ce que dit expressément l'article 3 dont voici la teneur exacte : *Les stipulations de la présente convention s'appliquent également aux éditeurs d'œuvres littéraires ou artistiques publiées dans un des pays de l'Union, et dont l'auteur appartient à un des pays qui n'en font pas partie* (1) ». Cette disposition, en élargissant l'application trop restrictive de l'article 2, entraîne une extension importante de la convention. Les œuvres des auteurs appartenant à un

(1) La convention franco-allemande du 19 avril 1883 avait admis ce système.

pays non contractant ne seront plus, comme dit M. Soldan (1), « livrées sans rémission à la contrefaçon et au pillage ». Les auteurs nationaux de ces pays n'auront qu'à user de l'intermédiaire de l'article 3, c'est-à-dire publier leurs œuvres dans un des pays contractants, pour bénéficier de la convention. Cette disposition a en outre un autre effet. Elle forcera les autres pays restés en dehors de la convention à accéder à l'Union s'ils ne veulent pas voir péricliter une partie de leur commerce de librairie, car il est évident que les auteurs étrangers feront éditer leurs œuvres dans un pays de l'Union afin d'acquérir une protection très étendue.

Remarquons qu'il ne sera pas indifférent à l'auteur de publier dans l'un ou l'autre des pays de l'Union, attendu que les conditions, les formalités pour avoir droit à la protection, la durée de celle-ci, se règlent par la législation intérieure de l'État dans lequel la publication a eu lieu. Remarquons aussi que l'auteur étranger, qui publie une œuvre par l'intermédiaire d'un éditeur peut jouir de la protection dans des conditions plus favorables que dans son propre pays, l'article 3 ne s'occupe pas de savoir si le pays d'origine de l'auteur protège ou non la propriété littéraire et artistique. Il place le droit directement sur la tête de l'éditeur.

En somme il y a *assimilation* d'après l'article 3 entre les éditeurs et les auteurs. Et cette assimilation n'existe

____

(1) Soldan, p. 20.

pas seulement pour les stipulations contenues dans l'article 2, stipulations en vertu desquelles l'éditeur d'une œuvre étrangère publiée dans un des pays de l'Union est protégé à l'égard des nationaux de ce pays à condition qu'il ait rempli les formalités exigées dans le pays de publication, mais l'assimilation existe aussi pour toutes les autres stipulations de la convention ; et les éditeurs pourront donc se prévaloir des articles 5 et 6, c'est-à-dire des articles relatifs au droit de traduction et à la protection des traductions licites, des articles 9 relatif aux œuvres dramatiques et 11 relatif aux présomptions légales. Cela résulte du texte même ainsi que du rapport de la commission « qui a décidé de remplacer les mots « stipulations de l'article 2 » qui se trouvaient dans l'article 3 par ceux de « stipulations de la présente convention » qui y figurent actuellement.

Mais faut-il pour que l'éditeur jouisse de cette protection qu'il soit *ressortissant* de l'un des pays de l'Union ? Faut-il tenir compte, en d'autres termes, de la nationalité de l'éditeur ?

Supposons, par exemple, qu'un auteur russe s'adresse à un éditeur appartenant par sa nationalité à un État non unioniste et qui est établi en Allemagne. Cet éditeur étranger pourra-t-il invoquer, en France, en Belgique, etc., la protection de la Convention ? A première vue et en se tenant exclusivement au texte de l'article 3, on serait tenté de répondre négativement, puisque en vertu de ce texte les éditeurs sont assimilés aux auteurs lesquels doivent d'après l'article 2 appartenir à un État faisant partie de l'Union. Mais cette interprétation purement littérale ne saurait être admise en présence des explications nettes et catégoriques fournies par la commission de la conférence de 1885 dont les procès-verbaux contiennent cette mention expresse, admise à l'unanimité, « que la nationalité de l'éditeur est absolument indifférente pourvu qu'il ait dans l'Union un établissement permanent et durable (1) ». C'est en quelque sorte la nationalité de l'œuvre que la Convention a envisagée et non pas celle de son éditeur.

Il faut admettre cette solution même pour les pays qui consacrent le principe de l'*indigénat*, comme par exemple en Allemagne, où, d'après l'article 20, p. 2 (2) de la loi du 9 janvier 1876 sur les arts décoratifs, l'artiste étranger doit se faire éditer chez un éditeur de nationalité allemande pour être protégé. La disposition de l'article 3 de l'Union de Berne a, en effet, son existence propre, indépendante de la loi d'origine, on ne doit pas se référer à celle-ci pour savoir si l'éditeur sera protégé. La convention a été conclue dans un esprit d'unification, elle a fixé un minimum applicable à tous les pays contractants ; puis, si on admettait une solution contraire, on arriverait à une inégalité entre les différents pays, car on favoriserait les pays qui admettent le principe de la territorialité au détriment de ceux qui appli-

(1) *Droit international privé*, 1885, p. 489.
(2) Soldan, *op. cit.*, 21.

quent celui de l'indigénat, tous les auteurs venant éditer leurs œuvres dans ces pays.

Pour que l'éditeur puisse être protégé il ne suffit pas qu'il ait, comme l'a fait remarquer un des délégués français M. Lavollée, une simple résidence passagère et secondaire, mais un établissement principal et permanent. L'indication mensongère d'un éditeur établi sur le territoire de l'Union ne doit pas permettre d'invoquer la protection. En ce cas, ce sont les tribunaux qui doivent décider si l'éditeur indiqué est bien réellement le publicateur ou n'est qu'un simple prête-nom.

Quant à la portée du mot « éditeur » il a été également remarqué qu'elle doit être prise dans le sens le plus large de façon à pouvoir s'appliquer à l'*entrepreneur de spectacles* (1). Ce qui d'ailleurs est très juste, car le directeur qui aurait représenté, exécuté, en un mot mis à la scène un ouvrage quelconque, a édité cet ouvrage, c'est lui qui l'a fait connaître au public, c'est lui qui l'a mis au jour. En sorte que le directeur du théâtre pourra poursuivre, en vertu du droit spécial et personnel accordé par l'article 3 à l'éditeur, tous ceux qui auront illicitement représenté l'ouvrage.

Cette disposition particulière aux œuvres dramatiques a imposé une amélioration notable à plusieurs législations (2).

Notons que la protection de l'article 3 est accordée

(1) *Droit d'Auteur*, 15 mai 1888.
(2) Poinsard, *op. cit.*, p. 517.

non seulement à l'éditeur, mais aussi, ce qui est tout
naturel, à *ses ayants cause* ; une mention insérée dans
les procès-verbaux de la conférence de 1885 le dit,
comme nous l'avons vu, expressément.

En résumé la convention de 1886 a, par l'adoption
de l'article 3, donné satisfaction aux vœux des délégués
français en attribuant, en fait sinon en droit, une protection aux auteurs étrangers qui publient leurs œuvres
sur le territoire de l'Union. Ils n'auront pour jouir de
cette protection qu'à faire choix d'un éditeur établi sur
ce territoire, choix qu'ils feront d'autant plus volontiers
que rarement les auteurs exercent par eux-mêmes à l'é-
tranger les droits qui leur sont reconnus.

Quelles sont les œuvres protégées ?
Quelle est la durée de la protection ?

La convention de Berne a pensé, avec juste raison,
contrairement au projet du conseil fédéral et conformément au principe de la territorialité admis par la majorité des traités, que la qualité de ressortissant des pays
contractants ne devait pas être la seule condition pour
que ceux-ci puissent jouir de ses avantages ; aussi en a-
t-elle exigé une autre, à savoir, la publication de leurs
œuvres sur son territoire, c'est-à-dire la convention
envisage tout à la fois la nationalité de son auteur et
celle de son œuvre. Ce n'est qu'autant que les auteurs
remplissent ces deux conditions — nationalité et publi-

cation — qu'ils peuvent bénéficier des avantages de la convention. L'Union a voulu, tout en protégeant les nationaux des pays contractants, donner un nouvel essor à leur commerce de librairie.

Si l'œuvre n'a pas encore été publiée, c'est-à-dire si elle se trouve à l'état de manuscrit, il suffit que l'auteur soit ressortissant de l'un des États unionistes pour qu'il soit protégé. C'est ce que nous dit l'article 2 : « Les auteurs ressortissant à l'un des pays de l'Union, ou leurs ayants cause, jouissent dans les autres pays, pour leurs œuvres soit publiées dans un de ces pays, *soit non publiées*, des droits que les lois respectives accordent actuellement ou accorderont par la suite aux nationaux ». Le projet contenait une autre formule, mais on a préféré l'expression « non publiées » parce qu'elle peut s'appliquer plus facilement à des discours, à des conférences orales, tandis que le détournement du manuscrit est un délit qui trouve dans la loi sa pénalité sans qu'il soit besoin de faire intervenir une convention protectrice. La raison d'être de la disposition de notre article, s'explique d'ailleurs par elle-même et nous n'avons pas besoin d'y insister.

La convention ne s'étant pas expliquée sur la portée du mot publication, il faudra appliquer les principes consacrés par la jurisprudence ; or, d'après celle-ci, le seul fait de l'impression d'un livre envisagé isolément ne saurait être assimilé à la publication du livre, laquelle est avant tout caractérisée par la vente et la mise en vente. Ainsi un livre imprimé en Belgique et mis en vente en France est considéré comme publié dans ce dernier pays et on ne saurait pas l'exempter de la formalité du dépôt exigé par la loi française pour les œuvres dont la publication a lieu sur son territoire (1).

Ajoutons que cette condition de la territorialité de la publication peut d'ailleurs être écartée par la faculté qui est laissée aux pays signataires de l'Union de Berne de conclure des arrangements particuliers ou de prendre des dispositions législatives internes.

Durée de la protection. — Les auteurs qui se trouvent dans les conditions exigées par la convention « jouissent dans tous les pays de l'Union des droits que les lois de ces pays accordent ou accorderont par la suite aux nationaux », article 2.

La convention pose donc un principe à la fois libéral et hardi en assimilant purement et simplement l'étranger unioniste au national et en lui assurant en termes généraux le même traitement. Ainsi l'Anglais qui aura publié son œuvre en Suisse, le Belge qui aura gardé la sienne manuscrite ou inédite, seront protégés en Italie à l'égal des Italiens, en France à l'égal des Français, en Suisse à l'égal des Suisses, etc. ; sauf toutefois le cas où des arrangements particuliers ne leur accorderaient encore des droits plus étendus. C'est en un mot le principe du traitement national admis aujourd'hui dans

____

(1) Trib. correct. Périgueux, 19 juin 1889. Pataille, 1889. 226.

presque toutes les conventions internationales. Toutes
ces conventions contiennent en effet cette formule que
« les ressortissants de chacun des pays contractants
auront dans l'autre la même protection que les nationaux et le même recours légal contre toute atteinte portée à leurs droits (1) ». L'avant-projet (art. 2) du Conseil
fédéral l'avait de même insérée, mais la conférence, la
considérant comme inutile, la supprima.

Cette règle subit pourtant une exception grave en ce
qui concerne la durée du droit. La convention de Berne,
en présence de la divergence qui existe entre les différentes lois au point de vue de la durée de la protection, a
trouvé, avec raison, qu'il est choquant et exorbitant d'accorder dans le pays d'importation une durée plus longue
que celle fixée par la loi nationale de l'étranger et de
protéger ainsi les œuvres de cet auteur alors que dans
son pays elles sont tombées dans le domaine public ;
aussi se conformant aux traités particuliers antérieurs,
a-t-elle décidé, dans le 2e alinéa de l'article cité plus
haut, que : « la jouissance de ces droits... ne peut excéder dans les autres pays la durée de la protection accordée dans le dit pays d'origine ». Ainsi le Suisse ne sera
protégé en France que pendant 30 ans, de même l'Allemand. Mais la durée de protection ne peut excéder non
plus celle que la loi locale attribue à ses ressortissants,
ainsi l'œuvre française ou belge tombera dans le domaine

(1) Conventions avec l'Italie, l'Allemagne, la Suisse, art. 1, etc.

public en Allemagne ou en Suisse trente ans après la mort de l'auteur tandis qu'elle continuera à être protégée en France et en Belgique pendant vingt ans encore. Cela résulte précisément de l'application du traitement national. L'Union de 1886 pensant que cette restriction allait de soi n'a plus voulu l'insérer comme on l'avait demandé (1) et comme plusieurs conventions le déclarent.

La conférence de Berne ne pouvant pas adopter dans l'état actuel des choses, l'assimilation pure et simple des étrangers (2) et des nationaux au point de vue de la durée de la protection, ainsi que les délégués français et suisses l'ont proposée, a cependant formulé le vœu que cette durée fût fixée d'une manière uniforme pour tous les pays et que la protection accordée aux auteurs d'œuvres littéraires et artistiques s'étendît pendant leur vie entière et après leur mort pendant un laps de temps qui ne serait pas inférieur à trente ans. Il est à espérer, eu égard au mouvement favorable que l'Union de 1886 a provoqué chez tous les peuples, que

(1) Séance du 17 septembre 1884.

(2) Le traité de 1880 avec l'Espagne est le seul qui établit cette assimilation. L'Union internationale pour la protection de la propriété industrielle conclue en 1883 admet l'assimilation absolue entre les nationaux et les citoyens d'un autre État signataire ou les étrangers qui y sont domiciliés ou qui ont un établissement (art. 2). Il peut se faire par là, contrairement à ce qui a lieu dans l'Union internationale littéraire et artistique, qu'un industriel soit plus protégé à l'étranger que dans son propre pays. C'est ainsi que les Hollandais peuvent obtenir des brevets d'invention dans toute l'étendue de l'Union, bien que les brevets n'existent plus en Hollande depuis 1869. Barberot, *De la propriété industrielle dans les rapports internationaux*, p. 189.

ce vœu se transformera en réalité dans une des prochaines revisions qu'elle prévoit.

En général les lois étrangères fixent d'une façon déterminée la durée pendant laquelle l'auteur jouira seul et exclusivement de la protection. Cette durée est de 80 ans en Espagne (loi de 1789, art. 6); de 50 ans en Belgique (loi de 1886, art. 2); Danemark (loi du 20 février 1869); Hollande (loi de 1881); Norvège (loi de 1876, art. 7); Portugal (1857, art. 9); Russie (C. c., art. 283), Suède (loi de 1877, art. 7); de 30 ans en Allemagne (loi de 1870, art. 8); Autriche (loi de 1846); Suisse (loi de 1883, art. 3). En Angleterre, d'après la loi du 1er juillet 1842, l'auteur jouit d'un droit exclusif sa vie durant, et son droit passe à ses héritiers après sa mort pour une durée de 7 ans, et de plus cette durée de 7 ans peut être prolongée jusqu'à la 42e année de la publication. Lorsque la loi française se trouvera en face d'une des lois sus-indiquées on n'aura, pour savoir la durée de la protection dont jouit un auteur, qu'à faire application du principe de la double limitation de la loi d'origine et de la loi d'importation que nous avons exposé plus haut. Mais la solution deviendra plus difficile lorsqu'on se trouvera en présence de la loi d'un pays qui consacre ce qu'on est convenu d'appeler le domaine public payant. C'est le cas de la loi italienne de 1882 qui fixe à 80 ans la durée de jouissance du droit d'auteur divisée en deux périodes distinctes de 40 ans; pendant la première période de 40 ans, qui commence à partir de la publication de l'œuvre, le droit de reproduction appartient exclusivement à l'auteur ou à ses héritiers ou ayants cause; après l'expiration de la première période de 40 ans, l'ouvrage tombe dans le domaine public à charge par celui qui veut l'éditer de payer aux ayants cause un droit fixe de 5 0/0 du prix fort de chaque exemplaire en vente. Or, supposons qu'il s'agisse de régler les droits d'un auteur français, et, pour simplifier l'hypothèse, supposons que sa mort soit arrivée le lendemain de la publication de l'œuvre. Ses héritiers jouissent incontestablement pendant 40 ans conformément au principe de l'assimilation; ils auront en outre, durant les 10 autres années, un droit de 5 0/0, puisqu'en France un droit absolu subsiste à leur profit, mais ils ne pourront pas exiger ce droit 10, 20 ans de plus sous prétexte qu'il n'est pas l'équivalent exact du droit de reproduction intégrante dont ils jouissent en France. En effet, l'article 2, alinéa 2 dit que « la jouissance... ne peut excéder, dans les autres pays, la durée de la protection accordée dans ledit pays d'origine » et par conséquent après 50 ans après la mort de leur auteur, les Français ne peuvent plus réclamer les avantages de la loi italienne.

D'après tout ce que nous venons de dire il est donc très intéressant de savoir quel est le *pays d'origine*. Les deux derniers alinéas de l'article 2 ont résolu la question en faisant une distinction entre les œuvres publiées et celles qui ne l'ont pas été. Pour les premières on a admis comme pays d'origine celui de la première publication ou si celle-ci a eu lieu simultanément dans plusieurs pays de l'Union, celui où la durée de la protection est la plus courte. La conférence a adopté ce système à cause des facilités qu'il présente lorsqu'il s'agira de savoir si l'œuvre est encore protégée; on pourra avec ce système savoir très vite le lieu où l'œuvre a été publiée pour la première fois, tandis qu'avec le système de l'indigénat il sera souvent très difficile d'être exactement renseigné sur la nationalité de l'auteur, d'autant plus qu'il peut arriver qu'il en ait plusieurs à la fois.

Pour les œuvres non publiées, c'est-à-dire manuscrites ou inédites, la convention a forcément adopté un principe différent, à savoir la nationalité de l'auteur.

Mais que faut-il décider lorsque l'œuvre a été publiée à la fois dans un pays de l'Union et dans un pays qui n'en fait pas partie? Faut-il appliquer la règle de la durée la plus courte admise en cas de publication simultanée dans les pays unionistes? ou au contraire ne pas prendre en considération le fait de la publication dans un pays autre que ceux de l'Union. La conférence ne s'est pas expliquée sur ce point. Si on néglige le pays étranger on aboutit à ce résultat singulier que l'œuvre sera encore protégée dans l'Union alors qu'elle ne le serait plus dans le pays de publication étranger à celle-ci. Nous croyons avec M. Soldan (1) qu'il vaut mieux, en

(1) Soldan, p. 19.

l'absence d'une disposition catégorique de la Convention de 1886, prendre en considération les deux législations et s'en tenir à celle qui accorde la durée de protection la plus courte absolument comme si ces deux pays faisaient partie de l'Union.

Voyons maintenant quelles sont parmi les œuvres publiées sur le territoire de l'Union celles qui sont protégées.

La Convention de 1886 déclare, en principe, que toute œuvre littéraire et artistique a droit à la protection.

« L'expression œuvres littéraires et artistiques comprend les livres, brochures ou tous autres écrits ; les œuvres dramatiques ou dramatico-musicales, les compositions musicales avec ou sans paroles, les œuvres de dessin, de peinture, de sculpture, de gravure ; les lithographies, les illustrations, les cartes géographiques, les plans, croquis et ouvrages plastiques relatifs à la géographie, à la topographie, à l'architecture ou aux sciences en général ; enfin toute production quelconque du domaine littéraire, scientifique ou artistique qui pourrait être publiée par n'importe quel mode d'impression ou de reproduction ». Article 4.

Disons tout de suite que les projets primitifs ne parlaient ni des illustrations, ni des ouvrages plastiques ; c'est à la demande de la délégation allemande que la mention de ces œuvres fut ajoutée dans le texte définitif (1).

(1) Même formule dans les conventions avec : l'Allemagne, art. 1 ;

La formule de l'article 4 est simplement énonciative
ou explicative, mais elle n'est nullement limitative comme
le prouve, d'ailleurs, le dernier paragraphe du texte cité,
qui fait tomber dans la protection de la convention
« toute production quelconque du domaine littéraire et
scientifique ou artistique susceptible d'être reproduite ».
Cette formule a une importance considérable. Si la convention a donné cette nomenclature nette et précise de
certaines œuvres, c'est qu'elle a voulu étendre le bénéfice de la protection à ces œuvres alors même que les
lois internes des pays contractants seraient contraires
ou garderaient le silence. Les œuvres qui ne sont pas
nominativement désignées ou qui rentrent dans la généralité des termes de la finale de l'article « toute production quelconque » ne seront protégées, que si les
lois du pays d'origine et d'importation sont d'accord
pour sauvegarder le droit des auteurs. En un mot, la nomenclature de l'article 2 est impérative et non pas nor-
mative. Pour mieux faire ressortir cette différence de
l'article 4, prenons l'exemple suivant emprunté à M. Darras (1). Les plans relatifs à l'architecture sont expressément indiqués dans cette disposition, et celui qui les
emploierait sans les autorisations requises serait passible de la répression ordinaire ; quant au privilège de
réédification dont les architectes jouissent d'après cer-

la Belgique 1881, art. 1, p. 1 ; l'Espagne 1886, art. 1, p. 2 ; l'Angleterre 1881, art. 1, p. 2.

(1) Darras, p. 536.

taines législations, la convention de Berne s'est abstenue d'en parler et par conséquent ce privilège n'existera que dans les pays qui le consacrent au profit de leurs nationaux et qu'au profit de ceux à qui leur loi d'origine reconnaît cet avantage.

Photographies. — La délégation française avait vivement insisté pour que les œuvres photographiques fussent ajoutées à l'énumération des œuvres à protéger. Mais cette proposition se heurta à des objections de la part de l'Allemagne qui déclara qu'elle ne pouvait adhérer à une convention qui assimilerait les photographies à des œuvres d'art puisqu'elle ne le protège chez elle, en vertu de la loi du 10 janvier 1876, que comme produits industriels. D'autre part, on fit remarquer que les photographies doivent en tout cas jouir de la protection quand elles sont la reproduction d'une œuvre qui est protégée elle-même. Dans ces conditions les photographies ne furent pas mentionnées dans l'article 4 mais on eut recours à un expédient ingénieux contenu dans le protocole de clôture (art. 1, al. 1) signé en même temps que la convention : « Au sujet de l'article 4, il est convenu que ceux des pays de l'Union où le caractère d'œuvres artistiques n'est pas refusé aux œuvres photographiques, s'engagent à les admettre, à partir de la mise en vigueur de la convention conclue en date de ce jour, au bénéfice de ses dispositions. Ils ne sont, d'ailleurs, tenus de protéger les auteurs desdites œuvres, sauf les engagements internationaux existants ou à conclure, que dans la mesure où leur législation permet de le faire ».

Ainsi nous voyons que quoique par suite de la diversité de législation un accord général ne fut pas possible, on admit, néanmoins, un accord particulier entre les pays qui possèdent une *uniformité* de législation sur le point qui nous occupe. A défaut d'Union générale une sorte d'Union restreinte était formée entre ces pays, et on appliquera les mêmes principes que si la photographie avait été formellement mentionnée dans l'article 4 (1). Prenons un exemple. La loi anglaise du 25 juin 1886 (art. 11) considère les photographies comme œuvres d'art et les protège comme telles pendant un laps de temps qui comprend la vie de l'auteur et 7 ans après sa mort. Eh bien, ce photographe anglais sera protégé en France si, toutefois, la jurisprudence française voit dans son œuvre, une œuvre artistique. Réciproquement un photographe français sera protégé en Angleterre, à l'égal d'un national anglais. Il est bien entendu au demeurant qu'on appliquera en ce qui concerne la durée de la protection, le principe de la double limitation du pays d'origine et du pays d'importation.

Il s'agit dans notre article 4 des photographies dites originales, c'est-à-dire des photographies qui servent à reproduire des choses qui ne font pas l'objet d'un droit privatif au point de vue artistique ; la photographie

______

(1) Clunet, p. 51.

d'une œuvre d'art protégée est, au contraire, protégée aussi longtemps que l'œuvre elle-même. C'est ce que nous dit la partie finale de notre article : « Il est bien entendu que la photographie autorisée d'une œuvre d'art protégée jouit dans tous les pays de l'Union de la protection légale, au sens de ladite convention, aussi longtemps que dure le droit de reproduction de cette œuvre même et dans les limites des conventions privées entre les ayants droit ».

Quant aux conventions particulières qui sont plus libérales que le traité d'Union, leur effet demeure naturellement réservé. Ainsi les conventions franco-suisse (1882, art. 1, al. 1), franco-belge (1881, art. 1, al. 1), franco-italienne (1884, art. 1, al. 3) mentionnent expressément la photographie parmi les œuvres garanties ; les tribunaux français auront à l'égard de ces photographes étrangers le même pouvoir d'appréciation qu'à l'égard des artistes établis en France. S'il nous paraît ainsi, c'est que tous ces traités disent que « les auteurs.. de photographie auront la même protection... que si cette atteinte avait été commise à l'égard d'auteurs d'ouvrages publiés dans le pays même ». Les photographes étrangers sont assimilés aux Français et ils ne peuvent donc avoir une position préférable à celle des seconds (1).

Œuvres dramatiques et musicales. — Nous trouvons

______

(1) Delalande, *Bulletin législ. comp.*, 1884, p. 263.

dans l'énumération de l'article 4 les œuvres dramatiques et musicales, les compositions musicales avec ou sans paroles. À leur égard cette mention expresse constitue un minimum d'unification. La convention de Berne protège donc ces œuvres quelles que soient à cet égard les dispositions des lois des pays contractants.

Les œuvres dramatiques et musicales sont susceptibles, en dehors de la reproduction par voie d'impression qui leur est commune avec les œuvres littéraires et est protégée comme celle-ci, de la reproduction par voie de représentation ou d'exécution, et à ce dernier point de vue le droit des auteurs, vu son importance, est garanti par un article spécial (art. 9) du traité de Berne. « Les stipulations de l'article 2 s'appliquent à la représentation publique des œuvres dramatiques ou dramatico-musicales que ces œuvres soient publiées ou non (1).

« Les auteurs d'œuvres dramatiques ou dramatico-musicales ou leurs ayants cause sont pendant la durée du droit exclusif de traduction, réciproquement protégés contre la représentation publique non autorisée de la traduction de leurs ouvrages.

« Les stipulations de l'article 2 s'appliquent également à l'exécution publique des œuvres musicales non

____

(1) La plupart des conventions particulières protégeaient ces œuvres : Angleterre 1851, art. 1, al. 2 ; Espagne 1880, art. 1 ; Belgique 1881, art. 1 ; Suisse 1882, sect. 1 ; Allemagne 1883, art. 1, al. 2 ; Italie 1884, art. 1, al. 2.

publiées ou de celles qui ont été publiées, mais dont l'auteur a expressément déclaré sur le titre ou en tête de l'ouvrage qu'il en interdit l'exécution publique ».

Donc l'auteur jouit d'un droit exclusif quant à la représentation publique de son œuvre non seulement à l'égard de la langue originale de son œuvre, c'est-à-dire à la représentation de l'œuvre en texte original, mais encore à l'égard de la traduction de celle-ci, aussi longtemps qu'il jouit du droit de traduction, c'est-à-dire pendant dix ans au moins à partir de la première publication de l'œuvre originale. Tant que le délai de dix ans n'est pas écoulé, personne n'a le droit de représenter la traduction de l'œuvre sans l'autorisation de l'auteur ou de son ayant cause ; une fois que le droit de traduction est tombé dans le domaine public, le droit de représenter la traduction appartient à tout traducteur.

Il est d'ailleurs entendu que le droit de représentation en original dure aussi longtemps que le droit de publication au profit de l'auteur et que ces deux droits sont absolument distincts l'un de l'autre ; de sorte que la représentation d'une telle œuvre même après 10 ans est interdite et n'autorise personne à la publier sans le consentement de l'auteur, pas plus que la publication n'autorise à la représenter.

La délégation italienne aurait voulu faire introduire dans toute l'Union le système admis par l'article 14 du décret italien du 19 septembre 1882, déclarant que, celui qui veut faire représenter une œuvre dramatique ou dramatico-musicale doit préalablement en demander l'autorisation à l'autorité administrative en joignant à sa demande une pièce dûment légalisée constatant le consentement de l'auteur. La conférence n'a pas cru pouvoir déférer à ce vœu, mais elle a été d'avis que cette autorisation préalable méritait d'attirer l'attention des gouvernements comme étant de nature à empêcher les représentations illicites (1).

Il va de soi que les dispositions plus favorables des traités particuliers subsistent. Ainsi d'après l'article 20 du traité franco-suisse de 1882, les Français en Suisse jouiront des mêmes droits qu'en France par rapport à la représentation ou l'exécution de leurs œuvres et au droit de traduction.

En ce qui concerne les *œuvres musicales* le droit exclusif de l'auteur est réglé d'une façon analogue à ce qui est admis pour la représentation publique des œuvres dramatiques ou dramatico-musicales. Les stipulations de l'article 2 leur seront donc applicables et la protection leur sera due qu'elles soient publiées ou non. Toutefois, si ces œuvres ont été publiées il faut, pour que l'auteur puisse s'opposer à leur exécution dans un des pays de l'Union, qu'il ait expressément déclaré sur le titre ou en tête de l'ouvrage imprimé qu'il en interdit l'exécution publique (2).

(1) Soldan, *op. cit.*, p. 40. *Sic* protocole (chiffre 3) de la convention franco-italienne de 1884.

(2) Cette réserve est imposée par la loi allemande de 1870 (art. 50,

Cette restriction apportée à l'exécution des œuvres musicales nous paraît peu rationnelle et en contradiction absolue avec la disposition de l'article 2 de la convention de Berne qui déclare que la jouissance du droit d'auteur n'est subordonnée qu'à l'accomplissement des conditions et formalités prescrites par la législation du pays d'origine ; or, il y a des pays où cette formalité est inconnue. Aussi plusieurs congrès ont demandé avec insistance la suppression de cette mesure injustifiable (1).

Du reste, la convention de 1886 établissant à ce point de vue un minimum de protection et laissant entièrement valables les dispositions plus favorables, les auteurs unionistes ne sauraient être astreints, croyons-nous, à l'indication de cette réserve dans les pays dont les lois internes n'exigent pas cette formalité. Ainsi, par exemple, l'article 16 de la nouvelle loi belge n'exige pas cette condition et l'article 38 de cette même loi assimile les œuvres étrangères aux œuvres belges, les auteurs unionistes ou non, sont au bénéfice de cette assimilation, et la restriction prescrite par la convention est ainsi sans effet en Belgique (2).

al. 2) ; la loi anglaise du 10 août 1882 ; la loi suisse de 1883 (art. 7, al. 2).

Il est évident qu'on ne saurait appliquer la traduction aux œuvres purement musicales (comme on l'a prétendu en Allemagne) ; il n'y a que les œuvres dramatiques ou dramatico-musicales qui soient susceptibles de ce mode de reproduction. L'auteur est protégé contre l'exécution purement musicale aussi longtemps que contre l'impression de l'original. *Dr. d'Auteur*, 1892, p. 81.

(1) *Bulletin de l'assoc. litt. et art. intern.*, années 1890-1892-1893.

(2) Poinsard, *op. cit.*, 523.

Il va sans dire que les États contractants sont libres d'accorder aux auteurs une protection plus étendue que celle prévue par l'Union internationale. C'est ce qui se présentera surtout relativement au droit de traduction que nous traiterons, à cause de son importance et les débats qu'il a soulevés, dans un paragraphe distinct.

Une question importante qui se pose à propos des œuvres dramatiques et musicales est celle de la protection des œuvres *chorégraphiques*. Il arrive souvent, dans une œuvre de ce genre, que la musique et le libretto ne forment que la partie accessoire, la partie principale se trouvant être le pas de danse, l'ensemble des gestes, des attitudes, des pantomimes, des tableaux figurants, etc., en un mot l'action chorégraphique. La musique et le libretto sont déjà protégés comme rentrant dans l'énumération de l'article 4 que nous avons rapporté plus haut. Quant à l'action chorégraphique, elle a provoqué de vifs débats au sein de la conférence ; la délégation italienne, conformément à la législation de son pays, voulait faire inscrire le principe de la protection des œuvres chorégraphiques dans la convention, mais sa proposition se heurta à des oppositions notamment de la part de la délégation allemande qui objectait qu'il était impossible, ce qui est parfaitement vrai, d'en donner une définition satisfaisante (1). A raison de ces divergences, la confé-

____

(1) En Italie les œuvres chorégraphiques sont protégées par la loi du 18 mai 1882, art. 1, lettre a et le décret du 19 septembre 1882, art. 2, 3, 10 et 14 de 1884.

rence s'est décidée à recourir à l'expédient employé pour les photographies et inséra la disposition suivante au protocole de clôture : « Au sujet de l'article 9, il est convenu que ceux des pays de l'Union dont la législation comprend implicitement — (et à plus forte raison expressément) — parmi les œuvres dramatico-musicales, les œuvres chorégraphiques, admettent expressément lesdites œuvres au bénéfice des dispositions de la convention conclue en date de ce jour ». L'effet des conventions particulières demeure naturellement réservé (1).

La convention de Berne permet la fabrication et la vente des instruments automatiques servant à la reproduction sonore, tels que pianos électriques, boîtes à musique, orgues de Barbarie. Voici la disposition contenue dans le chiffre 3 du protocole : « Il est entendu que la fabrication et la vente des instruments servant à reproduire mécaniquement des airs de musique, empruntés au domaine privé, ne sont pas considérés comme constituant le fait de contrefaçon musicale ». On a voulu, selon le mot de M. Clunet, faire une petite galanterie à la Suisse qui avait la spécialité de ces instruments mécaniques, elle était bien due à un pays qui avait travaillé avec tant d'acharnement pour le triomphe de la propriété intellectuelle. Cette disposition a été directement empruntée à l'article 14 de la convention franco-suisse du 23 février 1882. Mais si la convention déclare que la

(1) A notre connaissance il n'y a que la convention franco-italienne qui mentionne expressément dans son article 1er les œuvres chorégraphiques.

vente et la fabrication de pareils instruments ne sont
pas réputées constituer le fait de contrefaçon musicale,
elle ne s'est pas prononcée sur le point de savoir si
l'exécution publique, au moyen des instruments en
question, des morceaux de musique empruntés au domaine privé, constituait ou non une contrefaçon (1).
Rappelons qu'en France l'exécution publique automa-
tique des airs du domaine privé est interdite bien que
la publication et la vente des instruments mécaniques
ait été rendue licite par la loi du 16 mai 1866.

Ajoutons aussi que la question des « boîtes à musique » est devenue très délicate par suite de l'extension
considérable et la portée toute nouvelle qu'ont prises depuis 1886 tous les instruments mécaniques, de sorte
qu'on se demande aujourd'hui si la convention leur est
applicable ou non. Les tribunaux ont refusé avec juste
raison d'assimiler ces instruments perfectionnés, munis
de cartons perforés ou autres organes accessoires, aux
antiques tabatières et orgues à manivelle d'autrefois (2).

De la contrefaçon et des faits qui lui sont assimilés.

D'une façon générale, la contrefaçon c'est la lésion
qui est faite au droit de l'auteur par la reproduction de
l'œuvre sans son autorisation. Lorsqu'il s'agira de déterminer le caractère délictueux de l'acte et la pénalité

(1) Soldan, p. 43 et rapport de la commission de 1885, p. 17.
(2) *Droit d'Auteur*, 1891, p. 81 ; 1892, p. 78 ; 1893, p. 154.

à y appliquer, les tribunaux devront consulter uniquement la loi du pays où la justice est reclamée. Cela résulte de l'article 2, alinéa 2, qui dit qu'il ne faut se référer à la loi étrangère que pour la durée seulement ; et puis la formule du projet de 1884, qui disait que « les droits ne seront protégés que pendant leur existence dans le pays d'origine », a été modifiée telle qu'elle figure actuellement dans l'article 2, précisément dans le but d'enlever toute influence à la loi d'origine et ne pas se heurter à ses restrictions.

La majorité des conventions contient une disposition en ce sens (1) ; mais en même temps elles assimilent expressément à la contrefaçon d'autres faits répréhensibles telles que l'introduction (2), la circulation, l'exportation des exemplaires frauduleux, soit qu'ils proviennent de l'un des deux pays, soit qu'ils proviennent d'un pays tiers quelconque; la convention de 1886 est au contraire muette à cet égard ; il s'en suit de là qu'on devra tenir compte des dispositions plus favorables contenues dans les traités particuliers et les législations internes.

La convention de Berne contient une disposition expresse relativement à la *saisie* : « Toute œuvre contrefaite peut être saisie à l'importation dans ceux des pays de

____

(1) Autriche 1856, art. 10 ; Belgique 1881, art. 10 ; Allemagne 1883, art. 3 ; Italie, 1884, art. 9.

(2) Le traité franco-allemand de 1883 prohibe l'introduction, mais pour qu'elle soit punissable d'après la loi allemande, il faut non |seulement la mauvaise foi, mais il faut que l'introducteur ait agi dans un but de lucre ; en France, au contraire, la mauvaise foi est suffisante.

l'Union où l'œuvre originale a droit à la protection légale. La saisie a lieu conformément à la législation intérieure de chaque pays », article 12. Cette rédaction est due aux délégués anglais qui firent remarquer que la formule adoptée en 1885, « la saisie aura lieu à la requête soit du ministère public, soit de la partie intéressée, conformément à la législation interne de chaque pays », ne pouvait être adoptée puisque dans leur pays l'administration des douanes peut opérer la saisie sans requête et d'office. Cette saisie est obligatoire pour tous les pays de l'Union ; il ne faut pas tirer un argument contraire de ce qu'il est dit dans l'article que toute œuvre « peut être saisie ». Cette expression indique seulement que cette mesure est facultative pour les intéressés, mais elle ne signifie pas, comme l'a prétendu le délégué de la Suède à la conférence de 1885, que les pays de l'Union soient libres d'admettre ou non la saisie des œuvres contrefaites. Du moment que les étrangers sont assimilés aux nationaux, la saisie accordée à ceux-ci ne pourra être refusée à ceux-là (1). Il est évident d'ailleurs que dans les pays où elle est inconnue, on ne pourra recourir à ce moyen pour constater la contrefaçon.

Faut-il considérer comme contrefacteur celui qui, dans un pays où les droits des auteurs sont protégés, fait sans le consentement de l'auteur une reproduction exclusivement destinée à un pays où la protection de l'œuvre n'est pas reconnue ? Nous croyons qu'il ne faut

(1) En ce sens Pouillet, p. 805 et Soldan, p. 49.

pas hésiter à répondre affirmativement. La contrefaçon
est un fait délictueux en soi sans aucun égard à l'usage
ultérieur auquel on consacre l'objet ainsi produit. C'est
dans ce sens que s'est prononcé le tribunal suprême de
Leipzig dans l'affaire de la *Rédemption* de Gounod. On
avait voulu profiter de l'outillage perfectionné allemand
et on avait reproduit, sans les autorisations requises,
plusieurs éditions de cette œuvre à destination des
États-Unis (1).

Supposons qu'un auteur cède à un éditeur, pour certains pays, le droit de reproduction qu'il peut posséder,
c'est-à-dire qu'on procède à une cession *du droit d'édition partagée* ; cet éditeur cessionnaire partiel, peut-il
être déclaré contrefacteur s'il fait circuler les exemplaires qu'il a produits hors du territoire où il avait obtenu
un monopole ? Nous le croyons, car en dehors des lieux
compris dans la cession, l'éditeur est un véritable tiers,
et il intervient aux clauses du contrat en se transportant
sur un marché réservé à d'autres personnes. Mais il
va de soi qu'on ne pourrait pas opposer ce défaut de cession à un acquéreur, et que celui-ci pourrait transporter
l'édition sans aucun inconvénient ; il est en effet étranger à la cession, et puis, décider autrement, se serait

(1) Chavegrin, *Journal du droit int. privé*, 1886, p. 435, note 1 et
1888, p. 217. — La deuxième conférence internationale réunie à Berne
en 1889, a émis l'avis que toute contrefaçon est punissable dans le
pays où elle a été commise alors même que l'œuvre contrefaite serait
destinée à un pays où la protection littéraire et artistique n'est pas
protégée. *Droit d'Auteur*, 1889, p. 116.

apporter de graves entraves à la liberté et aux nécessités du commerce (1). Plusieurs conventions contiennent des dispositions expresses quant à la cession du droit d'édition partagée (Belgique 1881, art. 3 ; Suisse 1882, art. 7 et 16 ; Autriche 1866, art. 6 ; Italie et Espagne 1880, art. 2).

Disons que ces cessions interviennent surtout en matière d'œuvres musicales ou dramatico-musicales à cause de l'identité de langue et parce qu'elles sont généralement plus répandues que les œuvres littéraires ; c'est ce qui est arrivé avec l'Allemagne dont le traité de 1883 (art. 11, al. 31) renferme une disposition formelle en ce sens.

D'après les traités avec l'Allemagne, la Belgique et la Suisse, les cessionnaires partiels sont tenus de mentionner sur le titre et la couverture de l'ouvrage ces mots *édition interdite* en Allemagne, en Belgique, en Suisse et en France. Le défaut de cette mention ne nous paraît pas de nature à entraîner une répression pénale.

Adaptations, arrangements de musique, etc. — L'adaptation a donné naissance à de vives discussions au sein des conférences qui ont précédé la signature du traité de Berne. L'adaptation est la transformation par voie de retranchement, addition, changement de texte et d'intention, imposée à une œuvre dramatique ou musicale dans le but de l'approprier à une situation dif-

(1) Darras, p. 636, note 2 et Lyon-Caen, *Revue droit international*, 1884, p. 457, 458.

férente. Pour être déguisée l'adaptation n'en est pas moins une reproduction indirecte et déloyale qui doit être réprimée. La plupart des conventions particulières sont résolument entrées dans cette voie et ont expressément interdit ce genre d'appropriation indirecte et déloyale (1). Tous les congrès ont infligé un vote de blâme à cette pratique (2).

Le projet de l'Association littéraire et artistique adopté en 1883 déclarait dans son article 7, al. 2, que l'adaptation devait être considérée comme une contrefaçon et punie de la même peine, mais devant les difficultés de préciser la portée exacte de cette expression néologique qui n'avait pas d'équivalent dans beaucoup de langues, la conférence de 1884 le rejeta et en expliqua le motif dans le chiffre 3 du protocole ainsi conçu :

« L'attention des plénipotentiaires a été attirée par plusieurs d'entre eux sur la question de savoir s'il n'y a pas lieu de défendre expressément certaines catégories

______

(1) Convention franco-espagnole 1880, article 4, alinéa 2, convention franco-italienne 1884, article 2, alinéa 2 prohibent « les appropriations indirectes telles que : adaptations, imitations dites de bonne foi, transcriptions ou arrangements d'œuvres musicales et généralement tout emprunt quelconque aux œuvres littéraires, dramatiques ou artistiques fait sans le consentement de l'auteur ». Il en est de même dans les conventions avec le Salvador 1880, article 6 et l'Angleterre, acte additionnel du 11 août 1875 qui abroge la disposition contraire de l'article 4 du traité de 1851.

(2) Congrès de Londres de 1879, de Vienne 1882 et 1893. V. le mémoire de M. Claretie en réponse au discours favorable à l'adaptation licite de M. Mendès Léal, ministre de Portugal (*Bulletin association*, 1879, notes 3 et 4).

d'appropriations indirectes non autorisées et notamment
celle que plusieurs conventions en vigueur désignent
sous le nom d'adaptation. Les plénipotentiaires ont été
d'accord pour reconnaître que la contrefaçon comprend
tous les genres d'atteinte illicite portée aux droits d'auteur, mais ils ont été d'avis qu'au lieu de les énumérer
et de les définir, il est préférable de s'en remettre aux
tribunaux chargés d'apprécier dans chaque cas spécial
le préjudice résultant d'une forme quelconque de contrefaçon (1) ».

Enfin en 1886 on aboutit, après beaucoup de varia-
tions et changements, à la confection de l'article 10 dont
voici la teneur : « Sont spécialement comprises parmi
les reproductions illicites auxquelles s'applique la présente convention, les appropriations indirectes non autorisées d'un ouvrage littéraire ou artistique désignées
sous des noms divers tels que : adaptations, arrangements de musique, etc. lorsqu'elles ne sont que la reproduction d'un tel ouvrage, dans la même forme ou
sous une autre forme avec des changements, additions
ou retranchements, non essentiels, sans présenter d'ailleurs le caractère d'une nouvelle œuvre originale.

« Il est entendu que, dans l'application du présent
article les tribunaux des divers pays de l'Union tiendront
compte, s'il y a lieu, des réserves de leurs lois respectives ».

(1) *Droit int. privé*, 1884, p. 453.

Ainsi est réputée illicite, d'après le premier alinéa de l'article 10, toute appropriation indirecte, toute reproduction d'un ouvrage, dans la même forme ou sous une autre forme, avec des changements non essentiels et ne présentant pas le caractère d'une nouvelle œuvre faite sans l'autorisation de l'auteur. Quant au fait de savoir s'il y a reproduction déloyale ou, au contraire, œuvre nouvelle, c'est le juge qui doit décider suivant son bon sens et sa loyauté.

Malheureusement l'utilité de cette disposition se trouve restreinte par le deuxième alinéa de notre article, introduit sur les instances des délégués britanniques, qui décide que les tribunaux des différents pays tiendront compte dans l'application des principes formulés par la convention, s'il y a lieu, des réserves de leurs lois respectives. L'application de ce principe peut donc varier d'un pays à l'autre dans des proportions très larges. Ainsi d'après la législation anglaise on peut adapter un roman au théâtre, c'est-à-dire le dramatiser et le représenter sans le consentement de l'auteur ; il suit de là qu'un romancier français se verrait sans recours possible contre l'adaptation qui serait faite en Angleterre de son roman. Ajoutons cependant que les auteurs français peuvent se voir quelquefois protégés par suite d'un moyen très subtil dans le cas où la pièce (le roman dramatisé) a été imprimée, attendu que la loi anglaise défend la reproduction matérielle de l'œuvre en totalité ou en partie (1). Mais il n'y a là qu'une protection purement potestative, si l'on pouvait s'exprimer ainsi, de la part de celui qui dramatise l'œuvre, car il n'a qu'à ne pas l'imprimer. De même aussi d'après la législation allemande (loi du 11 juin 1870, art. 46) l'arrangement d'une composition musicale qui constituerait une œuvre nouvelle est considéré comme licite, tandis que d'après la jurisprudence française elle sera considérée comme une contrefaçon. Il est à espérer que les législations intérieures qui n'admettent pas la dramatisation viendront à résipiscence et qu'on pourra ainsi arriver à une unification (2).

(1) Une espèce de ce genre s'est présentée devant la Cour de justice de Londres, le 10 mai 1888. Il s'agissait d'un auteur anglais qui avait adapté à la scène une nouvelle étrangère, le tribunal, tout en reconnaissant que l'auteur anglais avait le droit de tirer un drame de la nouvelle et de le faire jouer, le condamna parce qu'il possédait au moins quatre exemplaires de sa pièce et que dans ceux-ci des passages entiers étaient reproduits du roman étranger (*Journal du droit int. privé*, 1888, p. 409).

La conférence internationale de Berne, réunie en 1889, a émis le vœu qu'il serait désirable que dans l'art. 16 après les mots « dans la même ou sous une autre », les mots suivants soient ajoutés : par exemple la transformation d'un roman en pièce de théâtre et vice-versa. *Droit d'Auteur*, 1889, p. 116. Même résolution au congrès de Vienne de 1893. *Droit d'Auteur*, 1893, p. 120.

(2) Que l'adaptation illicite faite avec des créations françaises serve à alimenter les théâtres étrangers, cela ne saurait nous surprendre étant donné l'esprit de ces pays quant à la protection du droit des auteurs non nationaux. Mais ce qui est incompréhensible et regrettable, c'est que les Français aient commis de pareils actes après la proclamation solennelle de 1852 ; ils sont d'autant moins fondés d'user de la sorte qu'ils ont souvent à se plaindre des procédés semblables employés à leur détriment. Nous faisons allusion à l'adapta-

Articles de journaux. — Les articles de discussion politique sont les écrits traitant de la politique du jour et non les écrits ayant trait à des questions de politique ou d'économie sociale. Les articles de discussion politique actuelle doivent être susceptibles de reproduction libre car il importe à l'ordre public que les opinions de tout politicien puissent être connues et soumises à l'examen de la discussion. Nous dirions la même chose des faits divers qui ne font que rapporter un événement passé et ne constituent pas une œuvre littéraire. C'est ce que la convention de Berne a décidé dans son article 7 : « Les articles de journaux ou de recueils périodiques publiés dans l'un des pays de l'Union peuvent être reproduits en original ou en traduction, dans les autres pays de l'Union, à moins que les auteurs ou éditeurs ne l'aient expressément interdit. Pour les recueils, il peut suffire que l'interdiction soit faite d'une manière générale en tête de chaque numéro du recueil.

« En aucun cas, cette interdiction ne peut s'appliquer aux articles de discussion politique ou à la reproduction des nouvelles du jour et des faits divers ».

En un mot d'après le système admis par l'Union de 1886 on peut distinguer deux catégories d'articles. La première est formée d'articles de discussion politique, des nouvelles du jour et de celles qu'on désigne sous le

tion de la *Faillite* de Bjerson qui fut traduite et représentée au théâtre Libre sans l'autorisation du célèbre auteur norvégien. *Droit d'Auteur*, 1893, p. 3.

nom de faits divers ; la seconde comprend tous les autres articles de journaux ou de recueils périodiques publiés dans l'un des pays de l'Union. Pour la première
catégorie la reproduction est libre et l'auteur ne pourrait pas l'empêcher par une mention expresse. Pour la
seconde au contraire il est loisible à l'auteur (ou à l'éditeur) d'en interdire la reproduction dans les autres pays
de l'Union moyennant une réserve expresse de ses
droits. Ces principes, qui avaient d'ailleurs été admis
par la plupart des législations et des traités particuliers (1), nous paraissent peu conformes à la logique
parce qu'ils forcent l'auteur à réserver son droit.

Le projet de 1884 avait pris la question dans un tout
autre sens. Réparant l'oubli commis relativement aux
articles de journaux par l'Association internationale et
le Conseil fédéral de 1883, il avait fait trois articles :
le premier article comprenait les romans-feuilletons et
les articles de science ou d'art, le deuxième tous les au-

---

(1) Allemagne, loi de 1870, art. 7, lettre b ; Belgique, loi de 1886,
art. 14 ; Espagne, loi de 1879, art. 31 ; Italie, décret de 1882, art. 40,
al. 3 ; Suisse, loi de 1883, art. 11, nos 4 et 5. — Convention avec l'Allemagne, art. 5 ; avec l'Italie, art. 5 ; avec la Suisse, art. 9 ; au contraire la convention franco-espagnole n'exige pas une interdiction
expresse de reproduction. — En France la reproduction des extraits
des articles politiques n'est pas permise, en droit tout au moins, et
elle pourrait être poursuivie comme celle de toute œuvre littéraire,
mais en fait les journaux s'empruntent couramment et mutuellement
les articles. D'ailleurs on comprend très facilement que la reproduction à l'étranger soit permise alors qu'elle est défendue dans le pays,
attendu que, s'adressant à d'autres lecteurs de nationalités différentes,
elle ne peut pas causer le même préjudice aux journaux auxquels
les emprunts sont faits.

tres articles à l'exception des articles politiques-polémistes qui formaient le troisième article. Les premiers étaient protégés comme des livres, en d'autres termes, sans qu'aucune réserve fût nécessaire, il était défendu de reproduire les romans-feuilletons et les articles de science et d'art ; pour les seconds, une réserve était nécessaire mais suffisante pour les soustraire à la contrefaçon ; quant aux troisièmes, il était toujours permis de les copier et on ne pouvait jamais se réserver un droit exclusif. Ce texte fut adopté par la conférence malgré l'opposition du délégué d'Haïti, (qui d'ailleurs ne réclamait la liberté de reproduction que pour les articles de science seulement). En 1885 la conférence trouvant l'article un peu trop compliqué dans son ensemble, proposa une modification, adoptée uniquement dans un but de simplification, et on arriva alors à voter le texte actuel (1).

Mais en l'absence d'une disposition formelle dans le traité de Berne, des auteurs (2) ont considéré les romans-feuilletons comme des articles de journaux susceptibles d'être reproduits comme tels si on a négligé d'exprimer la réserve conservatrice de droits. Nous pensons que les romans-feuilletons ne peuvent pas être envisagés, à proprement parler, comme des articles de journaux, mais qu'au contraire, il s'agit là d'œuvres littéraires.

(1) Rapport de la commission de 1885, p. 8. *Droit int. privé*, 1885, p. 492.
(2) Darras, p. 647.

En effet, le roman-feuilleton est en définitive une œuvre littéraire de longue haleine, n'ayant en général
aucune relation directe avec les faits du jour et de la
politique, de l'administration ou de la critique auxquels
se réfèrent les articles de journaux, et qui ne diffère du
roman proprement dit que par le mode de publication.
Si le roman est publié dans le journal, c'est pour satisfaire plus rapidement le goût des lecteurs, mais il garde
son caractère propre et indépendant et ne saurait se
confondre avec les autres articles. Pourquoi un roman
qui paraît en volume jouirait-il de la protection de la loi,
tandis que le roman qui est publié dans un journal, qui
au fond n'est qu'une publication par fragments, par
livraisons, n'en jouirait-il pas ? On pillerait ainsi impunément les littérateurs qui se fond éditer dans les journaux et qui négligent d'insérer en tête de chaque feuille-
ton la réserve. Rien donc ne justifierait cette distinction
entre les deux modes de publication. Aussi, en 1886,
lors de la troisième conférence de Berne, la délégation,
française, prévoyant les interprétations restrictives qui
se sont fait jour depuis, proposa un amendement tendant
à dire que, en ce qui concerne leur reproduction, soit en
original, soit en traduction, les romans-feuilletons sont
régis non par l'article 7, mais par les articles 2, 5, 10 et
11 de la convention, c'est-à-dire par les articles relatifs
à la reproduction des œuvres littéraires. Cette proposition fut appuyée par la Suisse. La Grande-Bretagne et
l'Italie déclarèrent qu'elle leur paraissait être une for-

mule simplement explicative. Le représentant de l'Allemagne, sans se prononcer sur le fond de la proposition, demanda que le projet de 1885 fût adopté tel quel, ainsi qu'il avait été décidé lors de la clôture de la précédente conférence, afin d'éviter de nouveaux délais. Dans ces conditions la France retira sa déclaration et voici dans quels termes, notre excellent maître M. Renault (1), délégué français, crut devoir préciser le sens de l'incident. « Nous sommes heureux de constater que le conseil fédéral, bien placé à tous les points de vue pour connaître le texte et l'esprit des dispositions arrêtées l'année dernière, a recommandé l'adoption de notre projet de déclaration en le communiquant aux gouvernements contractants ». Ces paroles ne rencontrèrent aucune objection.

Il résulte donc, d'après tout ce que nous venons de dire, que les romans-feuilletons ne doivent pas être soumis à la condition de réserve établie par l'article 7 (2).

Les conventions avec l'Espagne (1880, 6), l'Allemagne (1883, 5) et l'Italie (1884, 5) spécifient que les romans-feuilletons et les articles de science ou d'art ne peuvent jamais être copiés et qu'une réserve expresse n'est pas nécessaire (3).

____

(1) *Droit international privé*, 1893, p. 351.

(2) En ce sens, D'Orelli, *Le Droit d'Auteur*, 1889, p. 13 ; Soldan, p. 34 ; Poinsard, p. 521. V. aussi la communication du Bureau international de la propriété intellectuelle, *Droit int. pr.*, 1893, p. 349 et suiv.

(3) En ce sens les lois : allemande du 11 juin 1870, art. 7 ; autrichienne du 19 octobre 1846, art. 5 ; française, art. 425 du Code pénal, « Toute édition imprimée... en tout ou *en partie* ».

L'article 7 est de droit absolu et impératif pour tous les pays de l'Union, en ce sens, que ces pays ne pourraient accorder à l'auteur moins de droits que la Convention ne lui en confère, mais rien ne les empêcherait d'en accorder davantage par des accords particuliers.

D'un autre côté il va de soi que les dispositions plus favorables contenues dans les lois internes ou les traités particuliers conservent leur force exécutoire. Ainsi les lois belge (art. 14), espagnole (art. 311) et italienne (art. 40), les traités avec l'Angleterre (1850, 5, al. 1), la Belgique (1882, 8, 1), la Suisse (1882, 9, 1) exigent que les journaux paraissant sur leur territoire indiquent les sources où ils puisent leurs nouvelles (1). Ceci a d'ailleurs été nettement expliqué à la conférence de 1885 (2) lorsque, sur la demande de la délégation anglaise, on avait pensé à introduire l'obligation de l'indication de la citation, qui fut rejetée comme étant trop rigoureuse et d'une application trop difficile dans les conditions du journalisme actuel. Par conséquent si une loi interne prescrit cette formalité, il faut s'y soumettre et un journal étranger qui aurait été reproduit dans ce pays sans être cité pourrait actionner l'auteur de cette reproduction. Ainsi, dit M. Clunet (3), le *Times* pourrait poursuivre l'*Indépendance belge* ou l'*Epoqua* qui auraient

____

(1) La loi suisse (art. 11, n° 4) ne la prescrit que pour les articles autres que les nouvelles du jour.

(2) Soldan, *Revue générale*, 1887, p. 496, et *op. cit.*, 35.

(3) Clunet, *op. cit.*, p. 55.

reproduit de ses extraits parce que l'obligation de l'indication de la source existe en Belgique et en Espagne, mais le journal anglais serait sans recours si c'était le *Journal de Genève* qui lui aurait emprunté des nouvelles.

En résumé la restriction de l'article 7 ne subsiste que pour les articles proprement dits.

Il est évident, d'ailleurs, qu'il n'est pas nécessaire de répéter la restriction devant chacun des articles dont on ne veut pas autoriser l'emprunt. La mention faite en tête du journal ou du recueil couvre de sa protection tout son contenu ; ici le pavillon couvre la marchandise. Convention avec la Belgique (1882, 8, al. 2), la Suisse (1881, 9, al. 2), l'Angleterre (1851, 5, al. 2).

Ajoutons, aussi, que l'Union de Berne, à l'exemple de toutes les conventions particulières, consacre expressément, dans l'article 13, le droit qui appartient aux gouvernements de prendre des mesures, dans l'intérêt de l'ordre public ou des bonnes mœurs, à l'égard des œuvres littéraires et artistiques, soit quant à leur importation, soit quant à leur divulgation ou leur exécution, dans leurs pays respectifs (1).

Chrestomathies. — La convention de Berne contient un article à cet égard. « En ce qui concerne la faculté de faire licitement des emprunts à des œuvres littéraires ou artistiques pour des publications destinées à l'enseignement ou ayant un caractère scientifique, ou par des

(1) Allemagne 1883, 14 ; Angleterre 1851, 12 ; Belgique 1882, 12 ; Suisse 1882, 15 et 16 ; Italie 1884, 12 ; Espagne 1880, 8.

chrestomathies, est réservé l'effet de la législation des
pays de l'Union et des arrangements particuliers existants ou à conclure entre eux » (art. 8).

La convention n'établit, comme on vient de voir,
aucune règle fixe, uniforme et, comme l'a dit M. d'O-
relli (1), l'absence d'une disposition formelle, impérative sur cette matière est fort regrettable. C'est justement
dans ce domaine et dans l'intérêt de la science qu'une
disposition stricte et uniforme était nécessaire.

Les délégués français et anglais combattirent de toutes leurs forces en 1884 la proposition de la délégation
allemande qui tendait à l'adoption d'un article permet-
tant l'emprunt dans les pays unionistes pour les œuvres
destinées à l'enseignement ou chrestomathies ; les délégués français notamment firent remarquer que, les ouvrages scolaires étant ceux qui étaient d'un meilleur
rapport, il était fort injuste d'enrichir des compilateurs
ou éditeurs peu scrupuleux au détriment des auteurs.
Mais il fallait tenir compte des législations et des conventions particulières (2) qui permettaient ces emprunts
et comme on craignait qu'en ne parlant pas expressément des emprunts envisagés comme licites par ces
dispositions légales ou diplomatiques, cette restriction

(1) *Droit d'auteur*, 1889, p. 14.

(2) Convention avec l'Allemagne, 1883, art. 4. Loi allemande du
11 juin 1870, art. 7, lettre a et loi suisse, art. 11, n°s 1 et 9. La convention allemande impose l'obligation d'indiquer l'origine pour chaque morceau emprunté. De cette façon l'honneur et le mérite des
auteurs sont sauvegardés. V. Soldan, p. 37.

du droit d'auteur vînt à cesser d'être autorisée après la mise en vigueur de la convention générale, attendu que l'article 15 et l'acte additionnel ne réservent les arrangements particuliers que s'ils sont plus extensifs de droits, on a fini par s'arrêter à la rédaction actuelle.

La plupart des conventions particulières qui permettent l'emprunt en matière de chrestomathie, imposent la nécessité de l'accompagner de notes explicatives dans une autre langue que celle de l'édition originale.

La conférence a d'ailleurs été d'accord pour reconnaître que le texte de l'article 8 n'altérait en rien le *droit de citation* dans la mesure où il est nécessaire pour les études critiques, commentaires ou autres travaux scientifiques ou littéraires. Il est évident du reste que les tribunaux auront un pouvoir d'appréciation dans chaque cas particulier.

La traduction. — Nous avons déjà parlé, en nous occupant du décret du 28 mars 1852 et des divers traités, de l'importance capitale que présente la traduction dans les rapports internationaux. C'est par la traduction que s'opère la plupart du temps la contrefaçon à raison de la différence de langage qui existe entre les nations et si la traduction était permise et que chacun fût libre d'en user, la protection internationale de la propriété littéraire ne serait plus qu'un principe théorique dépourvu de toute utilité (1).

(1) On invoque généralement contre le droit exclusif de traduction les raisons suivantes : l'impossibilité pour les petits pays dont la lit-

On sait qu'il n'y a aujourd'hui que très peu de pays où la traduction soit formellement assimilée à la reproduction. Ces pays sont : la Belgique (loi de 1886, art. 12), l'Espagne (loi de 1879, art. 13 à 15), le Portugal (loi de 1867, art. 577) et aussi les États-Unis depuis la nouvelle loi de 1891. Quant à la France, la jurisprudence proclame, dans le silence de la loi, cette assimilation. Les autres pays au contraire restreignent la traduction dans des limites très étroites, tout en soumettant son exercice à des formalités très courantes.

Dans son projet de 1883 (art. 5), l'Association littéraire internationale avait proclamé le principe de l'assimilation du droit de traduction et du droit de reproduction. Le conseil fédéral adopta le même principe sans toutefois se dissimuler les difficultés que son admission allait rencontrer.

Mais en 1884, malgré les efforts des délégués français qui défendirent vigoureusement l'assimilation complète, attendu que le droit de traduction ne peut et ne doit pas être considéré que comme un démembrement, comme une forme spéciale du droit de reproduction proprement dite qui constitue la propriété littéraire (1), la majorité

térature nationale est insuffisante à se tenir au courant de celle des pays plus civilisés ; l'intérêt qu'il y a à ce qu'une traduction ne soit pas protégée au delà d'une certaine durée afin qu'elle puisse être remplacée par une traduction meilleure et puis aussi l'extension du commerce qui en résulterait. Mais ce sont là des raisons d'intérêt matériel qui ne sauraient prévaloir contre les principes de la matière.

(1) *Droit international privé*, 1884, p. 451.

des États, sous l'influence des anciennes idées, adopta un système mixte, contenu dans l'article 6 du projet, en vertu duquel, l'auteur jouissait exclusivement du droit de traduction durant les 3 années qui suivaient la publication originale, à l'expiration desquelles chacun pouvait traduire, à moins que l'auteur ne fît lui-même une traduction et en ce cas il en jouissait pendant 10 ans.

Le syndicat pour la protection de la propriété littéraire et artistique critiqua (1) avec juste raison ce système restrictif du droit d'auteur. En effet, le droit de l'auteur est méconnu quand on lui impose la nécessité de publier une traduction de son œuvre. La conservation du droit de traduction ne peut pas plus être conditionnelle que le maintien du droit de propriété sur le texte original. Pour l'exercice de l'un comme de l'autre, l'auteur seul doit rester maître absolu. Et puis la brièveté du délai imparti pour faire cette traduction peut le mettre dans l'impossibilité de satisfaire à cette rigoureuse condition, car en dehors des œuvres de circonstance, des romans par exemple, d'un auteur célèbre dont le succès est déjà assuré au moment de sa publication, qui peuvent être immédiatement traduites, il faut, pour que le besoin d'une traduction se fasse sentir, pour que le renom d'une œuvre pénètre dans un pays de langue différente, un temps assez considérable. Ajoutons que souvent il s'agit de grands ouvrages scientifi-

(1) *Droit international privé*, 1885, p. 490.

ques, des ouvrages de longue haleine qui exigent pour
leur traduction beaucoup de temps et qu'en outre il est
très difficile de trouver immédiatement un traducteur
capable de rendre à la version toutes les qualités de
l'œuvre originale. Ce « petit délai », comme on l'a appelé, présente donc de si grands inconvénients qu'il rend
presque illusoire, dans la pratique, l'exercice du droit
exclusif de traduction. Même en supposant que la traduction ait été faite dans le délai prescrit, l'auteur n'est
protégé que contre les autres traductions faites dans
le même idiome que celui qu'il avait employé.

Aussi la délégation française insista-t-elle en 1885
pour qu'on revint au projet de 1883 qui établissait l'i-
dentité de protection entre le droit de traduction et le
droit de reproduction, mais elle rencontra une vive opposition de la part de l'Allemagne, l'Italie, la Suède et la
Norvège, la Suisse et le Honduras qui refusèrent d'y
adhérer sous prétexte qu'il fallait modifier leurs législations intérieures (1).

Finalement, après des concessions réciproques, on
aboutit au système consacré par l'article 5 de la convention : « Les auteurs ressortissant à un des pays de
l'Union ou leurs ayants cause, jouissent, dans les autres
pays, du droit exclusif de faire ou d'autoriser la traduction de leurs ouvrages jusqu'à l'expiration de dix années
à partir de la publication de l'œuvre originale dans l'un
des pays de l'Union.

(1) Darras, p. 624, note 1.

« Pour les ouvrages publiés par livraisons, le délai
de dix années ne compte qu'à dater de la publication de
la dernière livraison de l'œuvre originale.

« Pour les œuvres composées de plusieurs volumes
publiés par intervalles, ainsi que pour des bulletins ou
cahiers publiés par des particuliers ou par des sociétés
littéraires ou savantes, chaque volume, bulletin ou
cahier est, en ce qui concerne le délai de dix années,
considéré comme ouvrage séparé.

« Dans les cas prévus au présent article, est admis
comme date de publication, pour le calcul des délais de
protection, le 31 décembre de l'année dans laquelle
l'ouvrage a été publié ».

Le système adopté par la conférence constitue un
grand progrès sur ce qui était admis jusqu'alors dans
les relations internationales. Aucune formalité *spéciale*
n'est exigée pour la conservation du droit de traduction.
Le droit de traduction étant en principe assimilé au
droit de reproduction, l'auteur n'aura, pour jouir de la
protection décennale, qu'à remplir, conformément à
l'article 2, al. 2, les conditions et formalités prescrites
par la législation du pays d'origine de l'œuvre. Il ne
sera donc plus nécessaire, comme l'exigent plusieurs traités et lois internes, que l'auteur indique expressément,
en tête de l'ouvrage, l'intention de se réserver le droit
de traduction (1).

(1) Traités avec l'Angleterre, 1851, al. 2 ; l'Autriche, 1866, 5 ; le
Luxembourg, 1865, 6 ; le Portugal, 1886, 5, al. 2. — De même la loi

La convention a supprimé, en outre, d'une façon absolue le délai fixé par plusieurs législations et traités pour l'utilisation du droit de traduction (1). Il y avait là, comme nous l'avons dit, une condition bien gênante qui neutralisait souvent l'efficacité de la protection (2) et qui n'existe donc plus.

En ce qui concerne la *durée* de la protection, la convention de Berne a été forcée, en présence des restrictions des lois internes, d'admettre une solution transactionnelle et de la fixer à dix ans à partir de la publication de l'œuvre originale. Mais quelque minime qu'elle soit, cette protection est préférable à celle qu'édictait les lois internes et les traités.

Ainsi l'auteur, qui aura accompli les formalités exigées par le pays d'origine, jouira seul et exclusivement, pendant dix ans, du droit de traduction dans toute l'étendue de l'Union.

La protection décennale de la traduction constitue

allemande, 1870, 6 ; autrichienne, 1846, 5, c ; hongroise, 1884, 7, al. 3 et 17.

(1) La loi allemande de 1870, art. 6, exige que la traduction soit commencée une année après la publication de l'original et terminée dans l'espace de trois années : la loi suisse accorde un délai de cinq ans pour l'apparition de la traduction. Mêmes dispositions sauf les délais en Autriche-Hongrie.

Les traités avec la Grande-Bretagne, art. 3 et 4 ; l'Allemagne, art. 10 ; l'Italie, art. 8 ; la Suisse, art. 6.

(2) C'est ce qui est arrivé à M. Theuriet auteur de « *Tante Aurélie* » traduite en allemand ; les trois ans étant expirés, il ne put plus intenter l'action en contrefaçon et fut ainsi légalement pillé. *Droit int. privé*, 1887, p. 737.

un minimum obligatoire pour tous les pays contractants ; il s'agit là d'une disposition de droit strict, d'une
disposition impérative qu'on ne saurait écarter ; mais
conformément au but clairement exprimé de la convention et sanctionné par une mention au procès-verbal,
cette protection décennale laisse subsister des droits
plus étendus que la législation intérieure des pays de
l'Union où les conventions particulières conclues entre
eux peuvent accorder aux auteurs contre la traduction
non autorisée de leurs œuvres.

Tel sera le cas pour les conventions conclues par la
France avec l'Espagne (1880, 3) et avec le Salvador qui ont
assimilé d'une manière complète le droit de traduction
au droit de reproduction (1). De même aussi pour la
Belgique, car quoique le traité de 1881 (art. 6) n'accorde
qu'une durée de dix ans, cependant en vertu de la clause
de la nation la plus favorisée contenue dans la déclaration interprétative du 4 juin 1882, on peut invoquer la
loi belge de 1886 (art. 12) et le traité belge-espagnol du
6 juin 1880 qui assimilent le droit de traduction au droit
de reproduction. Même solution pour la Suisse, car en
vertu de la clause de la nation la plus favorisée les Suisses invoqueront en France la législation française ou le
traité franco-espagnol, tandis que les Français pourront
invoquer la loi fédérale de 1883 (art. 2, al. 3), en vertu

____

(1) On trouve une espèce où l'auteur aurait pu invoquer cette assimilation, mais où par négligence il ne le fit pas. « Un crâne sous une
tempête ». *Droit int. privé*, 1887, p. 736.

de laquelle le droit de traduction sur les œuvres qui ne sont ni dramatiques, ni musicales est traité comme celui de reproduction à condition qu'on procède à la traduction dans les cinq ans qui suivent l'apparition de l'œuvre dans la langue originale (1).

Il peut y avoir également des circonstances où l'auteur a intérêt à invoquer en sa faveur des conventions particulières plus avantageuses. Ainsi d'après les conventions franco-allemande et franco-italienne l'auteur jouit de la protection décennale à la condition que la traduction ait paru dans un délai de trois années à compter de la première publication de l'ouvrage original ; le délai de jouissance peut donc être plus long que celui qu'accorde la convention de Berne ; le temps exigé pour l'exécution de la traduction ne se trouve plus compris dans le délai unique de la protection décennale, laquelle part de la publication de la traduction et peut ainsi s'augmenter de trois ans (2).

La convention de 1886 dans un but de simplification contient des dispositions spéciales pour le cas de publication de l'ouvrage par volumes successifs ou par livraisons, ou qu'il se trouve inséré dans des bulletins ou cahiers appartenant à des sociétés savantes ou à des particuliers. Si l'ouvrage se compose de plusieurs volumes publiés par intervalles, chaque volume est considéré, quant au calcul de dix années, comme un

(1) *Revue de droit international*, 1882, p. 539.
(2) MM. Lyon-Caen et Delalain, t. II, p. 221, note 4.

ouvrage séparé ; il en est de même quant aux bulletins ou aux cahiers publiés par des sociétés ou par des particuliers. Au contraire, pour les ouvrages publiés par livraisons le délai de dix ans ne court qu'à dater de la publication de la dernière livraison de l'œuvre originale (1). Ceci est très intéressant à noter et constitue une heureuse innovation par rapport aux anciennes conventions (2) qui faisaient illogiquement courir les délais de protection de l'apparition de chacune des livraisons. En effet, il n'est pas possible d'admettre, comme on l'a dit (3), qu'il y ait un ouvrage séparé dans un fascicule composé le plus habituellement de deux feuilles d'un ouvrage en cours de publication et qui commence au milieu d'un alinéa pour finir par un mot coupé.

En outre, pour faciliter la computation du temps, la convention décide (4e al.) que quel que soit le moment de l'année civile où la publication de l'œuvre a été effectuée, elle est réputée n'avoir eu lieu que le 31 décembre. Grâce à cette fiction, l'auteur bénéficiera encore de la période de temps écoulée entre la date de la publication et le 31 décembre de l'année où elle a eu lieu.

Il faut appliquer la disposition de l'article 5, al. 2 aux romans-feuilletons publiés dans les journaux. Cela a

---

(1) Conformément aux conventions franco-allemande de 1883, art. 10 et franco-italienne de 1884, art. 8.

(2) Angleterre 1851, 8 *in fine* ; Portugal 1866, 5, al. 6, etc.

(3) M. Hachette, *Droit intern. privé*, 1882, p. 122.

été formellement reconnu en 1886, lors de la proposition de déclaration en ce sens de la délégation française, proposition qui fut rejetée comme étant inutile. Du reste, en présence du 4ᵉ alinéa de l'article 5, ainsi que le fait remarquer M. Soldan (1), la question n'aurait une importance pratique que dans le cas où la publication du roman-feuilleton ne serait pas terminée dans l'année où elle a commencé et encore, le droit de traduction ne serait pas bien menacé, s'il n'est tombé dans le domaine public que pour les premiers numéros et non pour les derniers.

L'article 5 de la convention relatif au droit de traduction ne vise que les ouvrages publiés ; le droit de traduction pour les œuvres manuscrites ou inédites reste soumis au droit commun de l'article 2 et il ne peut jamais excéder quant à sa durée, celle admise par la législation du pays d'origine de l'œuvre, c'est-à-dire, ici, du pays auquel appartient l'auteur.

Cette décision est imposée par les termes de l'article 5 qui ne parle que des ouvrages publiés ; il fixe la durée du droit de traduction à dix ans, qui partent de l'année dans laquelle a eu lieu la publication. Et puis en ne livrant pas son manuscrit à la publicité, l'auteur a clairement manifesté sa volonté de n'en pas permettre la diffusion au moyen de la traduction.

Mais nous croyons qu'il faut admettre une solution

____

(1) Soldan, p. 30.

différente lorsqu'il s'agit d'un ouvrage dramatique que l'auteur n'a pas publié par la voie de l'impression, mais qu'il a fait représenter (1). En effet il nous semble qu'il y a là une véritable publication, car l'ouvrage a été révélé au public, a été mis au jour, et ceci est, d'ailleurs, conforme à l'esprit de la convention laquelle prend les mots *publier*, *publication*, dans un sens tout à fait général. L'article 4 protège toute production qui pourrait être publiée par *n'importe quel mode d'impression ou de reproduction*. L'article 3, comme nous l'avons vu, assimile à l'éditeur l'entrepreneur de spectacles. Donc une œuvre représentée est une œuvre publiée et personne, pendant dix ans, ne peut la traduire sans l'autorisation de l'auteur.

On peut se demander, si dans les cas où une traduction illicite ayant paru dans un pays non unioniste, un des ressortissants des pays contractants la reproduirait, il y a contrefaçon. Nous croyons qu'une telle reproduction constituerait à l'égard de l'auteur de l'œuvre originale une reproduction illicite. Peu importe que la traduction n'ait pas été faite directement sur l'original.

Ajoutons aussi qu'on devrait également accorder la protection exclusive de l'Union à la traduction autorisée publiée sur son territoire d'une œuvre parue au dehors de celui-ci. Ce serait là une extension très justifiée et

(1) Pouillet, p. 797.

fort légitime qui répondrait parfaitement à l'esprit de
la convention.

Rappelons enfin que tous les congrès littéraires (1)
renferment la résolution suivante : « Il est à désirer
que les auteurs ressortissants à l'un des pays de l'Union
soient admis à jouir dans tous les autres États de l'Union
du droit exclusif de traduction pendant toute la durée
de leur droit sur l'original ».

La convention de Berne comprend en outre une disposition (art. 6) que l'on rencontre dans tous les traités
particuliers (2). Les traductions licites, c'est-à-dire celles qui sont faites avec l'autorisation de l'auteur et
celles des œuvres tombées dans le domaine public, sont
considérées comme productions originales et bénéfi-
cient, par conséquent, de la protection des articles 2 et
3 en ce qui concerne leur reproduction non autorisée
dans les pays de l'Union. Il est évident que le traducteur
ne jouit du droit exclusif qu'à l'égard de la version qu'il
a donnée ; il ne peut empêcher autrui de travailler sur
le même livre et d'en fournir une nouvelle traduction ;
ce droit n'appartient qu'à l'auteur de l'œuvre originale.

(1) Congrès de Vienne 1881 ; de Madrid 1887 ; de Venise 1888 ; de
Paris 1889 ; de Barcelone 1893 ; d'Anvers 1894. *Droit d'Auteur*, 1889,
p. 2 ; 1893, p. 119 ; 1894, p. 125.

(2) Angleterre 1851, 2 ; Autriche 1866, 4 ; Espagne 1880, 3, al. 2 ;
Belgique 1881, 5 *in fine* ; Suisse 1882, 5 *in fine* ; Italie 1884, 9, al. 3 ;
Allemagne 1883, 9, al. 3.

Formalités. — Caution judicatum solvi et rétroactivité.

Formalités. — Nous avons vu que la plupart des traités particuliers (1) imposaient de nombreuses et gênantes formalités pour la conservation du droit qu'ils accordaient aux auteurs. C'était le certificat de constatation, l'enregistrement et le dépôt d'exemplaires, dans un certain temps, au pays d'origine et au pays d'importation.

Cette situation peu satisfaisante pour les auteurs avait depuis longtemps soulevé de vives critiques (2).

Voici ce que disait à cet égard M. Droz lors de l'ouverture de la conférence de Berne de 1884 (3). « Une des questions intéressantes est celle des formalités pour la constatation du droit. Les écrivains et les artistes demandent sous ce rapport la plus grande simplification. Tel pays a conclu récemment vingt-cinq conventions, pour la propriété littéraire et artistique. Si ces ressortissants doivent remplir vingt-cinq fois la formalité de l'enregistrement et du dépôt, cela devient tout ensemble fastidieux et coûteux. Et cependant cela n'est pas néces-

(1) Conventions avec l'Angleterre 1851 et 1875 ; l'Italie 29 juin 1862 ; l'Espagne 1853 ; la Belgique 1861 et 1869 ; la Suisse 1882 ; l'Allemagne 1861 et 1871.

(2) Congrès de Bruxelles 1858 (*Bulletin assoc.*, 1re série, no 10, p. 43) ; de Paris en 1878 ; Lisbonne 1880 ; Vienne 1884 ; Rome 1882 (*Bull. Assoc.*, 1re série, n° 10, p. 41 et suiv. ; n° 12, p. 5 ; n° 23, p. 23).

(3) *Procès-verbaux de la conférence* de 1884, p. 21.

saire au point de vue de la constatation du droit, qui, une fois dûment faite dans le pays d'origine peut sans inconvénient être reconnue comme valable dans tous les autres pays. Vous apprécierez, Messieurs, s'il est possible de donner satisfaction à ce vœu que, quant à moi, je considère comme légitime. »

La conférence de 1886, s'inspirant de ces idées rationnelles, admit sans aucune opposition le principe *locus regit actum* qu'elle consacra dans son article 2.

« La jouissance de ces droits dans les États étrangers est subordonnée à l'accomplissement des conditions et formalités prescrites par la législation du pays d'origine de l'œuvre ».

L'auteur se trouve donc exonéré des formalités dans les autres pays de l'Union où il pourra dorénavant invoquer la protection légale pourvu seulement qu'il se soit mis en règle avec la législation du pays d'origine de l'œuvre, qu'il ait rempli les formalités exigées par elle.

Ainsi par exemple si l'œuvre est publiée en France, l'auteur n'a qu'à satisfaire aux obligations de la loi française, c'est-à-dire effectuer le dépôt sans qu'il soit forcé, en outre, de procéder comme jadis, soit à l'enregistrement en Angleterre, si c'est dans ce pays qu'il veut invoquer la protection, soit au dépôt en Italie ou en Espagne, si c'est dans ces deux pays qu'il veut jouir de la protection.

Mais pour que l'auteur soit protégé au pays d'importation, il faut, suivant le principe que nous avons exposé, qu'il le soit au pays d'origine, et pour cela il faut qu'il ait accompli les formalités exigées à cet effet. Or dans un procès, comment les tribunaux étrangers s'assureront-ils que les formalités ont été accomplies au pays d'origine? La plupart des conventions particulières permettaient à l'auteur de se faire délivrer un certificat par l'autorité compétente et légalisé par le représentant diplomatique de la nation où il fait valoir ses droits (1).

L'article 11 de la convention de Berne établit à cet égard une présomption. « Pour que les auteurs des ouvrages protégés par la présente convention soient, jusqu'à preuve contraire, considérés comme tels et admis, en conséquence, devant les tribunaux des divers pays de l'Union à exercer des poursuites contre les contrefaçons; il suffit que leur nom soit indiqué sur l'ouvrage en la manière usitée (2).

« Pour les œuvres anonymes ou pseudonymes, l'éditeur dont le nom est indiqué sur l'ouvrage est fondé à sauvegarder les droits appartenant à l'auteur. Il est,

(1) Une application de ce principe a été faite par le tribunal de Périgueux. « Attendu que, dit le jugement de ce tribunal, le progrès réalisé par la convention de Berne consiste en ce qu'elle exige que l'auteur se soit mis en règle avec la législation du pays d'origine de l'œuvre et n'exige pas des formalités spéciales dans chaque pays où la protection est réclamée tandis que les anciennes conventions exigeaient ordinairement soit un enregistrement et un dépôt, soit un enregistrement seulement .... » *Droit d'Auteur*, 1889, p. 128.

(2) Belgique 1881, 3 ; Italie 1884, 4 ; Suisse 1882, 18 ; Salvador, 1880, 2.

sans autres preuves, réputé ayant cause de l'auteur ano-
nyme ou pseudonyme ».

Ainsi rien de plus simple pour l'auteur quand il agira
en justice contre un contrefacteur ; il sera réputé investi
du droit jusqu'à preuve contraire, ce qui est très favorable au point de vue de la procédure. L'article 11 constitue, en quelque sorte, le corollaire de l'article 2 qui
établit les formalités et les conditions matérielles dont
l'accomplissement est requis pour jouir de la protection
de la convention dans les autres pays de l'Union.

Le second alinéa de l'article 11 est intéressant à noter. L'éditeur est non seulement appelé, comme manda-
taire légal, à sauvegarder les droits appartenant à
l'auteur, mais il est dispensé, dans le cas où il aura à
poursuivre *comme tel* des actes portant atteinte à ses
droits, par une présomption légale, de faire la preuve
que ses droits dérivent régulièrement de l'auteur ano-
nyme ; et cela pour ne pas divulguer le nom de l'auteur.

Disons enfin que la présomption de l'article 11 se
trouvait déjà dans les conventions franco-italienne
(1884, 7) et franco-allemande (1883, 7).

Caution judicatum solvi. — Nous avons déjà eu à
nous occuper de cette question relativement aux traités
et nous l'avons tranchée dans le sens de l'obligativité
pour les ressortissants des pays contractants.

Quelque aversion que nous ayons pour cette institution, — reflet du *hopes hostis* des Romains, — nous de-

vous cependant en présence du texte de la loi — *dura lex sed lex* — reconnaître que les auteurs unionistes sont astreints à fournir la caution *judicatum solvi* lorsqu'ils auront à faire valoir leurs droits devant les tribunaux.

A défaut d'un texte formel qui dispense l'étranger de cette obligation imposée par le droit commun (1), on a soutenu (2) que cette dispense résultait de l'assimilation qui existe entre les étrangers et les nationaux lorsqu'il s'agit de propriété littéraire et artistique. Mais en assimilant aux nationaux pour la protection de leurs droits, les autres ressortissants de l'Union, la convention ne fait pas disparaître les différences qui existent entre eux au point de vue de l'exercice de leurs droits. Elle les assimile en ce sens qu'elle permet aux étrangers de défendre leurs droits d'auteur devant les tribunaux des autres pays, une fois que les conditions imposées ont été accomplies, mais la convention laisse subsister et ne s'inquiète d'ailleurs pas, des règles de procédure et de compétence établies dans chaque pays.

La conférence de Berne de 1889 a formellement reconnu cette interprétation, aussi a-t-elle indiqué parmi les autres révisions de la convention de 1886, la suppression de la caution *judicatum solvi*. « Il est désira-

(1) « Tous étrangers, demandeurs principaux ou intervenants, seront tenus, si le défendeur le requiert, de payer les frais et dommages-intérêts auxquels ils pourraient être condamnés », art. 166 du Code de procédure et art. 16 du Code civil.

(2) M. Cattreux, *Droit d'Auteur*, 1889, p. 73, 87 et 95.

ble que dans les procès relatifs aux contestations que peut faire naître l'application de la convention de Berne, la caution *judicatum solvi* soit supprimée (1) ».

Même nécessité dans l'Union industrielle en matière de brevets d'invention.

Nous croyons que la caution n'est pas due si la demande de la partie civile est commerciale de sa nature, alors même qu'une disposition exceptionnelle de la loi soumet la connaissance de cette demande aux tribunaux civils. La caution ne pourra donc être exigée toutes les fois que le défendeur aura porté atteinte au droit d'auteur soit dans l'exercice d'un commerce, soit comme conséquence de son commerce, soit par un fait s'y rattachant étroitement (2).

Rétroactivité. — La transition d'un régime juridique à un autre soulève toujours des questions fort délicates, soit qu'il s'agisse de la législation intérieure d'un État,

(1) *Le Droit d'Auteur*, 1889, p. 110-115.

La caution *judicatum solvi* ne figure plus dans le *Traité sur les transports internationaux* « entre la France, l'Allemagne, la Belgique, la Suisse, etc. » Poinsard, *Droit internat. privé*, 1892, p. 54.

La jurisprudence s'est prononcée dans le sens de l'obligation de la caution. V. Tribunal de Dieppe, 5 février 1891 et Cour de Rouen, 3 août 1891 (*Droit d'Auteur*, 1892, p. 48). V. aussi un jugement interlocutoire du tribunal de Gand qui condamne (dans le procès « *Des Mélomanes* ») les demandeurs, citoyens français (Gounod et autres), à déposer avant tout débat une caution de 1.500 francs. *Droit d'Auteur*, 1889, p. 46.

(2) C'est ce qui a été décidé par le tribunal de Bruxelles à l'occasion des poursuites dirigées par un éditeur allemand (cessionnaire de Suppé) contre des détaillants d'une édition contrefaite de « *Dichter und Bauer* » (poète et paysan). *Droit d'Auteur*, 1892, p. 78.

soit, à plus forte raison, qu'il s'agisse d'appliquer le nouveau régime à un plus grand nombre de pays à la fois.

Le projet de convention d'Union internationale élaboré par l'Association littéraire et artistique ne contenait pas de disposition prévoyant la rétroactivité (1).

Ce fut à la conférence de Berne de 1883 que M. Clunet, rapporteur du projet, répara cette omission, en y insérant l'article suivant : « La présente convention s'applique à toutes les œuvres non encore tombées dans le domaine public lors de la mise en vigueur de la convention ». Mais cette formule provoqua des critiques comme étant très peu favorable à l'auteur ; en effet, il suffisait que l'œuvre fût tombée dans le domaine public dans un pays quelconque, pour que l'auteur en fut dessaisi, alors même que son droit subsistait dans le pays d'origine de l'œuvre. Aussi, tenant compte de ces justes critiques, on modifia la formule primitive par celle qui figure au texte de l'article 14. « La présente convention, sous les réserves et conditions à déterminer d'un commun accord, s'applique à toutes les œuvres qui, au moment de son entrée en vigueur, ne sont pas encore tombées dans le domaine public *dans leur pays d'origine* ».

Ainsi le principe de la convention est que les auteurs des œuvres non tombées dans le domaine public dans leur pays d'origine peuvent se prévaloir du bénéfice de

(1) *Association*, 1883, n° 17, p. 2.

ses dispositions. Supposons par exemple un ouvrage dont l'auteur vit au moment où la convention entre en vigueur mais dont la publication a eu lieu depuis plus de trois ans en France. En Allemagne par exemple (convention du 19 avril 1883) le droit de traduction se trouve être tombé dans le domaine public. L'effet de la convention sera de restituer à l'auteur le droit de traduction pendant un laps de temps de 7 ans encore.

Mais si le principe admis par la convention est simple son application peut souvent entraîner de grandes difficultés. En effet, au moment où la convention entre en vigueur il y aura des éditions non autorisées, mais que la loi ne punissait pas, qui seront en vente, la représentation d'œuvres dramatiques aura été montée à grands frais, des pierres lithographiques seront préparées pour la reproduction d'œuvres artistiques, etc.

En appliquant impitoyablement le principe de la rétroactivité pure et simple on aurait lésé des intérêts légitimes. Aussi la conférence, d'accord avec la plupart des conventions particulières qui renfermaient à cet égard des décisions parfois même très détaillées (1), a estimé

______

(1) Conventions franco-allemande (art. 15 et protocole annexé à cette disposition), franco-italienne (art. 13 et protocole) et franco-espagnole (art. 9 et protocole de clôture). — Le traité franco-allemand permet d'achever les impressions commencées et de mettre en circulation, en les munissant d'une estampille, les exemplaires commencés ou achevés lors de la mise en vigueur de la convention. De même les appareils, bois, clichés, planches gravées, pierres lithographiques peuvent, après avoir été estampillés, être encore utilisés pendant un délai de quatre ans.

qu'une certaine tolérance était nécessaire et qu'elle s'imposait d'autant plus qu'en appliquant la rétroactivité absolue, certains pays, jusqu'ici peu respectueux des droits des auteurs, n'eussent pas accepté à participer dans la convention. On s'est contenté alors, devant les difficultés insurmontables qu'il y aurait eu à régler cette question transitoire d'une façon claire et uniforme pour tous les pays contractants, à réserver l'application des conventions particulières conclues ou à conclure, ou, à leur défaut, à abandonner toute la matière à la législation intérieure de ces pays.

Voici le texte qui contient cette disposition, c'est le chiffre 4 du protocole de clôture :

« L'application de la convention aux œuvres non tombées dans le domaine public au moment de sa mise en vigueur aura lieu suivant les stipulations relatives contenues dans les conventions spéciales existantes ou à conclure à cet effet.

« A défaut de semblables stipulations entre pays de l'Union, les pays respectifs régleront, chacun pour ce qui le concerne, par la législation antérieure (1), les modalités relatives à l'application du principe contenu dans l'article 14 ».

C'est là, comme l'a dit M. Numa Droz (2), un expédient auquel on a dû recourir devant l'impossibilité où on s'est trouvé de régler, d'une manière satisfaisante,

(1) Loi anglaise du 25 juin 1886.
(2) *Droit int. privé*, 1884, p. 45.

une question aussi grosse de difficultés que celle du régime transitoire pour un si grand nombre de pays dont les conditions intérieures peuvent beaucoup varier.

L'Allemagne (décret du 11 juillet 1888) et la Belgique (1) (arrêté royal du 15 novembre 1887) sont les seuls pays unionistes qui ont édicté des règles spéciales pour empêcher les fraudes et mettre un terme aux reproductions non autorisées des œuvres parues antérieurement à la mise en vigueur de la convention de Berne. D'autres pays n'ont rien fait ou bien ont interprété l'idée de rétroactivité dans un sens tellement large, qu'il devient évidemment contraire à l'esprit de la convention qui a voulu tout simplement établir une période transitoire durant laquelle seraient ménagés les intérêts des éditeurs. C'est ainsi qu'en Angleterre (2) il est permis à l'éditeur de se servir indéfiniment des planches, des clichés, des moules, etc., exécutés antérieurement à la loi locale ou à la convention de Berne.

En Allemagne au contraire on ne peut utiliser les planches et autres appareils au delà du 31 décembre 1891 et en Belgique au delà du 5 décembre 1889.

En France il n'y a pas de disposition spéciale sur ce point, mais la jurisprudence admet formellement que l'éditeur d'une œuvre licitement contrefaite peut écouler les exemplaires contrefaits au moment où la protection

---

(1) Lyon-Caen et Delalain, II, p. 238 et 243.
(2) *Droit d'auteur*, 1888, p. 65 et 75 ; 1891, p. 49. — Chavegrin, *Droit intern. privé*, 1892, p. 112 et suiv.

devient obligatoire ; il ne saurait en fabriquer d'autres
après ce moment, sauf en ce qui concerne la musique.

Il résulte de cet état de choses que la condition des
auteurs unionistes dont les œuvres sont antérieures à
la convention est très inégale et peut varier d'un pays
à l'autre.

APPENDICE

LA PROPRIÉTÉ LITTÉRAIRE ET ARTISTIQUE EN ROUMANIE.

Nous avons cru nécessaire d'exposer sommairement
dans cet appendice la question de la propriété littéraire
et artistique en Roumanie afin de mieux faire connaître
la situation légale des auteurs et des artistes, nationaux
ou étrangers, et de dissiper ainsi les quelques inexacti-
tudes qui se sont glissées dans les notices qui ont été
consacrées à ce sujet.

La propriété littéraire et artistique est reconnue et garantie en Roumanie par la loi sur la presse du 1/13 avril
1862. Le chapitre premier de cette loi, composé de
11 articles, traite exclusivement, ainsi que l'indique sa
rubrique, de la *propriété littéraire* (Despre proprietatea
litterara). Un règlement, rendu quelques jours après, le
24 avril 1862, pour l'exécution de cette loi, détermine
dans le chapitre premier les formalités que les auteurs
ont à remplir pour établir l'existence de leur droit de
propriété. Les articles 339 à 342 du Code pénal roumain,
qui ne sont que la reproduction des articles 425 à 429
du Code pénal français, servent à sanctionner les dispositions de la loi du 1/13 avril 1862 en punissant la con-

trefaçon des œuvres littéraires et artistiques ainsi que la représentation ou l'exécution illicite.

Avant d'entrer dans les détails de notre question, il faut élucider une confusion qui a surgi à propos de la loi de 1862 et qui a pu induire en erreur les auteurs les plus autorisés, leur faisant croire que l'existence de la propriété littéraire et artistique était douteuse et qu'ainsi la protection des écrivains et des artistes était incertaine en Roumanie.

Par une méconnaissance absolue des principes du droit, on a prétendu que la loi sur la presse de 1862 n'était plus en vigueur, qu'elle avait été, en d'autres termes, abrogée par la loi constitutionnelle du 1er juillet 1866 dont l'article 129 déclare « abrogées toutes les dispositions des lois, décrets, règlements et autres actes contraires aux principes que cette constitution a consacrés ».

Il y a là une erreur profonde.

Il est incontestable, évidemment, que toutes les dispositions de la loi sur la presse de 1862 qui se trouvent en contradiction avec l'article 129 de la loi constitutionnelle de 1866 ont perdu leur valeur légale et qu'en fait plusieurs de ses dispositions qui étaient restrictives de la liberté, telle que la constitution l'avait établie, ont été abrogées. Mais les dispositions de cette loi de 1862 relatives à la propriété littéraire et artistiques sont restées intactes. En effet, ces dispositions n'ont pu être abrogées ni expressément, car la loi cons-

titutionnelle ne le dit pas, ni tacitement parce qu'elles
ne sont en rien contraires à son texte. Bien plus, l'article
19, alinéa 1ᵉʳ, de la loi constitutionnelle de 1866 fournit
un argument irréfragable en faveur de l'existence de la
loi sur la presse de 1862. Cet article 19, alinéa 1, dit que
« *la propriété de toute nature*, ainsi que toutes les cré-
ances sur l'État, *sont sacrées et inviolables* ». Comme on
le voit, aucune restriction n'est apportée au principe du
droit de propriété ; la propriété sous *toutes ses formes*,
donc la propriété mobilière ou immobilière aussi bien
que la propriété littéraire et artistique qui n'est qu'une
forme particulière de la propriété ordinaire, est admise
et déclarée sacrée et inviolable. La propriété littéraire
et artistique précédemment admise par une loi se trouve
consolidée et définitivement consacrée par la constitution.

Il résulte de tout ce que nous venons de dire que la
loi de 1862 relativement à la propriété littéraire et artistique, non seulement n'est contraire et ne se heurte
à aucune des dispositions établies par la loi constitutionnelle de 1866, mais encore son existence est corro-
borée et renforcée par le texte même de cette dernière.

En outre l'article 398 du Code pénal du 17 février
1874 reconnaît et maintient expressément les dispositions de la loi de 1862.

Par conséquent la loi de 1862 sur la presse n'a pas
été abrogée par la loi constitutionnelle de 1866, elle se
trouve actuellement en vigueur dans toutes les disposi-

tions qui ne sont pas contraires soit à la constitution, soit aux lois postérieures et régit la propriété littéraire et artistique dans toute l'étendue du royaume.

Toute cette discussion avait été suscitée par un jugement (1) rendu jadis par le tribunal de commerce d'Ilfov (dont le chef-lieu est Bucarest) qui décidait que quoiqu'il y ait eu une propriété littéraire, elle se trouvait néanmoins, en fait, dépourvue de toute sanction, aucune loi ne l'ayant réglementée. Cette manière de voir nous paraît tout au moins singulière et ne laisse pas que de nous interloquer. Cependant il est juste d'ajouter que le tribunal de commerce a, depuis, reconnu son erreur et est revenu aux vrais principes de la matière, car dans des jugements postérieurs, il admet l'existence et la validité de la loi de 1862. Voici ce que nous lisons dans les considérants d'un de ces jugements : « La propriété littéraire et artistique est reconnue et garantie par la loi sur la presse du 13 avril 1862 qui est encore en vigueur dans toutes ses parties qui ne sont pas contraires à la constitution (2) ».

Disons, d'ailleurs, que la question de la validité de la

(1) Tribunal de commerce, 22 septembre 1880, affaire Grandea et Thiel et Weiss relativement à la propriété du journal *Resboïul* (La guerre). Le journal *Dreptul* (Le droit), 9 janvier 1881.

(2) Tribunal de commerce d'Ilfov, 7 mars 1889, affaire Fundesco et autres relativement à la propriété du journal *Telegraful*. Le journal *Dreptul*, 14 mai 1889. De même aussi jugement du 19 mai 1892, affaire Secareanu et frères Saraga relativement à la reproduction d'une *gravure* historique représentant les anciens Princes de Roumanie, Le journal *Dreptul*, 22 juin 1892.

loi de 1862 n'a jamais fait l'ombre d'un doute dans la doctrine roumaine (1) et que la Cour de cassation (2) de Bucarest s'est toujours prononcée dans ce sens chaque fois qu'elle a été appelée à décider sur cette matière.

L'existence de la loi sur la presse du 13 avril 1862 étant ainsi nettement dégagée, il s'agit de voir maintenant les dispositions qu'elle renferme.

Disons tout de suite que cette loi de 1862 est la reproduction presque textuelle de la loi française du 19 juillet 1793 sur la propriété littéraire. Son étude est donc facilitée par les connaissances que nous possédons déjà des dispositions de la loi de 1793. Aussi nous ferons plutôt ressortir les différences qui séparent ces deux lois.

L'article 1ᵉʳ de la loi de 1862 dit : « Les auteurs de toutes sortes d'écrits, les compositeurs de musique, les peintres et les dessinateurs, qui feront lithographier

----

(1) Dissesco professeur à la faculté de droit de Bucarest dans son *Cours de Dreptul Public Roman*, IIᵉ volume, p. 392 et suiv. Maniu, *Dreptul commercial*, I, p. 33, note 2. Stratilat. *La propriété littéraire chez nous.* Dreptul, le 22 juin 1884. Ghetzu, *Codice de sedinta al Romaniei*, 1892, p. 922.

(2) Rejet de la Cour de cassation, 21 septembre 1893. *Dreptul*, 14 octobre 1893. V. Cour d'appel de Bucarest, IIIᵉ section, 21 janvier 1893, *Dreptul*, 14 février 1893. V. aussi le tribunal arbitral, composé de MM. Aristide Pascal, Dissesco, Tocilesco, professeurs à la faculté de Droit de Bucarest, qui avait été institué pour trancher un différend relatif à la propriété du titre et du fonds de commerce du journal *Adeverul* (La vérité) et dont la sentence fut rendue exécutoire par l'ordonnance du premier président du tribunal d'Ilfov, 1ʳᵉ section, 30 avril 1892, n° 98.

leurs tableaux ou leurs dessins, jouiront durant toute
leur vie, *comme d'une propriété*, du droit exclusif de reproduire et de vendre leurs œuvres dans tout le royaume,
ou de transmettre cette propriété à d'autres, ce droit
leur étant reconnu par les lois en vigueur ».

L'article est rédigé de la façon la plus large, il comprend toute espèce d'écrits. La loi ne fait aucune distinction quant à la valeur des écrits ; une œuvre géni-
ale et une œuvre médiocre se trouvent égales au point
de vue de la protection. D'ailleurs ce sont les tribunaux
qui sont appelés à apprécier souverainement dans chaque cas particulier le caractère intrinsèque de l'écrit et
doivent déterminer ainsi si on se trouve en présence
d'une œuvre littéraire ou si on se trouve en présence
d'un simple écrit dépourvu de tout caractère littéraire.

Disons aussi que quoique l'article 1ᵉʳ de la loi de 1862
ne mentionne que *les écrits*, il n'en est pas moins vrai
que les productions *orales* et les œuvres *manuscrites*
jouissent de la protection légale. En effet, il n'y a aucune
raison à exclure les œuvres inédites alors qu'on protège
les œuvres imprimées ; le législateur en indiquant les
secondes seulement a parlé *de eo quod plerumque fit* ; et
puis l'article 339 du Code pénal roumain qui sert de
sanction à l'article 1ᵉʳ de la loi de 1862 s'exprime de la
façon la plus générale : « Toute édition d'écrits, de
compositions musicales... ou de *toute autre production
de l'esprit* » ; d'où il résulte que le législateur de 1862

a entendu protéger toutes les œuvres, abstraction faite de la forme sous laquelle elles se présentent.

Quant aux œuvres *posthumes*, elles font l'objet d'une disposition spéciale dans le « Règlement pour l'application de la loi sur la presse » intervenu en 1863. L'article 4 de ce règlement accorde aux propriétaires de ces œuvres les mêmes droits qu'aux auteurs à condition qu'elles soient imprimées séparément et ne soient pas réunies en un corps avec les œuvres publiées auparavant et entrées dans le domaine public.

L'article 1er protège aussi la propriété artistique, il parle en effet des peintres, des dessinateurs. Quoique l'article ne mentionne pas les sculpteurs et les statuaires il faut néanmoins les considérer comme protégés, ils sont visés dans l'article 339 du Code pénal partie finale.

Remarquons enfin que le droit privatif de l'auteur sur son œuvre est considéré par la loi roumaine comme un droit de propriété.

L'article 2 accorde « aux héritiers et aux cessionnaires un droit de jouissance de dix ans après la mort de l'auteur ou du compositeur ».

Ainsi, la durée de la protection est de toute la vie de l'auteur et de dix ans après sa mort. Cette durée est la plus minime qui existe actuellement parmi celles des autres législations. Il est regrettable que le législateur roumain en compilant la loi de 1793 qui accordait la même durée, n'ait pas jugé utile de suivre le législateur français dans l'augmentation successive qu'il apporta à la durée primitive par le décret du 5 février 1810, vingt ans suivant la qualité des héritiers, par la loi du 8 avril 1854 (trente ans) et enfin par la loi du 14 juillet 1866 (cinquante ans). Cette protection décennale pouvait s'expliquer à une époque où la littérature roumaine était en voie de formation, où la culture intellectuelle n'avait pas encore pénétré dans les couches profondes de la société, de sorte qu'il était indispensable de restreindre le droit de l'auteur afin de diminuer autant que possible le prix des livres, les répandre partout et mettre ainsi tout le monde à même d'en prendre connaissance et en profiter. Mais aujourd'hui que cet état de choses a disparu et que le mouvement intellectuel a pris un grand développement, il y a une véritable expropriation que de restreindre le droit de l'auteur dans des limites aussi étroites. L'auteur trouvera très difficilement un éditeur pour céder ses droits vu que leur durée est précaire. Une réforme s'impose donc sur ce point et il est à espérer qu'elle ne tardera pas à se réaliser (1).

Comme on le voit, la loi de 1862, copie fidèle de la loi française de 1793, ne dit rien des droits du conjoint survivant sur les productions littéraires ou artistiques du conjoint prédécédé. Il suit de là, qu'il faut appliquer les principes du droit commun contenus dans le Code civil, qui règle les droits de l'époux survivant en matière successorale dans les articles 679 et suivants. Or, d'après

(1) On nous dit que M. Marghiloman, garde des sceaux, ministre de la justice va incessamment déposer sur les bureaux des Chambres, un projet de loi tendant à améliorer la situation des auteurs.

l'article 679, « les biens de la succession ne passent au conjoint survivant et non divorcé que lorsque le *de cujus* ne laisse ni parents successibles, ni enfants naturels » ; et d'après l'article 684, « quand le mari décède et que la femme (la veuve) est pauvre, elle prend en usufruit une portion virile sur la succession de celui-ci, s'il laisse des descendants ».

« Si le mari laisse *un seul* descendant la part de la femme sera du tiers de la succession. Ce droit ne commence qu'à partir de l'époque où cesse l'usufruit légal » c'est-à-dire à l'âge de vingt ans révolus à moins qu'une émancipation n'ait eu lieu avant cet âge (liv. 338).

« Si le mari ne laisse ni ascendants, ni collatéraux, alors la femme succède au quart en pleine propriété de la succession du décédé ».

Ainsi la loi roumaine de 1862, semblable à la nouvelle loi belge du 22 mai 1886, ne contient pas de dispositions spéciales applicables au conjoint survivant. Nous avons vu qu'il en est autrement en France et que le décret de 1810, la loi de 1854 et finalement la loi de 1866 réglementent expressément les droits de l'époux survivant (1).

L'article 2 de la loi de 1862 qui règle le droit des héritiers ne fait *aucune distinction quant à leur qualité*. Légitimes ou irréguliers, les héritiers jouissent tous des

---

(1) Rappelons que, à la suite d'une regrettable erreur, l'époux survivant se trouvait dépourvu en France de tout droit dans la succession ordinaire de l'époux prédécédé, avant la loi du 9 mars 1891.

mêmes droits et pendant la même durée de temps, à
savoir 10 ans. Cette disposition est très logique car autrement on ne pourrait jamais savoir d'une façon certaine et à l'avance la durée de la protection du droit de
l'auteur. On sait que le législateur français de 1810 et
de 1854 en avait décidé autrement.

Il est bien entendu qu'à défaut d'héritiers au degré
successible, la succession de l'auteur passe à l'État. La
loi roumaine ne contient pas à cet égard une disposition expresse comme la loi française de 1866 (dernier
alinéa), mais il suffit, pour arriver à ce résultat, de faire
application des articles 679 et 680 du Code civil.

L'article 2 parle aussi des cessionnaires. Nous n'avons
rien de particulier à dire relativement aux ayants cause
de l'auteur. Les principes généraux du droit civil doivent ici recevoir leur application. Mentionnons toutefois
un intéressant procès qui s'est présenté récemment devant le tribunal de commerce de Bucarest. Il s'agissait
dans l'espèce d'une cession partielle que l'héritier de
l'auteur avait faite à un éditeur, se réservant en même
temps le droit d'apposer sa signature sur chacun des
exemplaires dont le nombre d'ailleurs, ne devait pas
dépasser 4.000. L'éditeur ayant mis en vente des exemplaires non signés par le cédant, le tribunal « considérant que Steinberg (l'éditeur) en procédant de la sorte
avait violé les conditions stipulées dans le contrat et
avait causé des dommages à la réclamante (veuve de

l'auteur) » prononça la résiliation du contrat et le condamna à mille francs de dommages-intérêts (1).

Passons maintenant à l'article 3 de la loi de 1862.
Voici sa disposition : « Les journaux et les autres feuilles périodiques sont la propriété des personnes ou des
sociétés, qui les publient ; le droit de propriété leur est
garanti dans les termes des paragraphes ci-dessus.

« Les articles que leurs auteurs ou propriétaires ne
voudraient pas laisser reproduire par d'autres journaux
devront porter au commencement la note que leur reproduction en est interdite. Il est question seulement
des articles littéraires et scientifiques ».

Le premier alinéa de l'article 3 établit la propriété
des journaux, c'est-à-dire des *titres* des journaux au profit des personnes ou des sociétés qui les ont créés et
qui les publient. Le législateur roumain a pensé avec
raison que le titre des journaux devait être protégé. En
effet, ce titre implique souvent une conception intellectuelle ; en outre, le titre du journal est la principale
garantie des idées qu'il contient et des opinions politiques ou littéraires qu'il embrasse. La moindre ressem-
blance des titres peut donc être préjudiciable moralement et pécuniairement. D'ailleurs un titre original
aussi bien qu'un titre banal donne naissance à une propriété au profit de l'auteur ; on n'a pas à rechercher la
valeur intrinsèque du titre. Comme dit Victor Janlet (2) :

(1) Tribunal d'Ilfov, section commerciale, sentence n° 184 du 1er février 1893.
(2) Victor Janlet, *De la protection des œuvres de la pensée*, p. 117.

« le seul fait d'avoir pris un terme quelconque, fût-il même banal, suffit pour attribuer à celui qui, le premier, a donné cette dénomination à une publication quotidienne, hebdomadaire ou mensuelle un droit privatif ».

L'article 3 ne parle que des titres de journaux mais on doit *à fortiori* appliquer le même principe aux *titres d'ouvrages* et les déclarer protégés. Remarquons toutefois que ces derniers ne jouissent de la protection légale qu'autant qu'ils sont spécifiques, individuels et non pas généraux ou nécessaires. Ainsi le titre « le château Pelesch » sera protégé mais non pas le titre « Histoire de Michel le Brave ».

La reproduction pure et simple ou même similaire des titres littéraires constitue donc le délit de contrefaçon prévu et puni par l'article 339 du Code pénal.

La jurisprudence roumaine a été maintes fois appelée à se prononcer sur l'application de l'alinéa 1er de notre article (1).

(1) ... « Considérant que, dit un jugement (7 mars 1889) du tribunal de commerce de Bucarest, le législateur, par la loi du 13 avril 1862, déclare que les journaux et autres feuilles périodiques sont la propriété des personnes qui les publient, leur garantissant cette propriété de la façon indiquée dans cette loi ; que par conséquent le journal *Télégraful* dans son format, étant la propriété de Fundesco (le fondateur du journal), propriété reconnue par le prévenu lui-même, il a le droit de réclamer des dommages-intérêts contre tous ceux qui lui usurperaient ce droit de propriété ». Les autres considérants se réfèrent à la discussion des moyens de défense du prévenu. Le journal « *Dreptul* », 14 mai 1889. V. en ce sens aussi tribunal arbitral, sentence relative à la propriété du titre du journal *Adeverul* » (La Vérité). *Adeverul*, 2 mai 1892.

L'alinéa 2 de l'article 3 établit la protection des *articles* de journaux. Signés ou non ils sont et restent la propriété de leurs auteurs. Il s'agit ici, comme la loi le dit elle-même, des articles de fond, des articles littéraires ou scientifiques et non pas des articles de polémique politique ou des nouvelles du jour. Ce qui est très logique, ceux-ci ne présentant aucun caractère littéraire et ne faisant que satisfaire un besoin passager.

La loi roumaine semblable à d'autres législations étrangères et à la convention de Berne, apporte cependant une restriction à la propriété des articles de journaux : elle impose à l'auteur l'obligation de réserver expressément ses droits par une mention insérée en tête de l'article. Ce n'est qu'autant que cette indication a été faite que l'auteur est protégé contre la reproduction de son article.

Quant aux romans-feuilletons publiés dans un journal, ils doivent être envisagés, malgré l'absence d'une disposition formelle sur ce point, comme de véritables œuvres littéraires, leur forme, leur nature, leur raison d'être les différenciant des articles proprement dits.

Comme on le voit, la loi roumaine est, en matière d'articles de journaux, beaucoup plus claire, plus explicite que la loi française ; celle-ci ne contenant, on le sait, aucune disposition spéciale sur ce point.

L'article 4 protège les auteurs dramatiques contre la publication ou la représentation de leurs œuvres. Nul n'a le droit de publier ou de représenter ces œuvres sans le consentement de l'auteur. Cet article est très intéressant à noter, car il garantit expressément l'auteur contre la représentation illicite de son œuvre, et il met, avec raison, sur un pied de parfaite égalité le droit de publication et le droit de représentation. On sait que certaines législations sont moins libérales à ce point de vue (1).

Voici la façon dont cet article 4 est conçu : « Les compositions dramatiques ne peuvent non plus, dans les délais ci-dessus, (c'est-à-dire pendant toute la vie de l'auteur et dix ans après sa mort), être représentées sur aucun théâtre, ni être publiées, sans le consentement de l'auteur ».

Et l'article 352 de notre Code pénal contient la sanction suivante : « Tout directeur, tout entrepreneur de théâtres, toute association d'artistes qui mettra à la scène des compositions théâtrales sans le consentement de l'auteur sera puni d'une amende de 26 à 250 francs et de la confiscation des recettes ». Remarquons que la loi roumaine n'exige pas, comme la loi française du 19 janvier 1791, le consentement *formel et par écrit* (2).

L'article 5 a aussi une importance particulière. Il

(1) La loi suisse, la loi anglaise, la loi hollandaise.

(2) La censure n'existe pas en Roumanie. L'article 24 de la loi constitutionnelle de 1866 est formel à cet égard : « Ni la censure ni toute autre mesure préventive pour l'apparition, pour la vente ou la distribution de n'importe quelle publication ne pourra être instituée ». Il y a toutefois exception pour les livres d'église (livres de dogmes, de culte, etc.) qui ne peuvent être publiés qu'après avoir été censurés par le chef de la religion (article 22 de la loi du 13 avril 1862).

protège les *traductions* faites d'après le texte original.
Il va de soi que le traducteur ne jouit de la protection
légale que quant à la version qu'il a donnée du texte original, mais il n'a nullement le droit de s'opposer à ce
qu'une autre traduction soit faite.

Il permet les *extraits* et les *passages* des livres dans un
but de critique ou pour faire des commentaires ou des
chrestomathies.

Donnons la traduction de cet article : « Les traductions ne sont comprises dans l'énumération ci-dessus
que pour le texte de la traduction d'après le texte original de l'écrit. De même les extraits faits d'autres écrits
par lecture ou commentaires, dans le but d'édifier le
public sur la valeur de ces écrits, ne lèsent pas la propriété d'autrui ».

Nous savons que la loi française de 1793 ne contient
aucune disposition formelle à cet égard.

Les articles 6, 7, 8 et 9 de la loi de 1862 indiquent
les *formalités* que les auteurs doivent accomplir pour
que leurs droits puissent être sauvegardés et pour qu'ils
puissent agir contre les contrefacteurs. Ces articles ne
comportent pas de difficultés ; aussi nous nous conten-
tons de les transcrire :

ART. 6. — « Toutes les autorités administratives (1)
doivent confisquer, sur la demande et au profit de l'au-

---

(1) En France ce sont les commissaires de police ou à leur défaut
les juges de paix (art. 3 de la loi de 1793) qui seuls peuvent être requis à faire la confiscation. L'organisation administrative de la Roumanie explique cette différence.

teur, du dessinateur, du traducteur, ou des héritiers ou
des cessionnaires de ces derniers tous les exemplaires
des éditions imprimées, gravées ou lithographiées sans
le consentement de l'auteur ».

ART. 7. — « En outre des exemplaires confisqués le
contrefacteur devra payer au véritable propriétaire une
somme équivalente au prix de 1.000 exemplaires (1) de
l'édition originale ».

ART. 8. — « Tout vendeur d'une édition contrefaite,
dont il ne sera pas le contrefacteur, paiera au propriétaire une somme égale au prix de 200 exemplaires (2) ».

ART. 9 (modifié par la loi du 13 avril 1885). — « Tout
imprimeur sera obligé de déposer trois exemplaires de
tout livre, brochure, journal ou n'importe quelle autre
impression, à la bibliothèque centrale de Bucarest, à la
bibliothèque de l'Académie roumaine et à la bibliothèque de Jassy.

« Tout auteur ou éditeur roumain qui publiera un
écrit du genre de ceux sus-indiqués sera soumis aux
mêmes obligations ».

Il faut compléter l'article 9 par l'article 1ᵉʳ du règlement de 1863 pour l'application de la loi sur la presse
qui exige une déclaration de la part de l'auteur sur le
registre spécial tenu au Ministère de l'Instruction publique.

L'article 9 impose, comme nous le voyons, l'obliga-

(1) En France 3.000 exemplaires (art. 4).
(2) En France 500 exemplaires (art. 5).

tion du dépôt. Mais à quel titre exige-t-on le dépôt ? Est-ce pour justifier et prouver les droits de l'auteur en justice ? Ou bien n'est-ce que pour enrichir les bibliothèques nationales ?

La loi roumaine de 1862 est moins claire que la loi française de 1793 qui l'a enfantée. En effet, cette dernière dit en toutes lettres dans la partie finale de son article 6, « *que faute de dépôt l'auteur ne pourra être admis en justice pour la poursuite des contrefacteurs* ». Ce qui prouve que le dépôt est exigé pour justifier le droit de l'auteur et comme une formalité préalable à l'exercice de l'action en contrefaçon.

Malgré le silence de la loi de 1862 il ne faut pas hésiter à admettre la même solution. Le droit de propriété existe indépendamment du dépôt ; ce que l'auteur perd en ne l'effectuant pas, c'est l'action en contrefaçon prévue par l'article 339 du Code pénal. « Il n'y a, comme dit excellemment M. Pouillet (1), qu'une suspension momentanée de l'exercice et non de l'existence du droit de propriété ».

C'est dans ce sens que s'est prononcée la Cour d'appel de Bucarest (2) dans un procès relatif à la propriété ar-

---

(1) Pouillet, 335.

(2) «... Attendu qu'alors même qu'on déciderait que Secarenu (le propriétaire de la gravure) devrait être considéré comme propriétaire des photographies, néanmoins, pour que cette propriété puisse être portée à la connaissance des tiers et pour que l'auteur puisse se prévaloir du droit exclusif de reproduction, il fallait qu'il ait accompli les formalités exigées par l'article 9 de la loi sur la presse de 1862 et que ces formalités (entre autres le dépôt) n'ayant pas été ac-

tistique d'une gravure qui avait été contrefaite au moyen de la photographie et dont on n'avait pas fait le dépôt.

La loi de 1862 dans son article 9 nous parle d'abord 1° d'*imprimeur* et puis dans son alinéa 2° d'*auteur* ou *éditeur*. Il est cependant naturel qu'un seul dépôt suffit et que s'il est fait par l'imprimeur ou par l'éditeur il profitera à l'auteur lui-même.

Ajoutons enfin que le dernier alinéa de l'article 9 inflige une amende de 100 à 500 francs (1) « à tous ceux qui ne se conforment pas aux prescriptions sus-indiquées », c'est-à-dire de déposer trois exemplaires aux bibliothèques nationales. « Tous », par conséquent l'auteur aussi, s'il n'a pas fait le dépôt, encourent une amende. Il y a là une mesure d'ostracisme qui ne se justifie nullement à l'égard de l'auteur. On comprend que l'auteur négligent qui n'a pas effectué le dépôt subisse les conséquences de sa négligence, en perdant le droit d'agir en justice contre ses contrefacteurs, mais on ne comprend pas que cet auteur soit en outre gratifié d'une amende.

Passons à l'article 10 qui ne nous arrêtera pas longtemps, car sa disposition nous est déjà connue. Il établit la durée de la protection, qu'il fixe à dix ans à partir de la mort de l'auteur ; à l'expiration de ces dix

complies, il résulte que tous les portraits historiques de la collection de l'appelant (Secarenu) sont tombés dans le domaine public ». Jugement déjà cité.

(1) D'après la loi française sur la liberté de la presse du 22 juillet 1881 (art. 3) l'amende est de 16 à 300 francs.

ans le droit tombe dans le domaine public. Nous nous sommes précédemment expliqué sur la brièveté du délai de protection.

Voici d'ailleurs la teneur exacte de cet article : « Après l'expiration de dix ans à partir de la mort de l'auteur l'œuvre toute entière tombe dans le domaine public, et chacun est libre de la reproduire par impression ou sculpture ».

Cet article 10 est purement explicatif ; il fait double emploi avec l'article 2 ; aussi aurait-il pu être supprimé sans aucun inconvénient.

Nous arrivons enfin au dernier article (11) de la loi du 13 avril 1862 qui a une importance capitale au point de vue international : « Tous ces droits (c'est-à-dire les droits contenus dans les articles précédents) sont garantis aussi aux auteurs, compositeurs, dessinateurs, traducteurs des États étrangers, qui, par réciprocité, garantiront la propriété littéraire dans l'étendue de leurs territoires ».

Ainsi qu'on le voit, cet article consacre en termes expresses et catégoriques la protection du droit des auteurs étrangers (1) en Roumanie, sous la seule condition de la réciprocité légale ou diplomatique. Une fois que la réciprocité existe les auteurs étrangers sont mis sur

---

(1) On sait que la loi française de 1793 ne renfermait aucune disposition relative au droit des étrangers ; aussi la question de savoir si les étrangers jouissaient de la protection légale, avait-elle donné naissance à de grandes difficultés que nous avons examinées dans la partie française de notre thèse.

pied d'égalité avec les nationaux ; on leur applique les mêmes dispositions, avec cette restriction toutefois, que ceux-ci ne peuvent avoir en Roumanie plus de droits que dans leur propre pays. En un mot on admet le principe du traitement national dans les limites des concessions de la loi d'origine.

C'est donc commettre une grande inexactitude que de croire qu'on peut se livrer impunément, dans la monarchie roumaine, à la contrefaçon des œuvres littéraires et artistiques étrangères.

Notons qu'en fait l'étranger qui voudra jouir de la protection légale devra toujours invoquer la réciprocité légale, c'est-à-dire la réciprocité consacrée par la loi du pays auquel il appartient, attendu que la Roumanie n'a, jusqu'à ce jour, conclu aucune convention littéraire et artistique avec les autres pays.

Mais il ne suffit pas, pour que l'auteur étranger puisse bénéficier de la protection légale, qu'il invoque la réciprocité, il faut en outre, conformément à l'article 5 du Règlement de 1863, qu'il ait accompli toutes les formalités exigées par la loi roumaine, c'est-à-dire effectué le dépôt et fait la déclaration sur le registre spécial tenu au Ministère de l'Instruction publique. Il y a là, il faut bien l'avouer, une mesure peu commode et même assez coûteuse qui diminuera souvent l'efficacité de la protection.

La Roumanie devrait s'inspirer de l'exemple généreux et libéral de la France et de la Belgique et accorder aux

auteurs étrangers la protection de leurs œuvres littéraires et artistiques sans aucune condition de réciprocité et sans aucune formalité spéciale en dehors de celles
qui ont été accomplies dans le pays d'origine.

La Roumanie, comme nous l'avons dit, n'a pas conclu
de conventions littéraires avec les autres pays, et elle
n'a pas non plus adhéré à l'Union de Berne de 1886
quoiqu'elle se fit représenter *ad audiendum* (1) aux conférences préparatoires de 1883 et de 1885. Nous ne
voyons pas les raisons qu'on voudrait invoquer pour expliquer cette abstention et justifier cet écart. Pourquoi
resterions-nous isolés et réfractaires au mouvement général d'amélioration des conditions du droit des auteurs
et des artistes ? Pourquoi n'imiterions-nous pas l'exemple des pays qui ont hautement proclamé l'inviolabilité
du droit des auteurs étrangers et qui se sont coalisés
pour mieux le garantir ?

Nous accomplirions là non seulement un acte de
haute moralité dont on nous saura certainement gré à
l'étranger, mais encore il nous sera d'une grande utilité pratique ; car, outre que la garantie de la protection des écrivains et des artistes roumains connus hors

---

(1) Par M. Djuvara, secrétaire du ministère des affaires étrangères.
MM. Djuvara et Louis Ratisbonne avaient déposé, lors de la conférence de 1883, une proposition tendant à appliquer le système du
domaine public payant en matière de traduction après la mort de
l'auteur de l'œuvre originale. La conférence, avec juste raison, n'admit pas cette proposition. — La Roumanie s'est fait représenter au
Congrès d'Anvers de 1894 par M. Porumbaro.

frontières deviendra plus certaine, de plus la conclusion des traités et l'adhésion à la Convention de Berne exerceront invinciblement une heureuse influence sur notre législation intérieure en matière de propriété littéraire et artistique.

N'oublions pas que l'équité et la justice doivent passer avant l'intérêt. Pénétrons-nous de cette incontestable vérité, sortons de l'ornière dans laquelle nous nous sommes enlisés et entrons dans la voie de la protection internationale.

La propriété littéraire et artistique reconnue, la durée du droit limité et la réciprocité accordée, telles sont les dispositions de la loi du 13 avril 1862.

Ajoutons enfin, pour terminer avec cette courte étude, que les dispositions que nous venons d'énumérer trouvent leur sanction pénale dans les articles 339, 340, 341 et 342 du Code pénal. Ces articles édictent des peines et prononcent des amendes contre les contrefacteurs. Ils sont la reproduction exacte des articles 425 à 429 du Code pénal français qui nous sont déjà connus; aussi n'avons-nous rien de particulier à dire.

POSITIONS

DROIT ROMAIN.

Positions prises dans la thèse.

I. — Le mineur qui veut obtenir la *restitutio in integrum* est obligé de prouver la lésion qui, d'ailleurs, n'a pas besoin d'être considérable.

II. — Les mineurs de vingt-cinq ans qui ont été en tutelle sont toujours pourvus d'un curateur.

III. — La *restitutio in integrum* obtenue par le débiteur principal, ne profitait au fidéjusseur, que lorsque celui-ci n'avait pas entendu, en s'obligeant, garantir le créancier contre les risques d'une restitution.

IV.— Il faut, pour que le mineur puisse obtenir la *restitutio in integrum*, que la lésion se soit produite *in ipso actu*.

Positions prises en dehors de la thèse.

I. — La propriété littéraire et artistique était inconnue chez les Romains.

II. — L'action appelée « publicienne rescisoire » ou « contre-publicienne » n'existait pas en droit romain.

III. — Dans le droit primitif le père de famille pouvait disposer de son hérédité sans aucune restriction.

IV. — Les *latini veteres* possédaient non seulement le *jus commercii* mais aussi le *jus connubii*.

DROIT INTERNATIONAL.

Positions prises dans la thèse.

I. — La représentation des œuvres dramatiques et musicales étrangères entre dans les prévisions du décret du 28 mars 1852 et ne peut avoir lieu sans le consentement de l'auteur.

II. — Le décret du 28 mars 1852 a été abrogé par des conventions postérieures quant aux points qu'elles règlent, et l'étranger ne peut à son choix invoquer le décret ou la convention.

III. — La convention de Berne fixe un minimum de protection obligatoire pour tous les pays signataires.

IV. — Le droit de traduction doit être protégé de la même manière que le droit sur l'œuvre originale et pendant le même temps.

Positions prises en dehors de la thèse.

DROIT FRANÇAIS.

I. — Le droit privatif de l'auteur sur son œuvre littéraire

ou artistique est un droit de propriété ayant la même base et les mêmes caractères.

II. — La loi de 1866 et la loi du 9 mars 1891 s'appliquent cumulativement au profit du conjoint survivant.

III. — La reconnaissance d'un enfant naturel faite dans un testament authentique subsiste malgré la révocation du testament.

IV. — Les libéralités faites par avancement d'hoirie à l'héritier réservataire renonçant doivent s'imputer sur la quotité disponible et non pas sur la réserve.

V. — L'hypothèque légale de la femme mariée grève même les immeubles qui adviennent au mari après la dissolution du mariage.

DROIT CONSTITUTIONNEL.

I. — Les conventions littéraires et artistiques doivent, aux termes de l'article 8 de la loi constitutionnelle du 16 juillet 1875, être approuvées par la Chambre et le Sénat avant d'être ratifiées par le chef de l'Etat.

II. — Le Sénat peut, sans rejeter la loi de finances, rétablir un crédit supprimé par la Chambre des députés.

DROIT CRIMINEL.

I. — La mauvaise foi est un élément essentiel du délit de contrefaçon.

DROIT INTERNATIONAL PRIVÉ.

I. — La femme étrangère, en dehors des articles 11 et 13

du Code civil, ne jouit pas du bénéfice de l'hypothèque légale sur les immeubles de son mari situés en France.

II. — Le tribunal français qui est appelé à donner l'*exequatur* à un jugement étranger doit se borner à examiner s'il émane d'un juge compétent, s'il présente les caractères extérieurs d'un jugement régulier dans la forme, s'il ne contient aucune disposition contraire à l'ordre public, mais le tribunal ne doit pas réviser le jugement.

Vu :

Le Président de la thèse,
L. RENAULT.

Vu :

Le Doyen,
COLMET DE SANTERRE.

Vu et permis d'imprimer :

Le Vice-Recteur de l'Académie de Paris,
GRÉARD.

TABLE DES MATIÈRES

DROIT ROMAIN

DE LA RESTITUTIO IN INTEGRUM ACCORDÉE AUX MINEURS DE VINGT-CINQ ANS.

Pages

AVANT-PROPOS.   1

CHAPITRE PREMIER. — Exposé rapide sur la situation des mineurs antérieurement à l'in integrum restitutio . . .   5

Nature juridique et caractères de l'*in integrum restitutio*. . . 21
Conditions de l'*in integrum restitutio*. 31
Condition de la restitution *in integrum*. 43

CHAPITRE II. — La juste cause de restitution 52

Cas exceptionnels dans lesquels l'*in integrum restitutio* n'est pas admise 56
De la procédure en matière de restitution *in integrum*. 66
Des effets de la *restitutio in integrum* 82

DROIT FRANÇAIS

DE LA PROPRIÉTÉ LITTÉRAIRE ET ARTISTIQUE AU POINT DE VUE INTERNATIONAL.

AVANT-PROPOS. 89

CHAPITRE PREMIER. — La propriété littéraire et artistique en France au point de vue international avant le décret du 28 mars 1852. 99

Ire HYHOTHÈSE. — *Un étranger faisant en France une première publication*. 103

IIᵉ Hʏᴘᴏᴛʜᴇ̀sᴇ. — *Auteur étranger publiant son œuvre à l'étranger* 108

IIIᵉ Hʏᴘᴏᴛʜᴇ̀sᴇ. — *Auteur français ayant publié son œuvre à l'étranger* 112

CHAPITRE II. — La propriété littéraire et artistique internationale d'après le décret du 28 mars 1852 134

Quelles sont les personnes protégées. 138
Quelles sont les œuvres protégées 140
De la répression des atteints portées au droit d'auteur à l'étranger. 170
Conditions imposées aux auteurs étrangers pour la conservation de leurs droits 177
Faut-il tenir compte de la législation du pays où l'œuvre a été publiée pour la première fois 180

CHAPITRE III. — Droit conventionnel 187

Principe et étendue de la protection. 213
Conditions de la protection 223
Traduction et œuvres dramatiques et musicales. 227
Dispositions diverses. 235

CHAPITRE IV. — Union de Berne. 241

Notions générales. 241
Quelles sont les personnes protégées. 258
Quelles sont les œuvres protégées. — Quelle est la durée de la protection. 267
De la contrefaçon et des faits qui lui sont assimilés 286
Formalités. — Caution *judicatum solvi* et rétroactivité 315

APPENDICE. — La propriété littéraire et artistique en Roumanie. 327

Imp. G. Saint-Aubin et Thevenot. — J. Thevenot, successeur, Saint-Dizier, (Haute-Marne)